思想觀念的帶動者

文化現象的觀察者

本土經驗的整理者

生命故事的關懷者

Holistic

探索身體，追求智性，呼喊靈性

攀向更高遠的意義與價值

是幸福，是恩典，更是內在心靈的基本需求

企求穿越回歸眞我的旅程

亞里斯多德會怎麼做？

透過理性力量療癒自我

What Would Aristotle Do?

Self-Control through the Power of Reason

作者—伊利特．科恩（Elliot D. Cohen）
譯者—丁凡
審閱—鄭玉英

獻給

我的妻子和工作夥伴，蓋兒・科恩

我的母親，蘿絲・科恩

我的孩子們，特瑞西和威爾

以及我過世的父親，華德・科恩

【推薦序】

有效的哲學助人工具

黎建球
輔仁大學哲學系講座教授，輔仁大學前校長

我第一次認識科恩（Elliot Cohen）教授是在二〇一一年的韓國會議上，但我第一次看到他的書是在二〇〇四年的美國的Borders書店。他的書基本上都是偏重於論述思考的方法，這使得我對哲學諮商的運用有了更多的心得。

我於二〇〇三年開始在臺灣推展哲學諮商時，常在思考如何創造一些屬於哲學，且有別於、甚至大大有別於心理學的諮商方法？

由於在哲學發展的歷史中，心理學始終是哲學的範疇之一，是屬於靈性思考的一部分，Psycho的字義是指靈魂內含的探討，因此，由邏輯導入理性進入靈性，是十八世紀以前慣用的方法。但到了十八世紀以後，經驗主義的發展、實用主義的興起、維也納學派的萌芽，使心理學逐漸和哲學分了家。到了二十世紀，心理學更經過了科學的洗禮，社會的歷練，心理學內在的改變，已和當初的目的有了極大的差異，此時心理學和哲學已是兩個完全不同的學科。

在台灣，諮商（Counseling）這個字似乎成了心理輔導的專用語，但在西方學術界而言卻不是如此，Counseling這個字早在《聖經》〈舊約列王紀〉（1 Kings 9:2-9）中就已出現。今日，Counseling已有下列數個定義：

1. 觀念及意見的交流。
2. 可知性事務的勸誡或引導。
3. 行動計劃的討論。
4. 個別化思想或意見的引導。
5. 法律事務的引導。

由此可知，哲學諮商使用理性思考來助人不祇是有效的，且是整個擁有智情意的人所必須的。

科恩的《亞里斯多德會怎麼做？：透過理性力量療癒自我》之所以重要，乃在指出透過哲學思考如何改善自己及和他人的關係。邏輯雖然祇是一種方法，但在透過此方法的運用中，概念的澄清，價值的辨正，甚至生命意義的深化，都可以得到良好的回應與方向的確認。我深深期盼經由本書的出版，能有助於哲學助人工作的推動。

二〇一三年八月

目次

contents

目次

contents

目次
contents

感謝辭

許多人曾深刻地影響了本書內容。首先，最重要的是：若非個案對我的信任，這本書根本無法成形。我也要謝謝我的學生提供了很多寶貴的意見。

我非常感謝敬愛的心理學者亞伯特・艾理斯（Albert Ellis），他的理情行為療法（Rational Emotive behavior Therapy）對我的思想影響至鉅。許多年前，我參加了他在佛羅里達州奧勒岡舉辦的工作坊，初次遇見了他。從此，他便一直支持並啟發我的工作，百忙之餘還花時間閱讀我的手稿，提供寶貴意見。

我也很感激我在美國哲學、諮商與心理治療協會（American Society for Philosophy, Counseling, and Psychotherapy）[1]的同事多年來提供珍貴回饋。我尤其要感謝肯尼斯・克斯特（Kenneth F.T. Cust）為此書初稿提供許多珍貴有用的建議。

我深深感謝波米修司出版社（Prometheus Books）的主編史蒂芬・米歇爾（Steven L. Mitchell）。我們花了很多時間討論此書內容和方向。他的洞見留下了極深的影響。

最後，我要深深感謝蓋兒・科恩。她是有執照的精神健康諮商師。她對本書各個版本提出無價的專業建議和批評，並且充滿愛心的支持我。當我寫書的時候，她忍耐了無數的孤獨時刻。一位作者還能夠對他的配偶、同事和最好的朋友要求更多嗎？

1 二〇一一年，ASPCP更名為美國國家哲學諮商協會（The National Philosophical Counseling Association, NPCA）。

前言

哲學諮商的魅力

亞里斯多德強調用日常生活中的理性作為「不快樂」的解藥。如果你經由自己與生俱來的理性控制自己的人生，你可以超越自我毀滅以及與快樂反其道而行的想法、情緒和行為。

你是否很容易因為一點小事生氣或不高興？你是否因為離婚、年華老去、失業而覺得沮喪？你是否一直覺得人生無望？你是否感到強烈的寂寞、哀傷、自責或羞恥？你是否在人際相處上——配偶、愛人、朋友、家人、同事——有問題？你是否常常為自己的行為感到後悔？你是否感到強烈的恐懼、擔憂或焦慮？這些問題，以及許多其他人生問題往往一直累積在心裡，直到你覺得受不了，困惑迷惘，甚至根本搞不清東西南北。

理性僅次於神性

本書借用古代哲學家亞里斯多德的智慧，將人生困惑一掃而淨。亞里斯多德強調用日常生活中的理性做為「不快樂」的解藥。如果你經由自己與生俱來的理性控制自己的人生，你可以超越自我毀滅以及與快樂反其道而行的想法、情緒和行為。正如亞里斯多德自己說的：

> 練習理性並培養理性的人似乎腦筋清楚，並且最受神祇眷愛。如果像我們想像的，神祇在乎任何的人類行為，那麼祂們一定是在乎好的行為和最類似神祇的行為（也就是理性）〔註一〕。

十三世紀的阿奎納（Thomas Aquinas）是研究亞里斯多德的知名學者，也是羅馬天主教的聖徒。他從基督徒的角度再次重申這個觀點。他說：「自然理性之光就是神聖之光，照耀在我們身上。」〔註二〕他也說：「智者最為接近上帝，因為他具有理智……」〔註三〕

你可能會問：「但是，人類要如何像上帝一樣呢？畢竟，人類除了理性之外，都**有情緒**。我們不像上帝，我們一點也不完美啊！」這話說得對！在常常犯錯的人類身上強求完美，是不合理的。但是無論如何，正如亞里斯多德強調的，我們可以努力過更有理性的生活，因此活得更好、感覺**更好**。這個要求是**合理的**（註四）。所以，如果你需要一個正當理由，你可以問：「亞里斯多德會怎麼做？」那麼答案就是：如果你用理性領導你的人生，你將得到更多，也將更接近上帝。

執業哲學家

本書來自當代哲學的新潮流，稱為**哲學諮商**（philosophical counseling）或**哲學實踐**（philosophical practice）。哲學家運用自己所受過的哲學訓練與技巧，特別是邏輯和批判性思考，協助人們調適自己的情緒和行為問題。過去二十年，這個新領域在全球和全美國都在逐漸壯大，而且將繼續成長。如果你有興趣瞭解這個趨勢以及相關專業人士，可以點閱美國哲學、諮商與心理治療協會（American Society for Philosophy, Counseling, and Psychotherapy, ASPCP）的網站www.aspcp.net[1]。

[1] 審閱註：二〇一一年，ASPCP更名為國家哲學諮商協會（The National Philosophical Counseling Association，NPCA）。網站http://npcassoc.org/，以反映協會對於哲學諮商工作領域的關注。然而，其主要宗旨仍在促進哲學界與心理治療學界的跨領域合作。

雖然媒體已開始對哲學諮商有些正面報導，大部分相關書籍仍然是寫給專業人士而非一般人看的。最近有一本給一般人看的書叫做《柏拉圖靈丹：日常問題的哲學指南》（*Plato, Not Prozac!*，方智出版）。這本書花了很多篇幅說服讀者為什麼哲學可以取代心理治療和藥物治療，但沒有仔細教導讀者**如何**適應日常生活問題，而是提供一些重要哲學理論的概要，要讀者自行在別處查詢更完整的描述，並提供與這些哲學思維應該是有關的簡短個案故事，然後告訴讀者「做你自己的哲學諮商師」。

很不幸的，如果你對哲學是個新手，正在迫切尋找及時的協助，你可能不會從中獲得必要的資源，可以自行掌握抽象的哲學理論並運用在自己身上。人類過往的智慧可能更像**毒藤**，而不是心靈解藥。

相反的，《亞里斯多德會怎麼做？：透過理性力量療癒自我》一書提供思考工具，真正面對並解決你的問題。本書的用語簡單易懂、直接，讓疲憊的人生旅人在現實生活中可以自我協助。本書仔細地、按部就班地告訴你如何駕馭自己**天生具有**的理性思考能力，好讓你感覺更為良好，表現也更為良好。

有些以**心理學**為出發點的諮商也強調理性思考，比如說，理情行為療法（Rational Emotive Behavior Therapy, REBT）以及認知行為療法（Cognitive Behavior Therapy, CBT）。我認為這些治療和哲學治療很類似，也可以很有效。但是，哲學諮商和心理諮商之間還是有所差別。這個差別是什麼呢？

如果你嚴重憂鬱，向心理醫生尋求協助，他可能想尋找憂鬱背後的壓抑和原因。如果你找內科醫生，他可能會開抗憂鬱的藥物，例如百憂解（Prozac）。如果你找的是社工，他可能詢問你的家庭結構與動力。如果你找神經專家，他可能要你做腦部掃描。這些差異，以及其他心理及醫學方法的差異，僅僅在於醫生受過的**訓練**而已。因為每一位醫生受到的專業訓練不同，於是他們看事情的角度也會不同。

哲學諮商師受過高度的邏輯和批判思考的訓練。這是他們的強項。心理醫師和其他心理諮商師的訓練通常不會像哲學家那麼強調邏輯和批判思考。當然，哲學家也不會像心理醫生那樣鑽研精神疾病。所以，重點問題在這裡了：哲學家會怎麼做？你猜對了！他會檢查你的思考邏輯。他會協助你做批判思考，而不是讓你的心智荒廢糟蹋了。

你可以從本書期待些什麼？

哲學可以**治癒**你的困擾嗎？讀完這本書以後，你能夠征服焦慮、憤怒、憂鬱和自責，不會再做自我傷害的事情了嗎？就像癌症病人切除腫瘤一樣，你能夠把所有的癌細胞都切除，保證不會復發嗎？

我有好消息，也有壞消息。先說壞消息吧。這世上絕對沒有任何辦法可以完全消除這些弊病，因為身為人類，就是會有毛病。老實說，我們不可能永遠不為了一些小事生氣，**日子不可能永遠**順遂，我們**不可能永遠不**犯錯。天堂或許完美，但是我們身在人世，還是不要抱怨了吧。要記得，身在人世卻強求完美是錯誤的。任何保證完美結果或接近完美結果的書，都是騙人的。

現在跟你說好消息。很多人可以成功地學會控制這些弊病，讓自己感覺更好，表現更好。他們用的強力藥物無需花錢、無虞匱乏，甚至無需處方。本書就是要教你如何運用與生俱來的思考能力，讓你活得更快樂；協助你分辨好的思考模式和壞的思考模式；協助你用好的思考模式抗拒並控制壞的（病態的）思考模式。

很不幸的，我們的情緒危機和令人後悔的行為通常都充滿了病態的思考模式。大家毫不在意地運用這些病態思考模式，就像小孩子玩火似的。你非常可能燒傷自己，除非你懂得如何控制火勢。

這本書**對你**會有用嗎？如果我說保證有用，那就不夠誠實了。你可能屬於少數必須服用處方藥物的人，因此必須從訓練有素的醫生得到處方。有些憂鬱症和其他情緒異常的問題，可能和腦部功能的生物醫學有關，因此需要服藥。但是，即便你屬於這些少數人，你仍可能從此書獲益，因為沒有任何藥物能夠為你思考。藥物讓你可能或比較容易用理性思考，但很不幸的，你最終還是需要為自己思考。總之，我強烈建議你讀這本書的時候，心中一直記住這個警告。

這本書可以取代專業諮商嗎？不行。專業諮商提供一個有結構的環境，針對你的獨特問題進行諮商。本書則是提供了一個自助的方向。如果你決定尋求專業諮商的協助，你還是可能覺得這本書很有用，可以學到如何控制阻礙了幸福的非理性思考。

你會看到，光是在理性上瞭解如何思考，並不足以達到自我控制。你也必須準備付出**努力**，在你的思考、感覺和行為方式上做出重大改變。如果你已經養成了很糟糕的思考習慣，那你必須勇敢地抗拒舊的、已經適應習慣了的力量。這些舊習慣已經深入身心，順著舊習慣走會容易多了，無需費力，而抗拒則是極為艱難的任務。如果你被蟲子叮了，非常的癢，你會很想抓，即便你知道抓了會更癢、更痛。情緒和行為傾向引起的身心強烈欲望也同樣的難以抗拒，你通常需要很努力克制自己。

如果你已經習慣了，一旦得不到你要的東西就大發雷霆；遇到壞消息就情緒崩潰；自以為遇到危機的時候，就焦慮不已；預期並擔心著種種失敗；或是其他挫敗自己的方式，你會發現，要改變自己並不容易。你需要意志力。你必須鍛鍊你的意志力。如果你疏於練習而意志力過於薄弱的話，那你就更需要多做練習，讓意志力逐漸強壯。就像剛開始練習舉重一樣，你必須有心理準備，一步一步練到重量級。正如亞里斯多德早已經明白的，自我控制和強壯的人格來自於練習和好習慣的養成。所以，亞里斯多會怎麼做來養成強壯的意志力呢？多多練習！如果你希望無需努力就快速得到結果，那麼，這本書可能不適合你。

如果你想停止某種可能害你惹上麻煩的情緒或行為，你就會需要意志力。但是你需要先覺察自己的思考模式，否則意志力也可能毫無用武之地。很大的一部分來說，你的情緒和行為是思考的產物。當你採取行為或產生情緒時，大多不是完全有意識的。當你仔細檢驗自己的思考，你會看到其中包括了一些**規則**（rule），這些規則指導你用某種特定的方式去行為和感覺，並且根據這些規則將你的情形做出**事件報導**（report）。當這兩個前提（premise）——規則和事件報導——在腦中相結合，思考出來的結論就成為你的行為或情緒。當這兩個前提之一或二者同時是不切實際的，你的行為或情緒便有了自我毀滅的傾向。

尋找錯誤的思考模式就像尋找水管漏水的地方。當然，你首先需要找到何處漏水，才能修理水管。如果水灘就在水槽下面，那你很容易知道從何著手。比如說，你和異性相處有問題，你覺得要從哪裡尋找問題呢？漏水的地方可能是你對約會對象的前提——「他只有一個目的」、「她是死要錢的虛榮女人」——但是這些前提可能過於簡化了。就像水可能從問題的源頭就順著水管流掉了，你的問題的源頭也可能在水管的上端——「所有的男人都是混蛋」、「所有的女人都死要錢」——你必須尋找問題真正的源頭，才能找到引起問題的錯誤前提。

要怎麼尋找問題的源頭呢？用你的思考。我說的思考是「思考你**自己**的思考模式」。確實，所有的人都會思考，但是他們通常不會去思考自己的思考模式。反之，他們思考今天要穿什麼、放假要去哪裡玩等等問題。思考的內容通常是外在的——具體的東西、人物和過去、現在及未來的事件，卻很少是**內在的**，也就是「思考」本身。

這就是重點了。你可以思考自己的思考模式，藉此提高對自己的種種假設的覺察。這和「整天只想著自己的想法」不一樣。我的建議是，在你自然而然得到結論之前，先檢查一下自己的思考模式。知道要尋找什麼、知道如何檢查自己的思維，顯然非常重要。本書就是要提供工具，讓你能夠自我檢查。

找到思考的漏洞還不夠，你還需要修補漏洞，這時候就需要**解藥**了。解藥可以修正你的錯誤思考，它是你和自己對話的理性聲音。當你生氣的時候，它讓你遠離那些詛咒別人的錯誤思考；當你陷在沮喪和絕望中時，它讓你產生新希望；當你焦慮地等著世界末日降臨時，它讓你重新思考未來；當你被自責淹沒時，它讓你對你犯的錯更具洞察力。解藥給你動機，指出你應該採取的不同立場。將解藥和不切實際的思考放在一起時，那些不切實際的錯誤思考根本不值得一提。解藥將會提升你的情緒和行為，抗拒受到污染的假設。根據解藥，並運用自己的意志力，你可以打贏阻礙幸福的、壞的思考習慣。

假設你現在很沮喪，因為愛人為了新戀情離開了你。你跟自己說：這件事情真可怕、恐怖、糟糕，你活不下去了；從一開始就是自己的錯，因為如果你更努力的話，這種情形就不會發生；因此，你是個完全無用的失敗者。想像一下那個感覺。陷入如此的情緒危機，缺乏理性的救援，你會飽受悲慘煎熬，承受巨大的痛苦。解藥並不會扭轉你所面對的現實。它只是戳穿你用來打擊自己的絕對規則，推翻你把現況視為災難般的不實事件報導，這些事件報導把你的情況套入自我毀滅的錯誤規則中。「把『我**無法**忍受這個狀況了』改成『我**不要**忍受這個狀況』」、「發生的事情確實很不幸，但是也沒那麼**糟糕**」、「**要是那時能如此就好了**的想法，也只不過是事後的臆測罷了」、「關係失敗並不表示自己是**沒有價值的失敗者**」、「你擁有開展一段新關係的自由」，遇到情緒困擾時，用這些解藥對抗錯誤的思考，會是最好的藥物。如果不治療錯誤的思考，現在和未來的幸福都會受損。

但是，解藥治癒的成果並非維持一生不變。即使你已經可以控制你的不合理思考了，它們還是會啃噬你。即使看起來再也不會出現了，非理性思考還是會回來，再度控制你。你總是可能回到舊有的自我否定的思考習慣。工作不順利、令人失望的消息、朋友對你不公平、失去了某樣有價值的東西或某個人，以及各種人生難免遇到的不順心，都可能讓你變得脆弱。這時，錯誤的思考就又冒出來了：強求完美、覺得遇到了災難、對現實非黑即白的絕對詮釋，以及你心裡仍然有的種種其他不合理思考。解藥可以協助你恢復健康，讓你重新站起來，度過情緒和行為的危機，免除痛苦。但是，解藥無法保證你永遠不會再度崩潰。這就是為什麼你需要每天練習運用解藥式推理以維持自己的理性抗體。

亞里斯多德的春藥：適度的滿足

亞里斯多德指出一個非常重要的自我毀滅的情緒和行為，那就是對發生的事情採取極端反應。關於極端言行，他說：

> 例如，恐懼、信心、胃口、憤怒、同情、任何的快樂和痛苦都可能過多或過少，二者都不好。但是，在正確的時間有這些感覺，針對正確的人事物，用正確的動機、正確的方法，就是中庸，就是最好的……同樣的，行為也可能過度、不足或適度中庸（註五）。

如果你為了性愛，不惜冒著危害健康、婚姻和名譽的風險，你的性生活就可能過於頻繁；如果你認為性行為骯髒墮落，就可能畏縮不前，性生活過於寥落；如果你逃避約會，或避免嘗試爭取升遷，可能是因為你過度恐懼被拒絕；如果你明明知道哥兒們聯誼會裡的整人遊戲極度危險，卻還是去參加，你的恐懼感可能不足；在這些狀況中，你需要用理性支持你的意志力，抗拒這些危險的行動。你需要用理性思考來看到自己思考的錯誤之處，告訴自己是否過度或不足，然後找出「正確」的感覺與行為。

只要看我們身體的反應，就可以知道中庸之道的重要。運動量過多或過少都會傷害身體；飲食過多或過少都能夠摧毀健康。亞里斯多德推測，在過多和過少之間的中庸，也就是「正確的量」，並非來自數字，而要看許多變數而定，包括目前的健康情形、年紀、身形大小。同樣的，憤怒是否適當，也要看你所處的情況。在高速公路上被人超車就生氣起來，這是過度反應；別人性侵你，你卻不允許自己覺得憤怒，這是不足。

問題就在這裡了。極端言行的背後，往往有許多極端或絕對的思考。覺得自責或沮喪的時候，如果你跟自己說，你是個糟糕的傢伙，那就是**低估**了自己；如果跟自己說，你處處完美，那就是**高估**了自己，或是對自己要求過高。覺得飛機可能失事，因此害怕搭乘飛機，便是**高估**了飛機墜毀的可能性；如果你想著：「這種事情永遠不會發生在我身上。」於是到處濫交，那就是**低估**了得到性病或愛滋病的可能性。認為所有的男同性戀者都有戀童癖，因此而恐懼同性戀，就是**以偏概全**；認為沒有人會猥褻你的孩子，就是**低估**了戀童癖的存在。

我所謂的情緒、行動和事件報導的謬誤，就是由這些極端或絕對的思考構成。在本書中，你將看到這些思考的謬誤有多麼危險致命。

曾經有人問哲學家維根斯坦（Ludwig Wittgenstein）：「你的哲學有何目標？」他立刻回答：「讓蒼蠅知道如何從瓶子裡飛出來。」〔註六〕本書提倡的哲學正是如此。就像瓶子裡的蒼蠅一樣，你可能不自覺地失去了自由，不知如何解決自己製造出來的問題。本書教你如何找出你的思考推理中讓你惹出麻煩的錯誤假設，然後協助你找出理性解藥，對抗你的自我毀滅、不切實際、妨礙自由的思考，讓你知道如何逃出去。讀完本書，你應該會有一套極為實用的哲學思考。

閱讀計畫：本書概要

本書內容大部分來自我多年來教導個案及學生如何藉由理性之光照亮黑暗心路的經驗，因為不合理的規則和扭曲的現實會阻礙幸福的路途。但是，本書不僅僅描述觀察別人的黑暗途徑，也包括了我對自己的審視，以及我人生的起起落落。我選擇與讀者分享自己在情緒和行為上的內在挑戰和祕密，以及我如何靠著解藥，還算輕鬆地度過了這些挑戰。我的目標是協助你也找到自己的解藥，對抗自己思考推理中的錯誤前提。這些錯誤前提可能正在破壞你的個人幸福和人際關係，你卻還不自知呢。

在第一部，你會讀到自己如何不自覺地根據錯誤規則與事件報導，推出一套情緒與行為問題。你也會發現如何使用解藥，來管理和控制你根據錯誤思考而產生的自我毀滅反應。本書呈現了許多根據個案和我自己人生經驗的故事，讓讀者看到，清澈、合理的解藥式推理如何有效。

在第二部，你會讀到情緒、行為和事件報導的謬誤。這些致命思考經常影響我們的規則和事件報導。毀滅性的情緒與行為往往來自這些錯誤規則與事件報導。我為每一個謬誤都提出了理性解藥，並且證明解藥可以成功對抗這些致命思考。

在第三部，你會發現如何體會言外之意，藉以完整地形成情緒和行為背後的推論。然後你將學會對抗不合理前提的有效技巧。也就是說，你將學會找出謬誤。最後，我會提供一些有效提醒，讓你學會尋找對抗謬誤的解藥。我也會對第二部的所有謬誤提出解藥，做出反駁與結論。

第四部，你將學到不合理的規則和事件報導常常躲在自我毀滅的情緒背後——尤其是憤怒、強烈的焦慮和憂鬱。你將學到謬誤可能彼此結合，成為危險的謬誤症候群。你可以用解藥式推理控制這些致命的謬誤。

理性是無需服藥的內在醫療！

本書寫的乃基於我在生活和哲學諮商臨床工作中所見，一般人和自己在生活中與情緒、行為問題掙扎角力的經驗。從這些經驗可以看到，人類竟然有如此眾多方法來打擊自己、摧毀人際，而使自己與幸福無緣。然而這些經驗同時也見證了人類的堅毅。在你的內在，你有與生俱來的、無數的力量和解答，足以對抗自我毀滅的疫病。這些無需處方、無需服藥的解藥沒有危險的副作用。很幸運的，習慣是可以養成的。我邀請你閱讀這本書，熟悉這些內在解藥，瞭解到它們才是對抗痛苦的良方。

註：

1. Aristotle, *Nichomachean Ethics*, trans. W. D. Ross (New York: Oxford University Press, 1998), book 10, ch. 8. Hereafter referred to as Ethics。
2. St. Thomas Aquinas, *Summa Theologica*, in *Inttroduction to St. Thomas Aquinas*, ed. Anton C. Pegis (New York: Random House,1948), quest. 91, art 2。
3. Aquinas, *Summa Contra Gentiles, inIntroduction to St. Thomas Aquinas*, ed. Anton C. Pegis (New York: Random House, 1948), ch.25。
4. *Ethics*, book 10, ch. 6。
5. *Ethics*, book 2, ch. 6。
6. Ludwig Wittgenstein, *Philosophical Investigations*, trans. G. E. M. Anscombe (New York: Macmillan, 1968), p. 309。

第一部

你如何
不知不覺地折磨自己？

快樂的人避免過度陷溺的行為（暴飲暴食、醉酒、亂交、失控的權力慾、名聲和財富）。不快樂的人被非理性的衝動、慾望、恐懼以及自我毀滅的懊悔所控制。

事實上，亞里斯多德認為，理性的自我才是真正的自我。

【第一章】日常生活裡的理性思考

最適合事物本質的方式就是最佳且最愉快的方式。理性的生活就是人最佳且最愉快的方式。因為萬物中，唯人最理性，也就是說，人之所以為人，就是因為有理性。因此理性的生活也就可以說是最幸福的生活。

——亞里斯多德（註一）

一般人認為，如果你有心理上的問題，就去看心理醫生或其他精神方面的專家。就像醫生治你生病的身體，牧師治你迷失的靈魂，心理醫生治療你出了問題的心理。

家裡有哲學家嗎？

當你有心理問題時，大概不會有人建議你去做哲學諮商。你可能驚呼：「哲學家！他們不是都在思考『如果一棵樹在森林裡倒下，沒有人在場聽到，那還算不算有聲音？』這種問題嗎？這對沮喪憂鬱、焦慮發作或有強迫症的人有什麼用處呢？」答案就是：哲學、哲學方法以及由此獲得的智慧，可以有極大的幫助。哲學可以是良好藥物。

目前有一批新的專業哲學家，稱為哲學諮商師或哲學實踐者，全心全意協助一般人得到長期有效的哲學解藥，以解決日常生活的問題。最早的當代哲學諮商師在一九八一年開始執業，我自己則始於一九八五年。一九九〇年時，我的同事保羅・沙爾基（Paul Sharkey）和我一起建立了「美國哲學、諮商與心理治療協會（American Society for Philosophy, Counseling, and Psychotherapy）」，主要任務就是讓大眾瞭解，哲學智慧和方法可以用來解決日常生活發生的心理問題。

早期和個案工作時，我發現運用哲學於日常生活需具有精確嚴密的理性與常識。哲學思考是邏輯思考，**心理問題**則往往植根於人們面對人生問題時無法運用邏輯思考所致〔註二〕。「邏輯具有諮商療效」的概念並非從現代哲學諮商才開始的，而是從古希臘哲學，尤其是可敬的亞里斯多德的作品中就可以看到。他是第一位詳細檢驗實踐推論的人。亞里斯多德認為，遵循理性（logos）的人生能對精神疾病提供有效的解藥。確實，他的整卷倫理學著作都在展現人的幸福快樂乃是根據理性來定義的。

不快樂者的激情，例如憤怒或恐懼，會像火災般失控，而快樂、健康、適應良好的人卻能保持溫和、勇敢。快樂的人避免過度陷溺的行為（暴飲暴食、酗酒、濫交、失控的權力欲、名聲和財富），不快樂的人被非理性的衝動、欲望、恐懼以及自我毀滅的懊悔所控制。

事實上，亞里斯多德認為，理性的自我才是**真正的自我**。他說：

一個人能否掌握自己乃取決於理性能否有力掌權，能掌控的理性才是真正自我。根據理性原則所做的行為，才是真正自身的行為，出於其自願的行為（註三）。

翻成大白話的意思就是：只有當你的理性控制了熱情時，你的腦筋才會對勁！

如何從前提推論出你的行動

重點來了！對亞里斯多德來說，也有一種感覺是遵循理性推理所得出的結論而來的。假設你正在實施低脂肪飲食（因為膽固醇指數高得嚇人），但你注意到一個深黑色、潤澤、濃郁、鬆軟的巧克力蛋糕，流淌著令人愉悅的脂肪。你看它一眼，口水不禁流下來，你心想：「美食當前怎麼拒絕呢？何況巧克力蛋糕絕對是我最愛的美食。」然後你投降了，伸手拿起了蛋糕（註四）。

亞里斯多德認為，這種意志力跳針的行為往往是受到欲望的動搖，才會根據錯誤的理由而行動。在渴望吃蛋糕的痛苦中，你只想到吃美食時的快樂，而忽視了規則：「吃高脂肪的食物對你有害。」就像你喝醉了，警覺性減弱，做出了你會後悔的事情。不久之後，你清醒了，心想：「喔，不，我不敢相信，我把整個蛋糕都吃掉了！」

你為什麼**會**吃它呢？亞里斯多德認為，一旦你的腦子裡有了以下前提：「我不應該拒絕美食」、「這個蛋糕看起來很好吃」，而且沒有任何阻礙因素，你就一定會吃蛋糕。請注意，亞里斯多德說過，只有當「沒有任何阻礙因素」時，你的這個行為——吃蛋糕——是勢必會發生的。所以，你能否真正吃到這個蛋糕，還會受到別的因素影響。

什麼因素呢？可能別人早你一步把蛋糕吃掉了，或者你忽然肌肉無力，或是你還接受了其他與享用美食這個行動相反的前提——這兩種相反方向的前提同時發生時，稱為「認知失調」（cognitive dissonance），我在第四章會討論到。有無數的原因可能阻礙你吃到蛋糕。

但是，如果沒有這些阻礙的話，你一定會將它吃下肚。如果你相信「所有人的生命都有限」，也相信「蘇格拉底是人」，那麼，你能夠否認「蘇格拉底也終會死亡」嗎？當然不能！一旦你接受某些前提，結論就無可避免了。這就是「演繹邏輯」（deductive logic），結論由前提演繹而得。同樣的，你吃蛋糕的行為根據當時占據了你的腦子的思考（前提）〔註五〕而來。從前提到行動的推理過程，在實踐上具有深刻的重要性，它讓你了解的確應該在採取（經過推論的）行動之前，審視你的前提。

賴利的悲劇故事

很不幸的，我們所有人——是的，所有人——有時會不經思考就冒然採取行動，或至少沒有多想。一個好例子，就是司空見慣的一窩風追流行（請參考第一二三頁）。很熟悉吧？很不幸的，熟悉的、甚至明顯的問題往往不會被注意到，直到為時已晚。常常，我們往下跳了之後才搖著頭，嘴裡說著萬古不變的真理：「我真笨！」可悲的是，我們有時不會有第二次機會了。

我的童年好友賴利就是個被糟糕邏輯整得很慘的例子。賴利十八歲的時候，因為口吃常被取笑，於是他開始尋求另外一群朋友的認同，和他們一起在紐澤西的馬鞍溪上游地區飆車。我很擔心他的安全，懇求他培養新的興趣，但是賴利決心和這群人一起混。一個黑暗的晚上，賴利坐在車子後座，車子高速失控，撞到了一棵樹。前座的兩個男孩當場死亡，賴利從車窗被震飛出去十五公尺遠。他在植物人安養院住了幾個月後過世。

悲劇發生多年之後，我回憶當年，問自己，真正害死這個善良男孩的原因是什麼？我的結論只有一個。賴利之死完全要怪糟糕的邏輯。你會問：糟糕的邏輯？死亡證書上會這麼寫嗎？當然不會。大家極少會討論悲劇背後的邏輯。但是，糟糕的邏輯往往讓人採取自我毀滅的行為，或者更精確的說，錯誤或不合理的前提導致自我毀滅的行為。在賴利的例子裡，我猜他的動機來自「我應該跟著朋友做一樣的事情」的**規則**。既然他認為那一群人是他的朋友，他們喜歡飆車，他也要飆車。從這些規則和事件報導，賴利決定了自己的行動：

規則：我應該跟朋友做一樣的事情。

事件報導：朋友飆車。

行動：我也飆車。[1]

規則、事件報導和反駁

當你推論出某項行為，推論的背後總是有一套規則和事件報導。規則指的是你應該（或不應該）做什麼或你**應該**（或**不應該**）如何感覺，進行普遍化（generalization）而成為通則。非理性規則常常使用「**必須**」這個詞，以及強烈的情緒化形容詞：**可惡**、**爛透了**、**可怕**、**太棒了**……等等。事件報導則是陳述個人眼中所認為的事實。事件報導會說「你認為如何」，和規則中的「你認為**應該**如何」形成對比。做事件報導的時候，你是根據規則陳述你眼中的事實。例如，賴利的事件報導（他的朋友飆車）就是根據「我應該跟朋友做一樣的事情」的規則。很不幸的，沒有任何事情可以阻擋賴利根據這些前提採取行動。因此，根據這份事件報導，賴利推導出自己的悲劇結論。當你採取行動時，你可能無法總是完全清楚知道自己的規則和事件報導，但是它們確實存在，並且驅策著你。

有些規則不切實際。當我說「不切實際」時，我的意思是它們會導致不理性的、自我毀滅的行為。有些事件報導毫無道理，或根本就是錯的。如果你沒有足夠的證據**證明**事件報導的內容，這份事件報導就沒有道理；如果有足夠證據**證明**這份事件報導**不正確**，那麼它就是錯的。如果你

1 審閱註：科恩在此列出的是邏輯實踐三段論的推論形式，這種推論包含兩個前提和一個結論。大前提即是「規則」，小前提是「事件報導」，推導出來的結論，不只是一個陳述，而是一個實際的行動，或是產生的情緒。例如在此章所提到的飆車行動，或是下一章提到的憤怒、焦慮等情緒。

根據沒有道理或是錯誤的事件報導採取行動，就可能惹上麻煩。

這時，你就得在採取行動之前檢視自己的各種前提。如果你知道你有這些前提，一旦發覺了之後，知道如何處理它們，事情就好辦了。我之後會談到如何找出不切實際的規則和沒有根據的事件報導。一旦你知道有哪些前提，就可以開始反駁。如果規則真的不合理，你應該能夠想到很多可以反駁這些規則的案例。例如說，如果朋友們都要跳進充滿鱷魚的沼澤中，你也要跳進去嗎？我之後會談到一些有效的方法來反駁規則和事件報導。

解藥和可以解毒的理性思考（解藥式推理）

好啦，如果我們不追流行，不跟著朋友做一樣的事情，那麼，什麼才是真正合理的行為呢？這個問題的答案可以讓你得到針對這條不切實際規則的解藥。針對某條前提的解藥，就是另一個更合理的前提，足以糾正原先的前提。任何非理性規則或事件報導，都有解藥（往往還不只一個呢）。

對於賴利的非理性規則，你找得出解藥嗎？最基本的一個解藥是：「我不應該盲目摹仿別人，我應該先仔細思考一下。」也就是說，你應該根據常識，評估某項行為的危險程度和好處，決定好處是否高過冒險的代價，然後才採取行動。如果你正在考慮做一件事情，可能因此喪命，那麼，好處必須非常大才會值得。我懷疑賴利推導出他悲劇性的行動前曾好好想過他正按著「跟流行」的規則來思考。

除非解藥提供具體處方，否則無法有效對抗非理性思考。也就是說，解藥必須告訴你如何更理性地對事情做出回應，或是不要做出回應。這時候你需要的就是解藥式推理（antidotal reasoning）。「**解藥式推理**」就是解藥的處方籤，也就是當你給自己解藥的處方時，你所經歷的理性思考過程。這種推理過程可以用來對抗非理性思考。這是好的（理性）推理，用來趕走壞的（非理性）推理。跟糟糕的邏輯一樣，解藥式推理同樣包括規則和事件報導。事件報導會根據理性規則正確地描述客觀事實，然後開出處方，針對你的情況做出理性回應。假設你正在撞牆，因為你認為隔壁鄰居不喜歡你——事實上，他根本就恨透你了——但是你渴望每個人都喜歡你。你也看得出來，在這個不完美的世界裡，這個標準太不合理了。所以，你的解藥式推理就是：「在這個不完美的世界裡，我不應該武斷地要求絕對的完美。」、「要求每個人，包括我的鄰居，都喜歡我，就是在強求完美。」這個規則和事件報導開的理性處方就是：「不要再撞牆啦！」

有些解藥式推理是正向的，告訴你**應該**怎麼做。有些是負向的，告訴你**不應該**怎麼做。亞里斯多德不朽的名言就是：「實踐智慧會發出命令，它的目的就是告訴你應該做什麼、不應該做什麼。」[註六]**正向**解藥告訴你如何用理性的方式對心中的問題做出反應，**負向**解藥告訴你如何控制自己、保持忍耐，不要用非理性的方式做出反應。

吞下解藥的時候，需要注意很重要的一點：你不應該武斷地、絕對地、毫無彈性地堅持你的**正向**和**負向**解藥處方。你會看到，即便是解藥也不見得都能反駁錯誤推理。所以，現在先說解藥式推理本身的解藥式推理。你不應該假設任何一條規則都是永遠理性的，或是可以應用在任何情況下。甚至不要假設我剛剛說的這句話能夠永遠理性，或是可以應用在任何情況下。這個世界上，沒有絕對，連「沒有絕對」這句話也不絕對。

保持理性並不表示每次生病都服用同樣的藥物。對這次生病有效的藥物，對下一次生病就不一定有效，即使這個處方一般而言都很有效。擁有一大堆不同的解藥是個好主意，但是運用起來還是要小心謹慎。有時候，確實可能會有反效果。

在賴利的例子中，以下的處方可能防止悲劇的發生：

規則：我不應該只為了被朋友接受而危及自己的性命。

事件報導：為了交朋友而飆車確實危及了我的性命。

行動：我不和這些人去飆車。

我很遺憾賴利沒有運用這些解藥式思考，未能成功對抗非理性思考的誘惑，還是參與了朋友的危險活動，在那個悲劇的夜晚，坐進了車子的後座。他的悲劇故事提醒了我們：糟糕的推理能夠致命。有時候，適時的解藥式推理對你的生存之重要性，有如抗生素對肺炎那麼的重要。

註：

1. 1. Ethics, book 10, ch. 7。
2. 請參考我的書，*Caution: Faulty Thinking Can Be Harmful to Your Happiness*, Self-Help Ed. (Ft. Pierce, Fla: Trace-WilCo, Inc., 1992)。
3. *Ethics*, book 9, ch. 8。
4. 我說的「前提」，指的是你用來做為思考、感覺或行動理由基礎的任何信念。在這之後得出的信念、情緒或行動就是我說的「你的結論」。以此時而言，你的前提可能是：「我怎麼能拒絕世界上最好吃的食物呢？」以及「那個巧克力蛋糕絕對是我最愛吃的了。」你的結論便會是把巧克力蛋糕吃掉。
5. 邏輯專家通常會用「演繹」（deduce）這個詞，指的是：**一句陳述**（statement）必然根據另一句或更多陳述推論而來。例如，如果「所有人都終將死亡」和「蘇格拉底是一個人」都是正確的，那麼，「蘇格拉底必將死亡」就必然是正確的了。亞里斯多德也將演繹的概念運用到實踐推理上，其結論就是行動而非陳述了。以亞里斯多德自己為例：「如果『每種甜食都應該嚐一嚐』、『這是甜食』……一個有行動能力且沒受到阻礙的人，必然會根據邏輯採取行動嚐一嚐了。」*Ethics*, book 7, ch. 3。
6. *Ethics*, book 6, ch. 10。

【第二章】情緒危機是怎麼一回事？

暴怒、性欲和其他類似的熱情會很明顯地改變身體狀況，有些人甚至可能瘋狂發作……這是受到某些規則和意見（即所謂的事件報導）影響下而產生的行為無法自制的現象（也就是情緒爆發）。

——亞里斯多德（註一）

到目前為止，我所說的「從前提（規則和事件報導）推論出行動」還只是冰山的一角而已。我們不但能夠從假設推論出行動，也可以從假設推論出情緒（註二）。這真是不得了。但是，首先，我們需要瞭解一下情緒到底是什麼？

躲在臥房裡：傑森的故事

請聽一聽傑森以第一人稱述說的故事。他是我以前的個案，五十歲的科學家，和妻子結婚三十年了：

在一個寂寞的週五晚上，我一個人在臥房躺著，看著天花板上的亮光。臥房門關著，我仍聽得到我太太、正值青春期的兒子、岳母和岳父的聲音。他們從別州來探視我們。那天早一些的時候，我兒子（他現在坐在門外，我躲在臥房裡）才嘲笑過我，在我太太和我岳父、岳母面前罵我瘋狂又愚蠢。我答應第二天父子倆出去玩一趟的。我知道我太太非常希望我帶他出去，可是聽了他對我的謾罵（我兒子常常有這樣的行為），一想到我要和他一起關在一間旅館房間裡過夜，我退縮了。當我們夫妻倆單獨在臥房時，我告訴太太我不去了。她變得很生氣。拿起靠墊丟到我臉上，生氣地提高音量告訴我，我有多醜陋。她逼近我，告訴我我有多麼邪惡。她說我沒有資格打破承諾，兒子會變成這樣全是我的錯，說她有多瞧不起我，她多麼希望我得到應有的懲罰。我安靜地聽她說，那些話像一支接一支的箭射向我。她說得越多，我越希望她閉嘴。我可以感覺到心臟狂跳，我覺得暈眩。她離開臥房，開始在兒子面前跟她的父母抱怨，兒子這時似乎覺得很有趣。那天大部分時間我都待在臥房裡，兒子出去找朋友玩，太太和她的父母出去探訪朋友。晚上，他們回來的時候，我還躺在床上。

一開始，我想著我太太如何羞辱我，她簡直是個爛人賤貨，她怎麼可以這樣對待她的丈夫？我想像她和她的父母坐在車子裡，告訴他們我是個多麼糟糕的人，跟他們說一些我私人的事情。我越這麼想，就越生氣。我可以感覺到胸口緊繃、身體發抖，我甚至可以感覺到兩頰的肌肉凹陷下去，好像被重物往下拉。我可以感覺到身體裡波濤洶湧，我簡直要爆炸了。我一面想著發生的事，一面感覺越來越糟糕。然後我想到，她說得對，我真的是很糟糕。畢竟，是我打破承諾，不肯帶兒子出去玩的。一切都如此無望，我開始希望屋頂會塌下來，把我壓死算了。我覺得所有的能量都被搾乾了，好像電池耗盡的車子。我的手臂和雙腿都覺得麻木。一想到要走出臥房，就覺得膽寒。我可以想像他們坐在一起，盯著我看。我知道我無法沒事人似的走出去。可是我又覺得自己無能極了——我太太以前就這樣說我。我受不了自己這麼怕他們，可是我想得越多，就越受不了。

傑森的情緒反應固然有些他個人處境的細節與他人不同，但是我敢打賭，每個人在面對人生問題、困難和議題時，都有過類似的憤怒、哀傷、焦慮等情緒。只要是人，都有情緒，有些情緒具有建設性，有些情緒會產生誤導。當你像傑森一樣情緒升起時，到底發生了什麼事情？

情緒的對象

一般而言，當你情緒不好，一定是**關於**某件事或某個人。你在害怕某件事、焦慮某件事、為某事感到沮喪憂鬱等等。你的情緒不會無緣無故的就低落了〔註三〕。

有些聰明的辯論者會反駁說：「不對，你從來沒有體會過油然而生的焦慮嗎？你沒有特定的焦慮對象，可是就是會感到焦慮。」哦，但是，「特定對象」就是關鍵了。是的，你可能沒有針對某個特定對象感到焦慮，因為你可能對**一切事物**都感到焦慮，即便只是想把乾淨白牆上一個小小的、沒人檢查得到的小汙點擦掉。

情緒的對象可能是事件、狀況、具體事物、人物，甚至是其他情緒。它們可能是真的，或是具有可能性的，或是想像的。以傑森為例，他的情緒對象有好幾個，每一個都和一個或數個情緒有關。看看以下列出的傑森的情緒對象，以及它們相對應的情緒：

- 兒子在他太太和岳父、岳母面前說他又瘋又蠢→怨恨
- 和兒子一起在旅館房間裡過夜→焦慮
- 太太罵他、責備他→憤怒、沮喪、自責
- 太太對她的父母說他壞話→羞辱
- 他聽到臥房外的聲音→恐懼
- 被太太和岳父、岳母「盯著看」→焦慮
- 害怕走出臥房→內在憤怒

請檢查這一大串的對象。最後一項，情緒的對象也是某種情緒。這些情緒對象可能存在於記憶中，隨時可以被喚起，繼續發酵。以這個案例而言，經常回憶和重新解讀會讓情緒經驗不斷綿延。你的腦子像錄影機似的，你可以倒帶、重播，甚至可以快轉。對象可以就像記憶中的影像，也可以像幽靈似的，甚至和任何現實都沒有關係。傑森想像他太太和岳父、岳母坐在車裡，罵他、說他的祕密，他的情緒對象其實只是一個幽靈，這件事根本沒有發生，完全是想像的，只存

在於他的腦中〔註四〕，但是他仍然因此**覺得**受到羞辱。

身體的感覺

請回憶一下，傑森如何描述他的情緒經驗：心跳、發抖、抽搐、胸部緊繃、臉部肌肉凹陷、全身波濤洶湧、覺得自己好像箭靶。身而為人，我敢說你對這些感覺並不陌生。你親身體驗過這些發自內在的感覺，對不對？這些內在感覺牽涉到心臟、肺臟、腸胃、皮膚、肌肉、內分泌腺體（例如腦垂體和腎上腺）、腦內化學改變（例如釋放胜肽調節者酵素到血液中）、血管擴張或縮小、免疫系統的改變等等。這些改變都是對環境產生的自動反應，由一整套互相連結的內在神經系統管制。但是，你會看到，你可以經由思考改變這個系統。

這個系統包括兩個部分：交感神經系統和副交感神經系統。**交感**神經系統負責在遇到壓力時，提升身體的活動力。這些身體變化包括心肺活動增加、血壓升高、提供更多血液給大肌肉、釋放腎上腺素和血糖。交感神經藉由這些身體反應讓你進入戰鬥或逃跑的狀態。**副交感**神經系統會中和交感神經的作用，以保留體力，讓身體恢復正常的活動程度，這些改變包括降低脈搏、呼吸和血壓。這兩個系統一起合作，當你遇到壓力時，同時提供能量也保存能量。

遇到情緒危機時，內臟接收到自動的神經系統傳來的訊息，經由感官神經傳遞到腦子某些部位——例如下視丘、邊緣系統和大腦皮質。你接收到的這些神經訊息，就是**身體的感覺**，這些感覺讓你從內在覺察到自己的身體狀況。這些感覺從正向（愉悅）到負向（痛苦）都有，視你的情緒而定。記得上一次你感覺到喉頭哽咽或心跳加速嗎？這些感覺往往伴隨著對某個情緒對象的認知或印象。傑森的太太對他丟東西、提高聲音時，他的交感神經系統採取行動：心臟活動增加，以便將更多的血液流向大肌肉。他感覺到的就是太太的行為和聲音引起的不愉快心悸。

通常，這種情緒反應具有自我保護的良好功效。在這個例子中，傑森的身體可能是在自動反應，因為他的環境中出現了危險的訊號，例如太太生氣地吼叫，以及她的敵意行為。他的身體進入了自動導航系統。你還記得上一次開車，前面的人忽然煞車，害你也得緊急煞車嗎？身體突然激動起來，你接收到大量的能量和感覺。這可能救了你一命呢！

重演身體的感覺

前額葉腦皮質的能力驚人，可以重新演出儲存在記憶中，以前有過的身體感覺。傑森想到在旅館和兒子過夜的時候，大概就是這種情況。他回想到了以前和兒子單獨相處時的身體感覺，雖然二者並不完全相同。傑森想像他的太太和岳父、岳母「盯著他看」時，似乎也是這種情形。這個想像讓他回想到以前有過的某種「冷酷」的感覺。根據神經專家達馬西歐（Antonio Damasio）的說法，這些感覺不是自動產生的（例如對巨大聲響的反應），而是經由過去經驗形成的，用來協助我們對未來狀況做出合理的決定〔註五〕。所以，當傑森想到跟兒子在旅館房間獨處時，他感覺到的不愉快，讓他不想這麼做。很不幸的，這些內在線索在某些時候很有用，可以幫助你做出決定，但是人類經驗的範圍實在太廣泛、太複雜了，無法用這樣簡單的計算面對一切。看看傑森發生了什麼吧，他沒有仔細思考，就對這些感覺投降了，於是把自己關在臥房裡不敢出來。這其實是不必要的。我敢跟你打賭，你曾經因為違反這些體內的訊息，以致後來後悔得不得了。但是我猜你一定也記得，另外一些時候，順從這些體內的訊息其實並不是個好主意。

丹尼爾．高曼（Daniel Goleman）寫的《EQ》（*Emotional Intelligence*，時報文化出版）書中，提到一個悲劇故事，正是在解釋這個觀念：

十四歲的瑪蒂達．克拉比區只是想跟她的父親開個玩笑。她從衣櫥裡跳出來，大喊一聲：「噗！」當時是深夜一點，她的父母去拜訪朋友，剛剛到家，以為她那天去同學家住了。巴比走進大門時，聽到屋裡有聲音，他拿出手槍，走進瑪蒂達的房間察看。當他的女兒從衣櫥裡跳出來時，巴比開槍了，射中瑪蒂達的脖子。十二個小時之後，瑪蒂達過世了〔註六〕。

理性的情緒控制有時不是奢侈品，而是實屬必要。在上述的例子裡，理性的情緒控制涉及生死大事——巴比女兒的生死。

情緒推理

如果情緒只涉及自動產生的身體感覺和逼真重演這些身體感覺的話，你的感覺會跟著瞬息萬變的情況不斷出現和消失。一旦巨大聲響停止，你的自主神經系統（副交感神經系統）會讓身體恢復正常運作。比較單純的生物或許僅只如此，人類就複雜得多了；我們一生花大量時間在懊惱各種錯誤。

人類的情緒控制大部分依賴理性思考的能力（和意志）。亞里斯多德強調，如果你慣於以理性主導你的思考、行動和情緒的話，你就可能過得很幸福。如果你經常讓非理性的身體傾向和感覺膨脹起來，被它們控制，那麼你就可能過得很不幸福。

所以，這時候就該用到理性思考了。你據以推論出情緒和行為的思考，我稱為「情緒推理」（emotional reasoning）——如果你要的話，也可以稱為「行為和情緒推理」（behavioral and emotional reasoning），但是那樣說起來太長了。傑森的思考可以被稱為「情緒推理」，因為他根據前提（規則和事件報導）推論出情緒和行動。他胸中升起的感覺是根據他的前提推論出來讓身體改變的結果。當他變得憤怒時，這些情緒反應包括呼吸急促、脈搏增加、內分泌活動量增加，在傑森的身體中進行著，只有他感覺得到。

從另一方面看，大家看得到傑森臉部肌肉的改變，例如顯現怒容、皺眉（記得嗎？傑森覺得臉頰肌肉凹陷）。這些別人看得見的改變受到另一套人類神經系統管制，也就是「骨骼肌肉神經系統」。和自動的神經系統相反，這個系統控制和骨頭相連的肌肉。你可以有意識地、主動控制這些肌肉（例如手臂、雙腿、脖子和臉部的肌肉），這代表你的活動能力。所以，當你從前提推論出行動時，你啟動了你的骨骼肌肉系統；當你的推論讓內在身體產生改變（例如脈搏改變、呼吸改變），你啟動了你的自律神經系統〔註七〕。當你情緒上來的時候，實際上是運用到了這兩個神經系統。

這並不表示你總是能夠經由思考推理來控制你的情緒。忽然一個很大的聲音，讓你的心臟停了一拍，身體跳了起來；你覺得腳趾頭不舒服，立刻轉頭看那個踩到你腳趾的人。這些自動反應的例子都是自律神經系統的自發性反應。但是這些反射性的情緒通常很短暫。為了持續情緒，你必須採用某些規則，並據此產生事件報導。為了延續對踩你腳的人的憤怒，你必須這麼想：「那個白癡！他為什麼不看路呢？」為了進一步瞭解這個機制，讓我們看看傑森的情緒推理。

仔細觀察傑森的情緒推理

有情緒的時候，你的身體感覺不只從思考推理而來，身體感覺同時也維持並影響你的推理。例如，傑森想到和兒子共處一室時身體不舒服的感覺，進一步強烈影響了他的情緒推理的前提。這個思考過程如下：

規則：我不應受到兒子的侮辱。
事件報導：和兒子共處一室過夜可能讓我再次被他羞辱。
行為：我跟太太說，我不去了。

想像一下自己就是這個可憐的傢伙。他想像自己和兒子在同一個房間裡，滿腦子都是兒子說的：「去你的！」加上強烈地感受到如果當真處在這種情形之下所產生的抽搐顫抖，怪不得他會在避免發生這種處境的規則指引下，得出上述的事件報導。

沉浸在他太太的憤怒言語中時，傑森反覆咀嚼他太太如何貶低他、羞辱他，並且不斷想著這女人簡直就是個爛貨。這時，傑森推論出了**憤怒**，越想越生氣。

規則：羞辱自己丈夫的太太是爛貨。

事件報導：我太太羞辱她的丈夫。

情緒：因為太太羞辱我而感到憤怒（認為太太是個爛貨（註八），我的身體現在進入戰鬥或逃跑的模式）。

請注意，傑森的事件報導（我太太羞辱她的丈夫）用的是被動的聲音。以他的描述來看，他受到的羞辱是太太給他的，而不是承認他對自己的情緒狀態也有責任。是他想像太太說他壞話跟隱私，雖然並無證據顯示如此，畢竟他當時不在車子裡面。但是，沒有事實根據的事件報導提供了更多的情緒火藥。這是個很好的例子：沒有證據基礎的事件報導可以導致自我挫敗的情緒。

也請注意，傑森從來沒有明白說出他的規則：「羞辱自己丈夫的太太是爛貨。」而是從憤怒的結果推導出他的前提規則。也就是說，他的憤怒會出現，都是因為他接受了這個前提。大家常常很自然地接受某個前提，而非明明白白地說出來。事實上，大部分的情緒推理都不是全然明說的。你會看到，學習如何檢查自己的思考、找出錯誤的規則和事件報導，往往需要你延伸自己的思考，才能將所有的假設前提都一一說出來（第八章）。如此一來，你會看到自己所有的假設攤在桌上，方能看清楚哪個是不好的。往往，那些隱藏的假設正是不切實際、沒有根據，甚至是錯誤的。以此例而言，揭露出來的規則乃是根據一個不當的行為而貶抑了整個人。你可以很容易提出反駁，想像這其實是一個好人犯了一個錯誤而已。沒有人是完美的，但是這並不表示他們就是爛貨。你會看到，對這個不合理的規則的解藥，就是「批評行為，不批評個人」。

你是否曾經體驗過情緒雲霄飛車，這一分鐘你對某人火冒三丈，下一分鐘你覺得自責、沮喪？當你的情緒推理充滿非理性前提時，這種狀況就很常見。我們只要看看傑森的情緒改變就知道了，從憤怒到沮喪和自責，他對太太的負面批評轉為對自己的負面批評。他的下一個情緒推理如下：

規則：對太太打破承諾的人不是個好丈夫。

事件報導：我答應太太會帶兒子出去旅行的，結果我打破了承諾。

情緒：對自己打破對太太的承諾感到罪惡（很痛苦地意識到自己的無能）。

傑森推論出自己的罪責，因為他接受了不切實際的規則。這條規則讓任何一個曾經打破承諾的人（幾乎包括每一個人！）都變得毫無價值。他不是只估量自己的行為，還進一步強烈批評自己，讓自己覺得像電池耗盡的車子，四肢癱軟，還伴隨著認為打破對太太的承諾是極為無能的痛苦。這痛苦的經驗可能也包括過去的不愉快感官回憶，或童年的類似經驗中別人對他的批判（尤其是父母）。

看起來，傑森的自責繼續深化，成為自我毀滅的沮喪憂鬱：

規則：如果我不好，那麼，天花板應該塌下來壓死我。

事件報導：我不好。

情緒：為自己的沒有價值而感到憂鬱（有自殺傾向）。

這個結論將傑森的情緒對象轉到了自己的沒有價值，並將之加劇成為帶有自殺傾向的憂鬱。一旦傑森接受自己是徹底無能的人，他會有自我毀滅的想法，一點也不令人意外了。這個例子讓大家看到，一個自我打擊的情緒可以導致另一個自我打擊的情緒。接受不切實際的規則和沒有根據的事件報導則可以導致自我毀滅的行為，有時甚至導致自殺。

當傑森想像中的批評聲浪變得可怕的時候，傑森的情緒轉為恐懼，與大家面對面顯得危機重重。傑森的恐懼變成了他的情緒對象，從這裡，他推論出更多的憤怒和挫折。在他的腦子裡，大家冷酷地盯著他看的景象，讓他推論出離開臥房的恐懼。

規則：我受不了我太太和岳父岳母盯著我。

事件報導：如果我走出房間，他們就會盯著我。

情緒：害怕走出房間（痛苦地想著被盯著的滋味）。

再一次的，傑森的規則是不切實際的，很容易證明是錯誤的。就算傑森的太太和岳父、岳母真的盯著他看，會怎樣呢？他會像冰塊似的融化嗎？還是比較可能發生的，他會仍然站得好好的？你是否曾經撐過很不愉快的經驗？你一定有過類似的情形，以後也還會有。

這時，傑森的情緒掙扎出現了某些新的、有意思的元素。傑森的恐懼現在變成了他厭惡的情緒對象。

規則：我不能這麼沒用。

事件報導：害怕走出房間是沒用的人。

情緒：我這麼害怕走出房間簡直是噁心（他覺得一定不可以讓自己成為沒用的人）。

一方面，傑森害怕走出房間。另一方面，他為了自己的恐懼而感到厭惡（害怕走出房間是沒用的人）。所以，他的恐懼和對恐懼感到的厭惡發起了內在戰爭。

傑森最後還是走出房間了，以為會跟大家大吵一架。很意外的，他的岳父、岳母看到他，很關心他還沒吃飯。他們似乎很高興看到他，一點敵意也沒有，也沒有批評的意思。不多久，他太太為自己的發脾氣跟他道歉，似乎很想結束這一場吵架。

故事的結局很有意義，提醒我們內在的戰爭可能都是非理性前提的產物，你只是尚未找到有效的解藥罷了。

情緒循環

傑森的故事應該可以幫助你瞭解情緒的本質和複雜度。這個複雜的系統包括：告訴你應該如何採取行動或感覺的規則；情緒對象；根據規則描述並儲存事實的事件報導（註九）；內在身體改變；對這些身體的改變、印象和行為的感覺。這些元素中何者為主要元素，心理醫生和哲學家各持己見，但是毫無疑問的，這些都是人類情緒經驗中顯著的元素（註十）。

我們無法否認，有些情緒不牽涉到規則和事件報導，例如人類對巨大聲響所產生的自動反應。確實，其他動物神經系統的發展較不複雜，似乎無需多少思考就可以掌握自己的情緒。我猜，這就是為什麼如果主人用威脅的態度舉起手臂，小狗費多只會對主人生氣一下子而已。費多會自動以戰鬥或逃跑的模式（例如趴低身體或低吼）做出反應。當主人放下手臂，費多很快地就能恢復平常的親熱態度。不像牠的主人，狗不會持續評估、再評估牠的狀況，因此，情緒可以很快過去。

可是人類就不同了，總愛評估、再評估自己所處的狀態——往往評估過度，而且還是根據不切實際的規則和沒有根據甚或錯誤的事件報導。你的情緒生活比費多的情緒生活要複雜得多了。

通常，當你有了情緒經驗，這個經驗體現了你的思考、行為和感覺之間的相互影響。情緒元素之間的相互影響往往有循環的效果，可以持續並變得更為強烈。首先，你的前提導致內在身體改變（自動的效果），然後導致身體感覺，然後導致行為（肌肉收縮），進一步支持了你原有的前提。

所以，你覺得老闆在你的同事面前讓你丟臉，你心想：任何人這樣做都應該下地獄。這些假設立即動員了你的自律神經系統，釋放腎上腺素到血液中，血壓與脈搏因此增高。你感到心臟怦然敲擊，咽喉裡出現隱隱作痛的硬塊，感到血液奔向手臂和雙腿。你的身體準備好要迎接戰鬥了，你的骨骼肌肉系統讓你採取行動了。「你應該下地獄！」你大叫著，「你這個混蛋！」你的身體靠向他，靠得很近，侵入了他的私人領空。你的腦子裡迴響著「下地獄！」，你原本的假設隨著身體激動的程度增加而越來越讓你信以為真。當這個循環持續到逐漸失控，你的回應便越來越強烈，直到你的憤怒變成了暴怒。你像隻野獸般攻擊你的老闆，把他打倒在地上。然後警察來了，把你抓走，於是你坐在一個小小的空牢房裡，慢慢冷靜下來，並且清醒過來。

人類經驗中，多的是這種情緒的惡性循環。我們往往在闖禍之後才能冷靜思考。有些人即使到了那時候都還不能冷靜思考呢。不切實際的規則和沒有根據的或錯誤的事件報導導致自我毀滅，而且往往無跡可尋。暴露這些規則和事件報導，反駁它們，找到它們的解藥，可以讓你的痛苦人生變成快樂且有建設性的人生。

註：

1. *Ethics*, book 7, ch. 3。
2. 正如上一句引言，這似乎也是亞里斯多德的看法。
3. 情緒和其他意識都是關於某件事物，這個特質有個名詞。哲學家稱之為「意向性」（intentionality），情緒的對象則稱之為「意向對象」（intentional object）。但是我會稱之為「情緒對象」。Elizabeth L.Beardsley and Monroe C. Beardsley, *Invitation to Philosophical Thinking* (New York: Harcourt, 1972), p. 84。
4. 當情緒對象並不真正存在時，我們稱之為「意向非存在對象」（intentional inexistence）。Roderick M. Chisholm, Perceiving: *A Philosophical Study* (Ithaca, N.Y.: Cornell University Press, 1969)。
5. Antonio R. Damasio, *Descartes' Error: Emotion, Reason, and the Human Brain* (New York: Avon Books, 1994)。
6. Daniel Goleman, *Emotional Intelligence* (New York: Bantam Books, 1997)。
7. 說人們從前提推論出生理變化（例如心跳改變），是有些大膽。有些人可能不同意。他們對於「推論」有更嚴格的概念。或許這些人會覺得用「因果」的觀念比較合適，而不是邏輯或推論。如果腦子像電腦一樣的話，或許所有推論出來的結論都可以翻譯成數位腦部電路圖（複雜的神經網路開關）。如果真的是那樣——我猜或許真是如此——那麼，所有推論出來的結論也就是所謂的「因果關係」了。請參考 Herbert A. Simon, "Simulating Human Thinking," in *Philosopher at Work: Issues and Practice of Philosopy*, 2d ed., ed. Elliot D. Cohen (Fort Worth, Tex: Harcourt, 2000), pp. 494-517。
8. 覺得太太爛透了，也是他從前提推論出來的結論。如果羞辱丈夫的太太就是爛貨（規則）的話，他太太羞辱了他（事件報導），那麼他太太必然是個爛貨了。一般而言，當你根據假設推論出情緒時，你同時也推論出思想。

9. 你在第八章就看得到，根據規則產生的事件報導其實就是在描述你的情緒對象。

10. 請參考我的討論 "Philosophical Counseling: Some Rules of Critical Thinking," in *Essays on Philosophical Coounseling*, ed. Ran Lahav and Maria Da Venza Tillmanns (New York: University Press of America, 1995), pp.122-25。當我說你從前提推論情緒時，是指你從前提推論出所列出的部分或全部元素。你不需要推論出所有的元素才有情緒。例如說，你可以覺得憤怒，但是沒有表現出憤怒；你可能怒火中燒，但卻控制住不讓憤怒表現出來。你曾有過這種經驗嗎？你其實非常憤怒，但是努力不表現出來？

【第三章】如何控制你的情緒

不自制的人（無法控制情緒的人），基於一時激情去做明知是惡的行為；而自制的人（可控制情緒的人），則基於理性的原則而拒絕從事明知其為惡的欲望。

——亞里斯多德〔註一〕

我們都曾經或多或少想採取對我們個人或人際關係有害的行動或感覺。所以，如果你覺得自己與眾不同，最好是再想一下。這就是人性的弱點。好消息是，你也有能力控制、甚至戒除自我挫敗的行為和情緒。以下的例子會清楚解釋我的意思。

神經的考驗：哈利的故事

哈利是我的同事，在一所很大的州立大學裡擔任系主任。有一次，他來找我討論他和一位同事之間的問題。哈利是一位非常多產的學者，時間是他最重要的資產之一。他有很多行政工作，還參加各種委員會，教學，以及家庭責任（他結婚了，有兩個年紀很小的小孩），哈利發現自己疲於奔命同時要完成很多不同的事情。系裡一位同事山姆經常到哈利的辦公室找他聊天（頗為單方面的聊天），話題都是一些不重要的小事（諸如遇到某位學生、關於同事的八卦），讓哈利很挫折。這些聊天似乎永無止盡，哈利只能坐著聽，偶爾回應一下或點個頭表示同意而已。

哈利假裝傾聽時，會更加意識到龐大的焦慮似乎把自己的胸膛鼓脹了起來，而且掐住他的喉嚨。哈利常常想大叫：「滾出我的辦公室！你難道不知道我有更值得做的事情，不想坐在這裡聽你說廢話嗎？」但是他什麼都沒說。

我問哈利，為什麼他不有禮貌地請山姆離開。他說，他不想得罪系上的同事，否則可能讓他身為系主任的職務難以有效推行。我開始重建哈利的推理路線，尋找他的規則和事件報導，然後發現他的腦子裡有兩條相反的思考路線同時發生作用，其中一條路線讓另一條短路，讓他處於一種類似僵持的狀態。第一條路線如下：

規則：有重要的事情得做，我不能浪費時間。

事件報導：我不叫山姆離開，正是在浪費我的時間。

行動：我請山姆離開。

第二條路線如下：

規則：身為系主任，我永遠不可以做任何可能危害職務的事情。

事件報導：惹火系裡的同事可能妨礙我的工作，讓系務無法有效進行。請他離開一定會得罪他。

行動：我不請山姆離開。

只要看著兩條思路推論出來的相反結論，就可以瞭解為什麼哈利動彈不得了。他不能既要山姆離開，又要山姆不要離開。但是，第一條思路並不完全無力可施，因為他的自律神經系統已經啟動了，他感覺得到自己的挫折在心裡累積膨脹，讓他想對山姆大吼：「給我滾出去！」但他還是讓山姆待了下來。從第二條思路，哈利做出不叫山姆離開的推論，但是第一條思路已經讓他的身體激動起來了。

我不認識山姆，所以我也不知道很禮貌地請他離開會不會冒犯了他。但我還是告訴哈利，他可能過於努力了。我認為他那條「身為系主任，我永遠不可以做任何可能危害職務的事情」的規則可能理想過高。這個規則很容易反駁。這條規則不准哈利做出任何可能危害到工作效果的事情，讓他成為工作的奴隸，表示他永遠不可以將任何事情，包括他自己的生命，放在工作之上。很明顯的，如此絕對的要求是不合理的。那麼，什麼才是有效的解藥呢？用合理的努力做好他的工作，但是不強求完美。哈利同意了，說他下一次會很有禮貌地告訴山姆，他需要處理其他的事情。

我也請哈利檢查第一條思路的規則：「有重要的事情得做，我不能浪費時間。」隨著我們的討論，逐漸看到這條規則是哈利生活的焦慮之源。即便只是遇到紅燈停下來，這條規則都讓他覺得焦慮，再加上前面的車子開得超慢，他的焦慮簡直到了無法控制的程度。

哈利沒有對前面的司機比中指，也沒有停下車子去威脅對方，可是他常常想如此做。必須同時兼顧家庭和工作所造成的焦慮，似乎大部分來自於這條陳義過高的規則。哈利似乎認為大部分的事情都不像寫書一樣是「重要的工作」，因而多少有點浪費時間。就像他其他的規則，這條規則也過於絕對。他把現實簡化成兩個部分：重要的事情和浪費時間。這也很容易反駁，因為哈利很願意承認跟太太和孩子好好相處是重要的事情。很不幸的，不切實際的規則讓他很難好好享受家庭時間。

哈利之所以需要控制情緒，是因為他那不切實際、工作狂的規則，而這個規則遍及於他生活的大部分範疇。雖然控制情緒可以是一種正常的阻止自我毀滅的方法，但也可能是不切實際思考的徵兆，就如哈利的例子一樣。如果哈利沒有對自己設定這麼絕對的要求，就不需要如此壓抑了。在這一方面，哈利不是特例。如果人類不用非理性方式思考，這個機制就不會成為我們演化傳統的一部分。我不是說控制情緒沒有對你的人生做出重要貢獻。確實，控制情緒可以造成建設性人生與入監服刑的差別。我要說的是，如果你發現自己經常需要控制情緒，即便你的外顯行為控制得很好，你還是應該檢查自己的規則和事件報導是否切合實際，哈利便是如此。

當然，並不總是如此。不要認為每次你控制情緒的時候，都具有隱含的情緒問題。住在地雷區和住在菜園裡是不同的。如果你必須控制脾氣的對象是猥褻你的孩子的人，或是殺害了你重要親人的恐怖份子，那麼，你就不算是情緒不穩定。

控制情緒指的是有能力控制自己的身體（內在及外在）對情緒對象產生的反應。一種方式是控制身體對壓力產生反應時發生的內在變化，另一個方式是控制自己的行為。第二種方式比第一種方式容易做到，哈利就是個好例子。但是，你確實可以控制內在的身體變化，即便你沒有覺察到自己有這種能力。生物回饋治療的基本原理就是人類可以靠著調整思想，改變自動發生的神經反應。停止思考、有系統的減敏（desensitization）、練習放鬆等等技巧，也對管理內在身體變化具有療效〔註二〕。改變你對現實的負面看法，用比較正向的方式看待現實，稱之為「重新建構」（reframing），也是一種方法〔註三〕。我之後會有更多解釋。

運用解藥式推理來控制你的情緒

能有效控制自動反應的各種技巧，都能幫助你冷靜下來，讓你在做出愚蠢行為之前，比較容易產生有建設性的思考，以免日後懊惱。但是更直接的防範方法，就是抗拒建立在非理性規則和事件報導上的推論式思考，暴露它們、反駁它們，找出適合的解藥。情緒控制的方法並不保證你就一定會停止自我毀滅式的行為，要能夠成功，主要還是靠你的意志力。

意志力是什麼呢？意志力有點像你的內在肌肉，你可以展示出來以制伏自我毀滅的身體衝動。例如哈利忍住了，沒有告訴同事：「滾出我的辦公室。」確實，哈利的怒氣其實已經很強了，他的腎上腺素分泌相當旺盛，已經進入戰鬥或逃跑的模式。然而，他還是控制住了自己的身體反應，經由意志力，他忍住了。

你記得上一次你想做些什麼連自己都知道是錯誤的行為嗎？你幾乎可以品嘗到對身體反應

投降的甜蜜滋味了。可是，就像尤利西斯（Ulysses）抗拒海妖（Sirens）的媚惑歌聲，你沒有投降。這就是我說的「意志力」。

根據艾理斯（Albert Ellis）和克雷葛（Russell Grieger）的說法：「無論是現在還是未來，我們都必須不斷努力、不斷練習，我們的思考、感覺和行動都要不斷的對抗非理性信念，我們才不會投降，才能讓自己比較能夠保持寧靜。」〔註四〕訓練意志力來對抗非理性前提和支持這些前提的身體衝動與感覺，將可以減弱這些非理性前提對你的控制。意志力的練習往往是徹底改變的第一步。

想像你正要去上班，車子開在很狹窄的雙線道上，右邊是充滿鱷魚的水道（在我住的地方，這一點也不誇張）。今天出門有點晚了，你有點擔心會遲到，但是還滿有把握不會遲到很久，甚至根本不會遲到。事實上，車子移動的速度還算合理，甚至比平常還快了一些，應該是可以趕上了。忽然，一輛老式但是維修得很好的凱迪拉克搶到你前面，害你必須緊急煞車才沒撞上去。你很有耐性地等著凱迪拉克的司機加速前進，可是在速限八十公里的公路上，這傢伙一直用著二十五公里的時速龜行。你拉長脖子看看有沒有機會超車，可是對面一直有來車。更糟糕的是，路一直彎曲，根本無法看清對面車道的車況。黃色的警告標誌上寫著：「請勿超車」。

這時你在想些什麼？感覺如何？在這種況狀下，大部分人很難保持冷靜。你知道為什麼嗎？假設你對自己說：「除非我超過這個大笨蛋，否則我就會遲到了，他們會開除我。他會害我失去工作。我絕不會讓這種事情發生！」邏輯如下：

規則：我絕不能因為這個笨蛋失去我的工作。
事件報導：除非我超過這個大笨蛋，否則他會害我遲到，他們會因此開除我。
行動：我試著超車。

你感到肌肉緊繃，手心出汗，抓緊了方向盤，腎上腺素狂竄，你試圖冒著生命危險超車。「冒著生命危險」？是的，你正在危及自己的生命，或許還會危及別人的生命，就為了不要失去工作。或許你不會失去工作；或許你會遇到一個可以安全超車的地方再超車，及時趕到辦公室；或許你會真的嚴重遲到。畢竟，你的事件報導沒有具體實證。你真的有足夠的證據去支持相信你的事件報導嗎？

況且，雖然你有理由認為前面的司機差勁，但是他不一定是個笨蛋，說不定他的智商和愛因斯坦一樣高呢。顯然，你不能說這是故意要害你遲到的陰謀，也不能說對方懷有惡意。但是你的前提還有其他問題。先看看你的規則好了。這個規則等於在說維持這個工作值得害死自己和別人。你真的願意這樣做嗎？以下是預防用的解藥式邏輯：

規則：我不應該超車，因為可能危害我的性命，或是他人的性命。
事件報導：在目前的狀況下，試圖超車並不安全，可能危害我的性命或別人的性命。
行動：我不超車，我耐性等待。

以上推理是前述錯誤思考的解藥。你可以有效地躲開非理性思考所產生的危險結論。但是你需要運用你的意志力，強迫自己接受解藥。你當然會想超車，你的身體在對錯誤的規則（我絕不能因為這個笨蛋失去我的工作）說：「說得對！」就像拿著油燈，獵殺科學怪人的瘋狂群眾一樣，你會感覺到身體裡的衝動，想要殺了擋路的惡魔，解救自己。但是即使你的身體衝動這麼強，你還是忍住了，沒有超車。這很困難，甚至很痛苦，但是你做得到。解藥式推理反駁了錯誤思考，讓你得以鼓起意志力，打敗真正的怪物。

保持良好行為

除了訓練意志力以阻止自己做出非理性行為之外，你也可以訓練意志力去強迫自己做出理性行為。當你對抗身體衝動，運用意志力做出理性行為時，你的身體會反抗，把你拉往非理性的方向。因此，一開始的時候，你的行為會讓你覺得不舒服，甚至痛苦。但是只要你一直訓練自己，你可以反轉或減弱身體的衝動，讓自己不往非理性的方向移動。你可以改變行為，以減弱身體的抗拒。我有一個比喻可能有所幫助。如果你把手錶戴在另一隻手腕上，一開始會覺得不舒服，但是你會慢慢習慣的。你的身體感覺會反轉過來。如果你再把手錶戴回原來那隻手腕，可能反而覺得怪怪的。即使是讓你感覺不舒服的行為，經過一段時間之後，身體也會習慣的。

你曾經因為某件事情覺得沮喪，整日悶悶不樂，希望獨處嗎？我們每個人都有過這種經驗，只是有的人經驗多一些而已。假設你現在就是這樣，但是理性上，你知道你應該爬起床，去上班、上學，或是已經約好的朋友聚會，或是任何其他計畫好了要去的地方。你的理性說：「你真的應該起床，出門去了。」你的非理性則說：「去他的！」假設你基於解藥式推理，運用意志力，把自己硬是拉起床，強迫自己梳洗穿衣，逼自己出了門，去了該去的地方。你到了那裡，周圍都是開心的人們。為了適應你所處的社交狀況，你試著有禮貌，甚至神情愉快，雖然你的內心可能在哭泣。但是，假的裝久了，會怎麼樣？對了，你開始覺得好過了些。因為你保持了良好行為，成功地趕走了憂鬱沮喪，讓自己不再那麼痛苦。

聽起來有道理嗎？下一次你覺得沮喪痛苦時，試試這一招。找到一個正向的解藥，運用意志力，逼自己採取正向的行為。你可能發現自己的情緒被你的理性行為打敗了。你的身心是否失衡了呢？保持良好行為將讓你恢復平衡。

重新建構你的情境

你有沒有注意過，有時候，看事情的角度不同時，你可以感覺更好、壓力更小？這種控制情緒的方法叫做情境重構。這不再是擊退自己的非理性推理，不是反駁自己不切實際的推理，以另一個更切合實際的推論取代，而是你只要改變看事情的角度就行了。當你遇到逆境與困難，用不同的觀點來看待這些逆境與困難就可以減輕不少壓力。

讓我們老實說吧。世界上就是會有糟糕的事情發生，即便你是好人，也是一樣。你的思考甚至不需要不合理，就會感到不幸所帶來的痛苦。在二〇〇一年世貿大樓被炸毀的九一一事件中，有許多人失去性命，想想看他們的家人和朋友吧。如果我們說這些人的哀傷痛苦是因為他們邏輯錯誤，那就太蠢了。我之後會進一步討論到哀傷的過程往往是一連串不斷努力反駁非理性規則和事件報導的過程。然而，很少人會認為九一一不是一件邪惡的悲劇，也不會認為沒有真正值得哀傷的原因。然而，我們很多人，包括直接受到衝擊的人，因為那些英勇的冒著生命危險去拯救他人的英雄行徑；因為警察和消防人員的堅持與無私，甚至犧牲了自己的生命，或是危害到自己的生命；因為紐約市民、美國全國甚至全世界所湧現的愛、支持和團結合作，無不得到極大的安慰。如果我們從這個角度看事情，面對逆境時，我們不需要反駁任何假設就可以感到安慰。

哲學家萊布尼茲（Gotfried Willhelm von Lelbniz）即以這種情境重構的方式理解逆境悲劇。他試圖讓大家明白，縱使有惡的存在，這個世界仍是神所可能創造的世界中最好的一個。他說：「如果你把這幅美景的大部分都遮住，只看其中的一小部分，會看到什麼呢？無論你如何仔細檢視它……只是一堆亂七八糟的顏色，沒有安排，沒有藝術感。但你若是把遮蔽拿掉，從正確的角度看到全景，你會發現原本看起來亂七八糟的色彩其實是畫家謹慎的藝術創作。」(註五) 同樣的，哲學家西克（John Hick）為了解釋為何全能的神充滿了完美的愛，卻讓邪惡存在，於是指出，在完全沒有痛苦與災難的世界裡，不可能產生聖潔的靈魂(註六)。確實，如果沒有危險、悲劇和邪惡勢力的話，我們要如何看到紐約的警察和消防人員在面對極度危險時表現出的勇氣呢？尼采（Friedrich Nietzsche）曾經宣稱上帝已死(註七)，卻從非信徒的角度也達到了類似的結論：「深沉的痛苦導致神聖：它（將聖徒與凡人）區分開了。」(註八) 他說：「當不幸發生，我們有兩個方式克服它，一個是改變造成不幸的原因，一個是改變不幸帶給我們的感覺，也就是說，重

新詮釋不幸，將之視為幸運，其益處或許要到之後才會看得清楚。」——〔註九〕

我們的心智確實能夠將悲劇重新建構，著名的心理學者法蘭可（Viktor Frankl）也舉了另一個慘痛辛酸的例子。他極具說服力地描述了自己身在納粹集中營裡的經驗。有一次，他談到在黑夜中排隊走向工廠，途經很多大水窪和石頭，警衛大聲咆哮，用槍桿打他們，催促他們前進：

我看著天空，星星開始消失，烏雲後面開始出現早晨的粉紅色光線，但是我以一種難以言喻的精密程度想著我妻子的容貌，牢牢在心中維持著她的影像不消失。我似乎聽到她回應我，看到她微笑，以及她那真誠、令人鼓舞的神情。無論是真的或想像的，她的容貌比剛升起的太陽還要光明。

一個想法當下讓我震驚不已。此生第一次，我看到了真理。這個真理被無數的詩人寫在詩歌裡面，被無數的思想家視為終極智慧。這個真理即是：愛是人類能夠達成的、最重要的、最高的目標。然後，我了悟了人類詩歌、思想和信仰裡最偉大的祕密的意義：只有經由愛，我們才能得到救贖。我瞭解到，一個在世上一無所有的人，只要想到他所愛的人，還是可以感受到極樂，即便只是短暫的一刻。當一個人處於無望的狀況下，唯一的成就可能是正正當當地忍受痛苦——有尊嚴地忍受——即使在這麼糟糕的情況下，他的腦海裡想著他所愛的人，就能感到滿足。我這一生首次瞭解這句話：「天使們沉浸在無限光耀的永恆沉思默想中。」——〔註十〕

他受折磨的身心很自然地會傾向於悲觀的前提，但是他沒有，法蘭可把注意力放在肯定生命的規則上：人類的救贖來自愛——因此，這世上還有值得活下去的事情，整個宇宙萬物的意義都建立在他對妻子的愛，以及妻子對他的愛之上。新的意義指引著他的情緒，給了他活下去的動力，即便只是暫時的。他並未否認身處的現實，忍受痛苦的活著本身便是成就，但是，這些折磨只不過是黑暗的背景，襯托出比被監禁的殘酷和不人道更為聖潔的光耀現實，真理的光明在他的悲劇襯托之下更顯榮耀。

這就是在邪惡中看到善良，將人類痛苦轉化為成就。法蘭可稱之為「悲劇中的樂觀主義」（tragic optimism），並由此看到人生更深刻的意義。他**在世上**看到了邪惡，並不認為**世界本身**是邪惡的。他很幸運，有一個深愛的妻子，而且妻子也深愛他。他在腦海中維持的影像將他的假設活生生呈現了出來，他必然感受到了與她在一起的快樂。她以這種形態與他在一起，對他微笑，鼓勵他堅持下去。

你或許在想，法蘭可在納粹集中營裡被死亡圍繞著，數著生命中的幸福，這切乎實際嗎？這算是理性嗎？他的幻想只不過是自我保護機制，自欺欺人地讓自己感覺好一點罷了？他是不是在逃避現實？

當然，法蘭可是在用他能用的方式適應他所處的絕望之地。但是他沒有逃避現實。他知道自己的情形極為淒涼。他選擇如何看待現實並非自動的心理反應，而是一個哲學選擇，他有意識地、自由地做了這個選擇。他運用自由意志，選擇了面對現實的哲學性的前提。

那麼，如果你的哲學角度根本就是不合理或是錯誤的呢？關於法蘭可的例子，艾理斯跟我有過私下的討論，他說：

事實上，法蘭可的信念──「人類的救贖就是愛」──在這個角度上與事實相反，也不合理：很明顯的，不是所有的人都經由愛得到救贖。他堅信這個不切實際的信念，並且因此幫助他面對艱困的命運。相信「**非**現實」──例如相信魔鬼會幫助你，解決你的一切困擾──即便錯得離譜，有時還是可以幫助你。你對「事實」的**堅信**幫助了你，而不是信念背後的任何現實。……建立在**事實**上的信念──例如相信在困境中，你可以自助──比較安全，也比較不會到最後讓你失望。但是我們必須承認，盲目且不合理的信念所製造出來的「現實」，例如法蘭可的信念，有時候很有幫助（註十一）。

我之後會討論，大家看重現實是因為現實有其實際價值。如果你走在時速一百公里的卡車前面，實際看待現實可能救你一命。所以，即使法蘭可從中汲取短暫慰藉的規則──「人類經由愛得到救贖」──是不切實際的，但是以他的**特殊狀況**而言，就像現實一樣的拯救了他。艾理斯說得對，如果你堅持你**永遠不可以**有「盲目的不合理信念」，即使在最極端的狀況下也不可以的話，那就非常不合理了。

但是，在如此極端的情況下保持不合理的信念，並不表示他就是盲目的。如果你對**整個世界**保持樂觀，並不表示你會（或應該）對世界的各個部分都覺得樂觀。對整體而言屬實的真理，對其中的部分卻不見得正確。善良美好的世界裡，還是有邪惡的部分。法蘭可的樂觀，就像在九一一悲劇中失去親人的人一樣，並沒有否認邪惡的存在。看到光芒並不表示無視黑暗。

對於法蘭可的狀況，其實沒有什麼解藥。沒有什麼能夠有助於修復這個不切實際的規則或沒有根據的事件報導。在他忽然了悟的那一刻，他「瞭解到，一個在世上一無所有的人，還是可以感受到極樂，即便只是短暫的一刻」，這並不是在否認艱苦的現實和悲慘的命運，也不是在否認納粹、煤氣室以及幾百萬無辜生命的犧牲。除了承認這些灰暗的現實，我們沒有解藥。可是我們仍然可以改變主題，往內心看著更抽象的、更詩意的、更愉快的意念，而不是滿腦子無法控制的外在現實。在這個例子裡，你可以看到單純的情境重構和我所說的找到解藥之間的差別。如果你找不到任何解藥可以反駁你的前提，沒有任何解藥來解除你的痛苦，也無法有更實際的協助資源，那麼，唯一的出路就是重新建構了。

藥物治療

你與生俱來就有能力反駁前提、找到解藥、運用意志力、情境重建，這些技巧都是處理壓力的有效資源，也可以控制自我挫敗的情緒。但是，光是這些就夠了嗎？你應該服用藥物嗎？我是指醫師處方的藥。

答案是肯定的。如果情緒是因為腦內生理化學異常所引起，例如躁鬱症、精神分裂症、重鬱症，這些疾病都是由於腦內化學異常引起，可以用藥物治療，例如治療躁鬱症的鋰鹽和治療憂鬱症的百憂解。這些藥物控制神經傳導物質，也就是負責腦內神經傳導的化學物質，比理性思考更能有效重建正常生理狀況。沒有服藥的患者並非沒有理性思考的能力，但是某些患者的生理狀況會讓理性思考異常困難或根本不可能。在這種狀況下，患者應該服藥。

沒有石蕊試紙可以告訴我們是否應該用藥物治療。對於用藥與否，治療師之間有很多不同的意見。對於強迫症，有些治療師寧願使用行為療法代替藥物治療。用藥與否的評估往往根據症狀的嚴重程度，以及自殺或其他嚴重危害自己或他人的可能性。抗憂鬱藥物可能需要幾個星期甚至幾個月才發生效果，在藥效發作之前，嚴重憂鬱症患者可能需要其他非藥物的治療，尤其是有高度自殺傾向的患者。

例如丹尼斯，他讀了《柏拉圖靈丹：日常問題的哲學指南》，因為我名列在書中而來看我。丹尼斯最近才跟太太分居。十年前，他接受過精神科的憂鬱症治療。他有自殺意念，接受了諮商，並服用藥物。

丹尼斯受到書的鼓舞，堅持要用柏拉圖靈丹，不再吃百憂解了。我們談話的時候，他告訴我，十年前的想法又開始出現了，但是他不肯重新開始服藥。他也說，如果他無法哲學性地接受太太想離開他的這件事，他就要自殺。我告訴丹尼斯，他必須先接受心理精神評估，我才肯與他諮商。當丹尼斯離開時，我們兩個都知道，他不會再來了。雖然書中很明白地寫著「有些憂鬱症患者需要服藥」，但是這些話完全敵不過書名（譯註：書名原意是「給我柏拉圖，不要百憂解！」）的吸引力。丹尼斯全心只想著書名，可能他只想聽這句話。我不知道這個可憐的傢伙後來如何了，但我確信藥物會對他有幫助。

無論如何，沒有任何藥物能夠幫你理性思考。藥物只是幫邏輯思考排除障礙而已。藥物無法產生你的前提。很不幸的，有些醫學專家拒絕看到這個差異。例如說，有些醫生堅持可以**只**

用利他能（Ritalin）藥物就能治療注意力不足過動症（Attention Deficit Hyperactivity Disorder, ADHD）兒童。有些醫生甚至反對任何非藥物治療。無論如何，這種看法和我們的觀察似乎背道而馳。有很多服用利他能的患者變得無精打采、昏昏欲睡（有時還會暴怒）。這些例子顯示，藥物只是將一種情緒問題替換為另一種情緒問題而已。

有些人只有躁症，沒有憂鬱症，其症狀就是一直處於情緒異常高昂的狀態。症狀可能包括過多的想法、說話太快、偉大妄想、無法專心、坐不住、易怒、善變、任性、過度嫉妒、古怪、反覆無常、充滿幻想。可是，許多人並不喜歡服用鋰鹽之後的感覺。他們其實很享受躁症的高亢，服藥後覺得變得不是自己了。有一位躁症年輕人來看我，談到他的職涯計畫。他不喜歡服用鋰鹽。他跟我說，他會根據是否需要服用鋰鹽而決定是否接受某項工作。所以，他願意放棄心理學專家的志向，只為了避免服用鋰鹽。他似乎認為自己不服用鋰鹽還可以當老師。總之，服藥與否這件事情為這位年輕人帶來人生危機，需要他謹慎且理性的評估。如果藥物本身就是問題的重要部分，藥物要如何解決問題呢？

我不知道這位年輕人如今在何處，也不知道他最後選擇了何種工作，但是我很確定一件事情。如果他願意為了工作而服用鋰鹽，他必須理性解決自己的藥物適應問題，否則的話，他無法長期保持服藥的習慣。如果他成為心理專家，情緒高亢地去上班，就可能導致負面結果。服藥讓他更能理性地思考他的議題，但是無法代他解決問題，他必須自己解決問題。這是無法逃避的現實。思考自己的問題絕對沒有捷徑。

當然，你可以找一位精神健康專業人士或哲學諮商師協助你解決某個困擾你的人生問題。但是到了最後，你還是得靠自己的努力，無論是跟自己對談或是找專家協助你。本書中，我提供了一些處理人生問題的基本邏輯思考，但無法取代專業協助，而是給你一些可能對你有所幫助的工具，協助你辨認、反駁，並針對阻礙你幸福人生的前提尋找解藥。

註：

1. *Ethics*, book 7, ch. 1。
2. Michael Spiegler and David C. Guevremont, *Contemporary Behavior Therapy*, 4th ed. (Belmont, Calif.: Wadsworth, 2003)。
3. Albert Ellis, *Overcoming Destructive Beliefs, Feelings, and Behavior* (Amherst, N.Y.: Prometheus Books, 2001), p.178。
4. Albert Ellis and Russell Grieger, *Handbook of Rational-Emotive Therapy*, vol.2 (New Yprk: Springer Publishing Co., 1986), p.25。
5. Gottfried Wilhelm von Leibniz, "Essays in Theodicy," quoted in Samuel Enoch Stumpf, *Philosophy: History and Problems*, 4th ed. (New York: McGraw-Hill, 1989), p. 258。
6. John H. Hick, "The Problem of Evil: The Free Will and Soul-Building Arguments," in Cohen, *Philosophers at Work*, pp. 540-46。

7. Friedrich Neitzsche, *Thus Spake Zarathustra*, part 4, ch. 73.2。

8. Nietzsche, Beyond Good and Evil, no. 270 in *The Philosophy of Nietzsche* (New York: Random House, 1945)。

9. Nietzsche, Human, All Too Human, no. 108 in *The Philosophy of Nietzsche*. See also James Scott Johnston and Carol Johnston, "Nietzsche and the Dilemma of Suffering," *International Journal of Applied Phlosophy* 13, no. 2 (fall 1999): 187-92。

10. Viktor E. Frankl, *Man's Search for Meaning* (New York: Simon & Schuster, 1985), p. 57。

11. Albert Ellis, letter to author, 4 July 2001。

【第四章】如何處理情緒與理智之間的衝突

似乎靈魂中有種非理性的元素……本質上與理性相反，與理性對立與抗爭……但，從某一方面來說，非理性也受到理性的約束，參與理性活動而遵從理性。

——亞里斯多德〔註一〕

記得上一次你跟自己說，你不應該有某種感覺，但還是有那種感覺，甚至採取行動了？人類常常頑固地抓緊他們的情緒推理，即便是根據不切實際的規則和事件報導的情緒推理。在這種情形下，我們很容易說：「我就是這樣感覺，我也沒辦法。要我有不同的感覺（和行動）根本沒有用。」但是，無法改變和很難改變是兩碼子事，如果你無法區分這二者，就會很容易放棄。

情緒拉扯的母親：馬雅的故事

讓我們看看馬雅的故事來瞭解這一點。馬雅有個十七歲兒子朗尼。你已經認識朗尼的父親了。猜得到是誰嗎？提示：和太太為了兒子的事情吵架，而把自己鎖在臥室的那個男人。

對了，就是傑森。第二章談過他。現在讓我們看看馬雅如何頑固堅持不切實際的規則，導致家庭環境失衡，充滿了情緒風暴。

從十二歲開始，朗尼在家裡就開始胡鬧，很容易為了一點小事就大發脾氣。他拒絕聽母親的話，還會頂嘴。他的攻擊性逐年增加，辱罵母親，說髒話（甚至在朋友面前），威脅大家，拒絕準時回家，不遵守家庭規定，他的要求（例如買新衣服或其他東西）被拒絕時就立刻大發雷霆。早年，朗尼比較聽爸爸的話，但是逐漸的，爸爸也成為朗尼欺負的對象。儘管如此，馬雅一直都保持著慈母的形象，對兒子表達關心和母愛，幫他找藉口，忽視他的錯誤行為，甚至他的殘酷言行。一開始，傑森會教訓兒子，罵兒子，甚至吼兒子。但是，很明顯的，一點用處也沒有。事實上，朗尼似乎很喜歡惹父親生氣，這樣朗尼才有機會說父親是瘋子、一無是處。過了一陣子，傑森和兒子的互相吼叫越來越少了（雖然還是有）。傑森開始避免接觸兒子。即便如此，辱罵仍然持續，主要是對馬雅，對傑森還少一點。馬雅開始為了兒子的行為責備自己，也責備傑森，拒絕讓朗尼為自己的言行負起責任。畢竟，她說：「哪有好的家長會養出像朗尼這樣身心失調的孩子呢？我們一定做錯了什麼。」傑森試圖懲罰朗尼的不良行為（例如禁止他用車子和電話），但是越來越不嚴厲了，因為馬雅認為這些作法都沒有用。

但是，馬雅注意到了，如果她不表示關心（不問他都在做些什麼），朗尼會暫時行為良好。但是只要她表達關愛（說好話、口氣甜美、擁抱、同意買好東西給他等等），或是表達關心（你要去哪裡？什麼時候會回家？等等），就會有不良行為出現。馬雅越是熱切表示關心，越是受折磨，不良行為的惡性循環就越來越嚴重。她似乎無法關心兒子而不「付出代價」。傑森建議馬雅持續保持中立，不要跟兒子有接觸。可是馬雅沒辦法做到，她說：「我太愛他了，無法不表示出來。」

另一方面，馬雅開始認為，只要一切都順從兒子，無視他目無尊長的行為，對兒子而言，事情就會輕鬆一些。關於如何管教朗尼的不良行為，在某個層面，馬雅似乎接受了以下的思路：

思路（一）

規則：我不應該做任何惹火兒子的行為。

事件報導：我如果表示關心或表達愛意，都會惹火朗尼。

行動：我避免對朗尼表示關愛。

但是另一方面，馬雅在情緒上似乎也接受以下兩條思路：

思路（二）

規則：如果我真心愛我兒子，我必須表現出來（對他表達關愛）。

事件報導：我真的愛他。

行動：我對朗尼表達關愛。

思路（三）

規則：如果孩子有困擾，一定是家長的錯，應該付出代價，而不是孩子付出代價。

事件報導：朗尼有困擾。

情緒：自責沒有當個好父母（覺得是我們，而不是朗尼，應該負起責任，為錯誤付出代價。）

朗尼犯錯時，記得馬雅多麼抗拒傑森懲罰朗尼嗎？因為第三條思路，這一點也不令人意外。當傑森拒絕帶兒子出去旅行時，她對傑森發脾氣，大半是想讓傑森彌補父母的罪過。

責備自己，也責備丈夫，這個情緒對馬雅而言，**感覺**是對的。所以，當她試圖對兒子保持冷漠的時候，她是在對抗自己真正的感覺。她會覺得緊繃、不舒服，因為她背叛了這些強烈的感覺。我猜，她一想到要對兒子冷漠就痛苦無比，其源頭必然來自她自己的童年。在第十一章，我會談到童年和人際關係如何支持這種自我挫敗的情緒。

認知失調

你可以說，馬雅**情緒上接受了**思路二和思路三，因為這兩條思路符合她情緒的元素，例如她的身體感覺和印象。這讓第一條思路——避免對朗尼表達關愛——在她的情感宇宙中，就像一個討厭的侵入者。它對馬雅的影響力被其他思路阻撓了，馬雅的身體其實是站在其他思路那一邊的。

情緒上和理智上，馬雅能夠接受的結論彼此拉扯，這個現象稱為認知失調（cognitive dissonance）〔註二〕。她有兩套矛盾的前提，一個根據身體的感覺和印象，另一個不是。當她試著對朗尼比較冷淡時，根據身體感覺的前提會逐漸占上風。馬雅面對的挑戰是如何把與理性思考不一致的情緒狀態轉換過來。

當你有認知失調的現象時，你卡在知識和情緒中間，動彈不得。你知道你應該怎麼做，可是你不**覺得**應該這麼做。最後往往讓你選擇了你明明知道不應該採取的行為。

如何用你最強的解藥對治認知失調？要點如下：

當你的知識和情緒失調時，你可以試試：首先，說出你**覺得**想怎麼做，找出背後的規則和事件報導（在第八章，我會給你一些方法，找出這些前提）。第二步，盡力反駁這些支持你感覺的規則和事件報導。如此一來，你會看得更清楚，確認這條思路是否不合理，並瞭解為什麼。第三，說出你認為**真正**應該（或不應該）做的事情，找出**背後的**規則和事件報導。這條思路應該是你的解藥，但是有時候你自以為明白了，其實你並不真的明白。你的解藥還是可能無用。所以，你也要仔細檢查一下解藥背後的規則和事件報導，看看是否可以反駁。如果可以反駁，就試著尋找一個更強有力的解藥。最後，盡全力**運用你的意志力**，執行最好的解藥！

以馬雅為例，讓我們看看第二條思路：如果我真心愛我的孩子，我必須表達出來。在**大部分**的親子關係中，這條規則並不會造成問題。如果我對我的孩子表示關愛（表達出來），通常可以期待孩子也會回報以關愛。很不幸的，朗尼不是這樣的。這個規則不適用於特殊狀況，表達關愛只會惹來憤怒和敵意。打個比方：在美國，言論自由是基本人權，可是我不能在大廳隨便大喊：

「失火了！」馬雅試著在一個不適當的狀況下執行她的規則。就像把凱迪拉克的消音器放在本田汽車上一樣，根本沒有用。

馬雅的第三條思路：如果孩子有麻煩，都是父母的錯，父母必須付出代價，孩子不需付出代價。這很容易反駁，因為這條規則假設**一切總是**父母的錯，沒有考慮同儕關係，以及各種各樣的經驗與接觸，甚至還有父母無法控制的遺傳因素。第二，假設朗尼的問題完全是父母的錯，這似乎假設朗尼沒有個人自由意志。他就像設定好的電腦，對自己的行為毫無責任。這條規則不承認朗尼可以自由行為，而是告訴你要責怪設定程式的人（家長）而不是電腦（孩子）。可是朗尼常常對母親說：「他媽的，閉嘴！」這是朗尼選擇了這樣說話，他難道沒有責任嗎？第三，即使情緒問題往往來自不當教養，這並不表示家長就要被責怪或付出代價。如果家長具有足夠的知識和先見之明，卻惡意地傷害孩子，那是另一回事。但是，馬雅對待孩子的一個非常明顯的特質，就是她對孩子無悔的愛。最後一點，「家長應該付出代價，孩子不用付出代價」的想法，似乎表示馬雅在為朗尼的問題尋找怪罪的對象，而事實上她應該做的是協助她的孩子。

所以，第二、三條思路沒有充分的邏輯。那麼，第一條思路呢？規則是：「我不應該做任何會惹惱兒子的事情」，不應該做**任何事**？這聽起來像是很不合理的要求，是不是？這也表示朗尼的家長不應該對他表現任何關愛，因為關愛會惹惱他。

另一個解藥是，平常保持比較冷漠的關係，偶爾，當朗尼有好的行為時，才表示關愛。這正是我們後來嘗試的解藥。猜猜看怎麼了？確實有一點效果。首先，馬雅比較能夠用一致的態度對待朗尼，因為這樣的規則比較容易做到。第二，這樣可以鼓勵，而不是傷害，朗尼的自我價值。

我也跟馬雅強調，這種「有紀律的愛」（tough love）並不需要她停止愛兒子。矛盾的是，在這個不尋常的案例中，這種態度才是真正愛孩子的正確方法。對於馬雅，這表示她必須有勇氣和堅毅不拔的意志，不斷對抗支持她對朗尼不良行為的自我挫敗回應之前提、身體的感覺、印象和行為。這表示不斷地努力運用意志力，克服內在障礙。

鍛鍊你的意志力

這個工作需要你先看看自己的內在。往裡面看，你幾乎可以**感覺**到一股力量施加在你的外顯行為上，對抗著身體衝動。你知道那個感覺，對吧？這就是**意志力**。就像其他身體感覺一樣，這個感覺讓你看到身體內在的狀況。你可以感覺自己身體被往一邊拉，但是也可以感覺到有一股微小的抗拒。

哲學家坎貝爾（C.A. Campbell）說：「**只有**當我們的欲望非常強烈地引誘我們，而我們選擇了意志力與之對抗的時候，我們才會意識到意志力的存在。」〔註三〕坎貝爾說的「意識到」，感覺像是由內往外推的力量。你可以感覺到自己從內在推自己，抗拒身體誘惑，去做你認為對的事情。

這個內在意志力，或意志的努力，是人類情緒組織裡的一部分，對於情緒控制極其重要。意志力定義了我們人類的**自由**。否則，我們將只是身體的奴隸，一直聽從身體的衝動而已。

你可以運用意志力改變自己的行為、思考和感覺。你可以停止自我挫敗的行為，開始做更理性的行為。保持自己的良好行為，你可以同時改善你的感覺，正如我在第三章談到的。當你的感覺改善了，就比較容易好好思考了。

意志力可以用兩種方法協助你抗拒非理性思考。如果你的解藥式推理告訴你**不應該**做某件事，你可以用意志力阻止自己不做這件事。另一方面，如果你的解藥式推理告訴你**應該**做某件事，你可以用意志力逼自己做這件事。所以，視解藥式推理為何，你可以運用意志力不做非理性之事，或逼自己做理性之事。

哲學家桑塔斯（Aristotelis Santas）將意志力比喻為肌肉，需要不斷鍛鍊，才能越來越壯碩。你需要學著習慣常常運用它，先從容易的事情開始，然後才慢慢對付比較困難的任務（註四）。用桑塔斯的方法，我建議馬雅花幾個星期的時間，試著逐漸減少她問候朗尼的次數，直到她自己建立起足夠的意志力，能夠用適當的程度關懷孩子，而不至引來兒子的辱罵。

運用意志力改變情緒和行為並非易事，尤其當你認知失調時。在馬雅的例子上，就極端困難。但是上次看到她，她已經逐漸習慣自己的新行為模式了，朗尼的辱罵次數也漸漸減少了。

我懇求你也開始訓練鍛鍊意志力。你可以每天練習。下一次你伸手拿洋芋片的時候，可以對自己說：「我不應該多吃油質的東西，這些洋芋片非常油膩。」然後運用意志力，支持解藥式推理中的「**不應該**」，放下洋芋片，不要吃它。你可以勝利驕傲地走開，感覺自己的內在力量。想罵孩子音樂放得太大聲的時候，試一下。狗狗在地毯上拉屎，你很想踢牠的時候，試一下。能夠控制自己是一種自然的快感，代表極大的尊嚴。感覺會棒極了！

註：

1. *Ethics*, book 1, ch. 13。
2. Clifford T. Morgan and Richard A. King, *Introduction to Psychology* (New York: McGraw-Hill, 1971), pp. 513-14。
3. C. A. Cambell, "The Psychology of Effort of Will," in *Free Will and Determinsim*, ed. Bernard Berofsky (New York: Harper & Row, 1966), p.346。
4. Aristotelis Santas, "Willpower," *International Journal of applied Philosophy* 4, no. 2 (fall 1988): 9-16。

第二部

某些致命的思考

人類經常因為數種謬誤而自找苦吃，陷自己於煩憂。這些謬誤有：強求完美、將問題嚴重化、過度美化、無力承受、責怪、無可奈何、自尋煩惱等等。當你有非理性、自我挫敗的情緒時，非常可能就是以上的謬誤侵蝕了你的情緒推理。

【第五章】可能對你造成嚴重干擾的規則

我們應該選擇中庸之道，而不是過度，也不是不足。正確的規則決定了何者才是中庸之道……

——亞里斯多德〔註一〕

古希臘哲學家蘇格拉底認為，如果你知道什麼是好的，你就會**去做**。他認為，只有無知，才會讓我們犯錯〔註二〕。我們在第四章已經討論過，事情往往比蘇格拉底想的更複雜。即便你明明知道該怎麼做才是對的，但因為身體的強烈催促，你還是可能做出愚蠢的事情。但是我們不要因噎廢食。蘇格拉底仍是對的。他的觀念乃是根據「知識與個人幸福（做真正對自己好的事情）一致」的信念而來。

以下是蘇格拉底理論的簡單版本：如果你知道什麼是對的、好的、真實的，那麼，你因此追尋幸福人生的機會將遠比你因無知而胡亂過日子大得多了。這一直是哲學史常見的議題。彌爾（John Stuart Mill）曾說：「當一個不滿足的人也比當一隻滿足的豬來得好；當不滿足的蘇格拉底也比當滿足的笨蛋來得好。」〔註三〕美國有一群實用主義者（Pragmatist），包括皮爾士

（Charles Peirce）、詹姆斯（William James）、杜威（John Dewey）、路易士（C. I. Lewis），則在這個議題上各自宣示知識與真理的「兌現價值」（cash value）。為什麼你要用真理而非謬誤來充滿你的記憶庫呢？他們提出的務實答案很清楚：因為真理可以提升你在「茂盛而繁忙的宇宙」裡適應良好，而謬誤則往往會害你逐漸沉淪。詹姆斯說：「『真理』是對我們有利的思考，就像『正確』是對我們有利的行為。」〔註四〕路易士說：「有智慧的人知道什麼是好的，也知道行為應該如何才能達到好的標準。」〔註五〕亞里斯多德本人將這種意義下的真理歸屬於「實踐智慧」（practical wisdom），他認為這是「對於攸關人類福禍的事務，正確或理性地去行動的能力。」〔註六〕我會按照實踐的方向繼續討論，因為日常生活大部分都在關心如何實踐，判斷某件事情是否是真的、實際、正確、對的，或是假的、不合理的、錯的或壞的。

如果你的前提是真的或實際的，那麼，它們會符合那真實或實際的事物。如果它們是錯的或不合理的，就會與真實或實際的事物產生衝突。真相使我們信服。你可以倚賴真相；它滿足你的期待。詹姆斯認為如果你在森林中迷了路，想活著逃出去，知道要走哪一條路的信念將帶你安全回返，錯誤的信念則會讓你在森林裡陷得越來越深〔註七〕。人生就像森林，如果你沒有事先儲備真實信念的話，很容易就會迷失。錦囊中沒有妙計，你很快就會完蛋了。

以下是真理和現實的標準特質：如果你據以採取行動的前提可以「兌現」的話，那麼，它們就是真實或實際的。如果你根據前提採取的行動害你無法達成目標和期待的話，前提就是假的或不合理的。

很幸運的，人類長期以來令人難以領教的歷史雖然充滿了虛偽和不實在，倒也不是完全的失敗。我們從中學習到**不要**如何思考！這些經過時間考驗的謬誤思考都被寫在邏輯紀事裡，成為我們據以查驗前提是否為真的有用清單。當我們根據假的或不合理的事件報導和規則採取行動時，我們被這些謬誤誘導。但是別被騙了。這些謬誤有辦法（如果你投降的話）毀了你的幸福人生。

謬誤是什麼？謬誤就是經過證實會造成個人和人際挫折、破壞幸福的思考〔註八〕。它們通常會感染你的規則和事件報導，接著自動波及你的行動和情緒，你有時甚至不知不覺，因為你正是根據這些受感染的前提推論出你的行動。為了你的人生幸福，我懇請你提防這些毒菌，並找出有效的解藥來對付它們。它們讓人類心智荒蕪枯萎。即使有效治癒了，它們對情緒的影響（認知失調）仍可能頑固存在。

即使是抵抗力最強的毒菌，很幸運的，我們也還是有希望的。但是，別以為你能**完完全全**地消滅它。你將看到，在這個不完美的世界強求完美是最致命的謬誤。

規則裡常見的某些謬誤也常常（但並非全部）出現在事件報導裡。有些規則的謬誤讓你做出非理性的事，我們稱之為「**行動的謬誤**」。其他的規則謬誤會將你導向某種自我挫敗的**感覺**，我們稱之為「**情緒的謬誤**」。最後，我們把危害事件報導的謬誤稱之為「**事件報導的謬誤**」。如果你知道要在前提中尋找何種謬誤、在哪裡找、如何尋找，就比較能夠阻止它們的侵害了。

人類經常因為數種謬誤而自找苦吃，陷自己於煩憂。這些謬誤有：（一）強求完美，（二）將問題嚴重化，（三）過度美化，（四）無力承受，（五）責怪（自己或別人），（六）無可奈何，（七）自尋煩惱。當你有非理性、自我挫敗的情緒時，非常可能就是以上的謬誤侵蝕了你的情緒推理。

以亞里斯多德的理論來看，這些規則都過於極端——從期待人生完美，到認為自己的人生糟糕透了。對於這些自我挫敗的、絕對主義的規則，理性解藥就是避免極端，用中庸的角度反駁它。例如，承認世界並不完美，但也不認為一切都是黑暗的；不過度悲觀，也不過度樂觀。這些正確的規則很實際，承認有時候糟糕的事情確實會發生，但是你能夠負起責任，面對自己的人生問題，並且接受「不是每一件事情都是自己能夠控制的」。另一方面，它們也承認事情可能沒有你想像的那麼糟糕；你不需要為了負起責任而犧牲自己的快樂人生；你有強大的力量可以控制自己的思想、感覺和行動。讓我們看看這些非理性規則，以及理性的回應。

強求完美

如果你接受「完美」這種規則，無論它以什麼形式呈現，你會跟自己說，這個世界絕對的、無條件的**必須**符合某種理想、完美或接近完美，不能有例外；你絕對不接受除了完美之外的其他狀態；糟糕的事情（或類似的事情）永遠不可以發生——雖然事實上總是在發生。一旦抱持著這種規則，當世界不符合你的期待或要求時——而這是必然的——你就會因此形成強烈的情緒，例如激怒、生氣或不可置信。

例如，你認為以下的事情**永遠不可以**發生：

- 有人不欣賞你，或是某個特定的人不欣賞你。

- 你犯了錯，或是沒有完美表現。
- 事情不如意，或是不完全照著你的意思進行。
- 你沒有被公平對待。
- 壞事發生在你身上或是你的重要親友身上。
- 你無法掌控所有的事，或對你而言很重要的某件事情。
- 得不到你要的東西。
- 你在某方面沒有成功，或是你的成功不如預期。
- 你失去某個對你具有重要價值的東西或人物。

確實，以上列出的事情在這個不完美的世界裡，總是會發生的。所以，要求它們永遠不發生就是非理性思考了。雖然大部分的人**希望**這些事情不會發生，但是要求它們不發生則是另一回事。是做為你情緒推理的**這些必須**、**應該**、**應當的規則**，導出你強烈的、自我挫敗的情緒反應。你很容易看到從「我**必須**得到我要的東西」到「我**希望**要」的差別。如果沒有得到它，第一條規則讓你進入戰鬥或逃跑的模式，第二條規則只是讓你感到失望而已。因此，強求完美的解藥就是：把絕對性的「**必須**、**應該**、**應當**」改成「**偏好**」。這樣可以省去很多煩惱。

將問題嚴重化

如果你接受含有這種謬誤的規則，當壞事或很糟糕的事情發生時，你一定會把它想成**徹底**的毀滅性大災難，絕對是所能想像的最糟糕狀況。如果你抱持這種評價規則，當阻撓你的喜好與價值的事情發生或可能發生的時候，你就可能形成極端的焦慮或懊惱。例如，如果你想到以下的事情**將會**發生或**可能**發生，你可能會感到極端焦慮；而萬一**真的**發生，你可能覺得懊惱，甚至憂鬱：

- 男朋友或女朋友跟你分手，或伴侶決定跟你離婚。
- 失業，或得不到你想要的工作。
- 成績不及格。
- 發現最好的朋友和你的另一半在床上。
- 有人偷了你的錢包。
- 收到交通罰單。
- 小車禍。
- 上班遲到，因為前面的車子開得很慢，又無法超車。
- 和伴侶或親近的朋友吵架了。
- 必須延後度假或購買某項東西，直至有足夠的時間或金錢。

這些情緒對象，例如失去你喜愛的工作或發現愛妻和好友上床，不是小挫折。任何人遇上了這種事情，我們一定會同情他。但是，如果你認為這就是**最糟糕**或接近最糟糕的事情，那你可以想一想更恐怖的可能性，例如上斷頭台，或是活活被慢慢烤死。即便這些經驗已經是極端糟糕了，都可以更糟糕。比如說斷頭台的刀片是鈍的，無法完全切斷你的頭，你在極端痛苦中熬了好幾個小時、好幾天、好幾個星期，甚至好幾年才斷氣。

這些想法讓你反胃了嗎？你現在能夠看出來，將失業或妻子不忠當做發生在自己身上最糟糕的事情，是多麼不合理嗎？如果輕重程度從一到十，這些經驗真的達到十嗎？絕對不是！你可以安慰自己：相對而言，事情永遠可以更糟糕。

因此，「將事情嚴重化」的解藥就是：對自己的不幸保持順服。以下是如何執行這個智慧：想像比你自己的經驗更為糟糕的事情。想像鈍的斷頭刀落下來會是什麼滋味。想像這個畫面，想像殘酷、痛苦、血腥的所有細節。然後問問自己，你剛剛拿到的超速罰單，當然會讓你的汽車安全保險保費提高，可是，這件事情真的有**那麼**糟嗎？

另一個有用的解藥：提防使用「可怕」、「恐怖」和「糟糕」等類似字眼。這些字眼會誇大或過度渲染事情糟糕的一面。錯過和髮型師約的時間真的有那麼**恐怖**嗎？稱之為「恐怖」，你等於是在告訴自己要過度反應。如果這件事情很恐怖，你就會**覺得**恐怖。**覺得恐怖會讓人驚恐**。如果你不想嚇自己，就不要用「恐怖」的字眼，改用「不幸的」、「不妙」或「運氣不好」取代。現在是不是**感覺**好一點了呢？

但是，世界上不是**真的**有可怕、恐怖、糟糕的事情嗎？這些不幸的人難道沒有權利使用這些字眼嗎？九一一事件不是真的很恐怖嗎？二次世界大戰時的屠殺不是真的很恐怖嗎？即便這些可能不是最糟糕的事件——或許還有更多無辜的性命因此死亡——但**這還不夠**稱為「可怕」、「恐怖」和「糟糕」嗎？

如果你在某個悲劇中失去心愛的人，你可能告訴自己，這個經驗恐怖到了你**無法忍受**繼續前進的地步。結果就是你把自己鎖在情緒風暴中，不斷火上加油、強化你的恐怖。處理失去親人的創傷時，會逐漸產生洞見，能夠將你的失落放在一個仍有美好事物存在的世界中來看待。這表示要從你自己的生命和依然存活著的你所愛的人的生命，所蘊涵的價值和神聖這個角度，來評估與不幸事件相關的壞事：將你的損失與日常生活中仍然擁有的目標和價值相比；將你的失落與別人給予你的安慰和關愛相比。

無論如何，用可怕、恐怖和糟糕的角度來看待世界或世界的一部分，就像任由巨大的不祥聲音充斥在空中，以致其他聲音都無法被聽到。如果你一直反覆回想你的恐怖創傷，你的注意力會移轉，無法對仍然擁有的一切做出切合實際的比較和評估。要撫平讓人**覺得**可怕、恐怖、糟糕的重大失落，我們需要把這些想法放下，往前繼續過日子。

過度美化

你告訴自己，如果某個人或某件事物看起來具有某種魅力，這個人或事物就一定是絕對而徹底美好、完美，是整個宇宙中最棒的，你應該感到崇拜，不可能有任何人或任何事物能夠與之相提並論。如果你擁有這一類的規則，你就一定會失望。當你崇拜的對象讓你失望，或是你失去他的時候，你會覺得非常沮喪。你用的「太好了」、「完美」、「最棒的」等等詞語，往往表示你在過度美化。

那，大家提倡的正向思考呢？正向思考不是很好嗎？是的，但是正向思考必須切合實際。過度美化的問題就是**不切實際的**正向思考。事實上，過度美化往往被用來逃避面對重要的現實。所以你跟自己說，你的丈夫是世界上最好的丈夫，因為他送你珍貴的鑽石手錶，在五星級餐廳請你吃大餐。喔，你忘了嗎？上星期他才打過你，讓你眼睛瘀青？你可能會說：「喔，他一定有很好的理由打我。辦公室的壓力太大了，或者我說錯了什麼。我能夠有他，真是幸運。」畢竟，他是我的神。對嗎？錯！

在這種完美光環的籠罩下，我們甚至可能因此憂鬱。「我的男朋友剛跟我分手，他是世界上最好的男人。**再也**沒有人比他更好了。**可是現在他離開我了！**」是的，他是離開你了。而你現在呢？沮喪憂鬱。

「另一邊的草總是比較綠」，至少看起來比較綠，如果你不仔細看的話。當你因為沒有仔細檢視，而說某人或某事完美的時候，你往往給了自己失望的機會。事實上，這個不完美的世界裡，很少有真正完美的事物，也沒有所謂的「最棒」。當你從美好的幻想中回到現實，你就會發現真相——希望真相不是你付出慘痛代價才得來。事情很少是、甚至從來不是最棒的或完美的，但也不會是可怕、恐怖或糟糕的。亞里斯多德會說，答案往往在兩個極端的中間。學著接受切乎實際的期待，這是對付「不幸福」的解藥。

無力承受

當你接受這條規則時，你告訴自己，如果一件事情很困難或有挑戰性，那麼你一定無法承擔，你不會成功，不應該期待成功。接受這種規則的話，你一遇到困難或挑戰就會推論出強烈的挫折。你的容忍度門檻之低，根本不會給自己有機會嘗試一下。這個現象被稱為「低挫折承受力」（註九）。它讓你無法暫時忍受挫折，以便成就更長遠的、未來的幸福快樂。很明顯的，人生值得擁有的許多事物都需要努力才能得到。如果你不願意忍受嘗試與錯誤所帶來的挫折感，那你就很難成功了。你讓挫折承受力低自我證成；證明你的確**無法**成功。

許多事情（例如我們討論「將問題嚴重化」時列出的那些事件）很困難、令人挫折，但這並不意謂著你無法忍受它們。人類很有韌性，往往可以忍受很困難的情況，即使在過程中覺得無望。你當然無法真的挺過時速一百公里的大卡車衝你而來，但是你其實可以撐過許許多多你認為很挫折的事情。

我們很容易忽視這種不切實際的「挫折承受力**低估**」，部分是因為西方文化充斥著這個現象，流行文化，包括電影和流行歌曲，常常描述人們無法承受其實可以承受的狀況。例如，我們經常聽到歌曲或看到電影裡說：「寶貝，我受不了生命裡沒有你。沒有了你，我只會枯萎死掉。」在現實中，失去某人，包括失去摯親的人，通常都可以好好活下去。

所以，我們可以**瞭解**，失去所愛的人會因此形成憂鬱的情緒，他們會告訴自己，他們無法忍受這個失落。在這些狀況下，同理心很有用。在極端狀態下失去親友的人，可以找人傾吐他的哀傷。說出自己無法忍受繼續這樣活下去，是一種讓這個不切實際的規則攤在桌面上接受檢視的有效方法。無法表達哀傷表示無法面對形成你憂鬱的前提，這前提往往會讓你持續憂鬱，直到你終於（如果有那麼一天的話）走過哀傷的過程。

對於「挫折承受度低」，一個有用的解藥是避免使用你無法承受挫折或危機的類似語言，例如「**我沒辦法**」、「**我受不了**」應該被改為更真實的「我不想要」、「我選擇不再忍受」。概念重塑你的情境，讓你得到自主權，承認你有能力面對挫折，你可以成功。「我沒辦法」是反賦權（disempowerment）的語言，表示你的情緒狀態是你無法控制的。「我不想要」則是確認你沒意願使用你既有的力量，它表示你是自由的。

責怪（自己或別人）

接受這類規則時，你會告訴自己，如果你或別人有某種你極度不喜歡的特質，你自己或別人就一無是處。這個規則有兩種。一種是責怪自己，另一種是責怪他人。擁有第一種規則的人會推論出極端的自責，認為自己犯了道德上的錯誤；你會因而形成憂鬱，因為你認為自己不夠好，或是徹底失敗。一般說的「自卑情結」就是根據這種規則。如果抱持第二種規則（責怪他人），你會因而形成憤怒，甚至暴怒。

亞里斯多德認為，低估自己和高估自己同樣非理性：如果你低估自己，就是「過度謙卑」；如果你高估自己，就是「虛榮」〔註十〕。最極端的驕傲就是「上帝情結」——告訴自己，你是完美或幾近完美的，你很少犯錯，甚至從來不犯錯。如果你跟自己這麼說，那麼，你很可能接受了一個絕對的規則，認為自己必須完美或幾近完美才能避免成為一無是處的傢伙。所以為了避免責怪自己，你可能往另一個極端發展，告訴自己，你是上帝。這是個很難維持的假象。亞里斯多德的解藥是：避免**兩個**極端。允許自己做一個不完美的人，允許自己犯錯，但是仍然可以從錯誤中學習。這樣子，壓力會小多了。

你是否曾經跟自己說，你一無是處，你永遠無法做對任何事情，你完全是個廢物？脆弱的時候，我們大家都有過這種感覺。我們說錯話或做了蠢事之後，常常這樣批評自己。當你這樣批評自己的時候，**感覺**如何？沮喪，甚至憂鬱，對吧？

負面評價**所做的事**和負面評價**做事的人**，有很大的差別。如果你做了很愚蠢的事情，傷害別人，甚至是很沒道德的事情，你做的這些事情可能完全一無是處，但這並不表示你這個人一無是處！如果你跟自己說你是沒用的廢物，因為你和好友的妻子上了床，你可能會感受到極端的、令人耗竭的罪惡感。而另一方式是，你告訴自己你做的是錯事，你不應該這樣做，而且你有辦法下定決心以後試著採取不同的行為，那麼，你就可以保住自己的尊嚴。你會懊悔，甚至感到罪惡，因為你違反了你仍然看重的道德原則，但你不會**感覺**那麼糟糕。

你曾經說過別人的壞話嗎？大部分的人都曾經說過。你可能說：「那個狗屎，那個爛母狗搶了我的停車位，她看到我先來的。」你稱呼這個人為「狗屎」，你對她會有什麼**感覺**？答案：**憤**

怒，非常憤怒。從另一個角度想，跟自己說：「搶我的停車位確實是一件很差勁的事情，但是人都不完美，有時候會做出很不替人著想的事情。」想像一下這時的感覺。是不是會冷靜多了呢？

常常有人問我，一個人要做出多少壞事，才算是一無是處？的確，有些**單一**的行為——例如謀殺和強暴——惡劣到一個地步，是否我們就可以說這個人一無是處了呢？

通常，我給的答覆是：價值有很多種。一個人的價值可能在於擁有**工具性**（instrumental）的能力，能夠提供有用的服務。例如，一個人可能晚上回家會打妻子、打小孩，但是白天運送垃圾，仍然履行了很有價值的服務。我知道某個有戀童癖的人，常常在路上幫車子拋錨的人修車。我的一位同事諮商過許多被這個人性侵的兒童，當他知道這個人病死的時候，我可以理解我的同事為什麼覺得很高興。但是，我們還是不可以說這個人完全一無是處。

一個人就其是一個價值體驗的主體（例如理性的洞見、心智或肉體的愉悅體驗），即具有內在價值。一個人也可以從**宗教**的角度而被視為是有價值的，例如做為一個「上帝之子」。一個人也可能擁有**道德上**的價值（無論道德好壞）。道德敗壞或做壞事的人只是道德價值有瑕疵，並不表示這個人在任何其他領域都沒有價值。我剛剛提到的戀童癖者，他的行為確實違反道德，但是並不表示他其他方面一無是處。他做過的善事甚至可以為他辯駁說，他的**道德**操守本身並非一無是處。

所以，一個人有可能**完全**沒有任何道德價值嗎？如果大家認為某個人完全沒有任何道德價值，這表示他從來沒有做過一件符合道德標準的事情。我很懷疑會有很多人符合這樣的條件。先不管這個了。很不幸的，世間總有人做的壞事比好事多，就像我剛剛提到的戀童癖者。我們就不能省了這些爭辯，直截了當地宣布他是壞人嗎？

我認為即便是這個例子，你也可能對這些人所做的你認為是邪惡的事情，看法太過簡略。再說，如果你希望清楚精準地述說你不贊成這些人所做的什麼，那應該就只討論這些事情。泛論式地批判一個人一無是處，是不夠清楚的，而且通常無法提供任何資訊。

對於亞里斯多德，壞人的定義是：**習慣性**自發地做壞事（註十二）。他認為，若排除這種持續的習慣，「壞人」一詞並無意義。如果這就是「壞」或「邪惡」的定義的話，那麼你必須**證明**我們之前討論過的這個人真的有持續的習慣。在找出證明的過程中，你會發現只有**某些**行為是你反對的。在有些案例裡，你會發現，他所做的事情不是自發的，而是出於對某些事實的無知。還有些案例的行為甚至並非出於**習慣**。例如，假設你的孩子說謊，這表示他是個騙子嗎？**騙子**的定義是他習慣性地說謊。如果說一次謊就算是騙子的話，我們大概都是騙子了。

嚴厲道德批判的目的，往往是鼓勵做壞事的人或受他影響的人做出建設性的道德改變。因此，你需要譴責行為，但不譴責當事人。對於做壞事的人，如果指責他們一無是處，等於是在說他們無法做任何好事，因此，你使道德批判的原始目的失去效用。另一方面，如果道德批判的目的是教育別人應該（或不應該）如何**行動**，那麼，同樣的，我們必須指責壞行為，而不是指責做壞事的人。

最後，廣泛性地批判一個人一無是處，會讓被批判的人**失去人性**。當我們把一個人貶低成垃圾，我們等於是允許自己摧毀他。大家都知道，在戰場上，士兵如果不把敵人當人看的話，會比較容易殺人。在日常生活中，用這種角度看別人是一件非常危險的事情，雖然在戰場上或許有其價值。

所以，無論是自己或別人，都要對事不對人。這是非常重要的解藥。檢查自己的情緒推理時，要記得這一點。

很不幸的，人類發明了過多的辭彙來扼殺人性。隨便舉幾個例子：「怪物」、「笨蛋」、「書呆子」、「智障」、「肥豬」、「白癡」、「蠢蛋」、「討厭鬼」、「神經病」、「廢物」、「娘炮」、「屁精」、「癟三」、「屎蛋」。這些辭彙在使用的時候，字面上根本沒有意義，真的有人用屁股思考嗎？一個人的腦袋裡真的會塞滿大便嗎？

有些貶低別人的標籤特別針對性別，以下是一些專門對付女性的：「母狗」一詞將女性依某種貶低的規則歸類，引導你無論在感覺上和行為上都不會尊重她。對某些人來說，「婊子」、「娼妓」、「破鞋」或「蕩婦」將女性歸類成毫無價值的垃圾，可以強暴或欺凌。對其他人而言，這個歸類的羞辱性或許不那麼殘忍，但也將女性物化，降格為取樂的對象而已。反過來說，「女性」、「人」、「人類」的稱呼則可以對抗這種敵意或羞辱，將她視為一個自主理性的人，在任何的親密關係中，包括性行為，都需要先取得她的同意。

但是你會說：「世界上不是真的有妓女和蕩婦嗎？有些女人不就活該被這樣叫嗎？」不！當然，是有人用性行為來賺錢。這是她們的工作。但有些人叫別人「妓女」是因為他認為這些女人很隨便，倒不是他認為她們以性服務賺錢。但別管這個了。如果你叫一個人「妓女」，你不是只針對很隨便的性習慣；你是在嚴厲指責整個人，而不是單純地指出她的職業或譴責她的性習慣——你針對這個人產生輕蔑的情緒和行為。這就比批判行為本身超過太多了。

種族上的貶抑標籤也是一樣。叫人「黑鬼」導致人們對他**整個人**，而不是他的膚色，產生歧視性的情緒和行為的咒罵規則。對某些人而言，叫人黑鬼等於是某種病態的、**全面性**的詛咒和物化，導致暴力的欺凌行為，甚至殺戮。

另一個例子就是針對**性傾向**的貶抑標籤。叫人家「玻璃」、「基佬」、「兔子」，你同樣是把對方整個人歸類到一個導致嘲笑、輕蔑的規則下，有時甚至會導致殺戮。

欺負別人的人，通常會想辦法先說對方壞話。一旦被歸為某類，被誹謗的人就成了壓迫、敵意或其他不當對待的目標。你一定聽過這句話：「木棍和石頭可以打斷你的骨頭，可是難聽的話永遠無法傷害到你。」就像其他的老生常談一樣，這句話也過度簡化了實情。難聽的稱呼通常是欺凌行為的前兆，因為這些稱呼將人們歸類到會導致欺凌行為的規則之中。所以，忽視這些難聽的標籤可能是嚴重的錯誤。

如果你是被語言霸凌的人，你大概不**只是**被冠上空洞的稱呼而已，很可能也正在遭受其他方式的欺凌。長期下來，有時你會很容易就習慣了生命中重要的人用難聽或不討人喜歡的方式來稱呼你，但是產生的影響對當事者而言並不一定顯而易見。舉個例子，我有一位學生，二十一歲了從小他的父親就一直叫他「笨蛋」，因此這個非常聰明的年輕人認為自己很笨、沒有價值。他一直到了大學才發現自己不是笨蛋，甚至在數學和科學領域的能力極為優秀。

如果**你**常常嚴厲責備別人，你和這些人的關係一定不好。而且，你可能給自己不必要的壓力。當你告訴自己，你嫁了個「白癡」，或是兒子「沒用」，或最要好的朋友是「笨蛋」，你能夠感覺良好嗎？學習避免說人壞話，可以讓你和別人都省下一堆沒必要的痛苦。

當你對自己或別人不滿時，不要用羞辱性的標籤表達，不要說：「那個**笨蛋**又羞辱我了。」而是說：「約翰說了些什麼，我覺得受到羞辱。」不要說：「我真是個**混蛋**，竟然會信任她。」而是說：「我信任她是錯誤的。」不要說：「那個**腳踏兩條船的妓女**一直瞞著我搞外遇。」而是說：「瑪麗一直在搞外遇。」避免自我挫敗、羞辱貶抑、不切實際、責怪的標籤，對事不對人，這樣你比較不會讓自己情緒發作，行為失控。

無可奈何

一旦接受這項病態的規則，你會跟自己說，如果覺得沮喪憂鬱、焦慮、生氣、自責或其他的不愉快，最好就接受這些情緒，忍耐它，因為你反正也拿它沒辦法。抱持這種規則，你等於是允許自己持續自我挫敗及非理性的思考、感覺和行為。經由你的默許，你變成自己不快樂的共犯和主使者。

你否認對自己的情緒負有任何責任，由此，你讓自己的痛苦持續存在。你一直責怪別人或外在事件，你告訴自己問題不是你，是別人說的話或做的事情讓你生氣，惹火你，激怒你，讓你失控、哀傷、焦慮、充滿自責或沮喪憂鬱。你被動接受你的情緒，成為車子裡的乘客，而不是司機。你對這些感覺沒有責任。畢竟，你怎麼會發神經，想要讓自己痛苦呢？對不對？錯！

柏拉圖和亞里斯多德之後好幾世紀，斯多葛學派（Stoic）的哲學家艾彼科蒂塔斯（Epictetus, 60-117）注意到，讓我們不快樂的不是世界上發生的事情，而是我們看待這些事件的角度。心理學者艾理斯從這裡發展出最重要、最有影響力的心理治療形式之一，稱為理情行為療法。這個理論的重點就是，我們的感覺跟著我們的思考走。事件和別人不會讓我們感覺好或壞，我們因自己對事件和人的認知而有好壞的感覺（註十二）。所以，你才是罪犯。你被激怒時，其實是你做了許多激怒自己的事。**你讓自己**變得生氣、哀傷、焦慮、自責或憂鬱。你會做這些事，是因為你的思考。

你會問：「可是我無法改變自己的思考，我就是有這些感覺，沒辦法啊。」確實有點道理，現實是：你無法**完全**控制你的思考和情緒。與過往經驗的聯想，會激發出看似自動產生的某些想法。自主神經系統經過一連串的改變步驟，對環境中的危機立即產生反應，而讓你的思考全面短路。若你有認知失調的的問題，你在心智層面很清楚知道自己有非理性的思考和情緒。在焦慮症影響下，例如強迫性官能症，你最怕的思考似乎最能控制你。

強迫症患者有時需要服藥，協助他重新控制自己的思考。但是即便如此，這些思考通常會因為你思考它們的方式而發揮可惡的影響力。例如，你告訴自己，「無力承擔」的你又生出那個「可怕的」想法，你便因而形成自己對它的恐懼，**讓自己**成為它的被動受害者，於是**給了它**控制你的力量。但用另一種方式，放棄「無力承擔」和「將問題嚴重化」的想法，取而代之地對自己說：「喔，好吧，非理性思考又來了，那又怎樣？」你可以讓它卸下武器，重新取得自己心智的重要控制權。就像弗雷迪・克魯格（Freddie Krueger，譯註：電影《半夜鬼上床》〔Nightmare on Elm Street〕裡的男主角）一樣，只有當**你**允許的時候，想像才能夠傷害你！

至於認知失調（你的感覺和認知彼此矛盾）的患者，你可能有仍緊抓著你情緒不放的非理性前提。無論如何，你還是可以自由找出解藥，運用意志力告誡那些非理性前提。至於對環境產生的反射性自動反應，你的情緒很短暫，需要你的思考來維持它們。只要幫非理性前提找到解藥，你可以改變你的情緒。例如，不要告訴自己在工作上永遠不可以犯錯，你可以更切合實際地允許自己不夠完美。想一想，你會覺得多輕鬆啊。所以，雖然你在思考和情緒的控制上無法擁有**完全**的自由，你還是擁有足夠的自由的。你同意嗎？想一想，如果你不同意，代表了什麼？代表了你只是一個會走路、會說話的生物機器，雖然是很複雜的機器。在第十一章中，你會看到這不是一個切合實際的假設。

對付「無可奈何」的有效解藥，就是承認你在情緒上有自由和責任。拒絕承認會讓你被動地陷在情緒衝擊中，讓你的非理性思考失控，讓情緒持續且不受阻撓地繞圈圈飛奔。承認你在管理情緒上有自由和責任，你就會擁有控制權。這是控制情緒的過程中的第一步，也是重要的一步。

語言中有許多推卸自由和責任的辭彙。這些句子錯誤且不合理地讓你自己聽起來像是情緒的受害者，讓你看不到自己的自由和責任，例如：「惹火我了」、「煩死我了」、「讓我不高興」、「讓我沮喪」、「害我覺得焦慮或緊張」、「讓我自責」。使用這些辭彙的時候，你允許自己對於產生並維持情緒完全不必負責，於是什麼都不做地讓情緒繼續發酵。

你相信自由意志和責任嗎？比起對外在刺激做出自動化機械式反應的簡單生物，你是否演化得更高階呢？試試這些句子：「我激怒自己了」、「我讓自己生氣了」、「我惹惱了自己」、「我讓自己陷入憂鬱」、「我讓自己陷入焦慮」、「我在自責」（註十三）。如果是別人（或事情）

不停激怒，你一直生氣就不是你的錯。畢竟，是那個人需要停止激怒你。反之，如果是**你自己**不停的在激怒自己，那就要看你肯不肯停下來了。責任完全在自己的肩膀上。球在你這半邊球場，你決定怎麼打。

自尋煩惱

如果這是你的信條，你會告訴自己，當你遇到人生重要問題，那你就有**道義責任**——是的，道義責任——反覆思考它，永不放棄地一直想著它，讓自己為之痛苦，也要求你認為同樣有這種問題的人要和你一樣。抱持這種規則的人，很可能一直處於不必要的長期易怒、焦慮、抑鬱中，為必須跟你接觸的重要他人帶來壓力的情緒氣氛。

你或許會問：「可是，一直想著自己的問題，直到解決，這不是表示我們負起了道義責任嗎？」我的回答是：如果你一直陷溺在你的問題中，那麼，這個陷溺本身就成為問題了。可能大部分的時候（但並非所有的時候）你都有道義責任不要垂涎鄰居的妻子、尊敬父母、不殺人、不偷竊等等，卻沒有「第十一條誡律」叫你遇到問題時一定要把自己弄得很痛苦。認為問題的解決方法一定伴隨著個人的悲傷，是不切實際的。理性的問題處理方式需要清楚問題是什麼，腦力激盪出各種解決方案，收集證據，做出決定，然後執行你決定的行動（註十四）。這個過程絕不包含你要有痛苦不已、慌亂、沮喪憂鬱或任何其他自我挫敗的情緒。事實上，這可能反而對你不利，影響你清楚思考的能力。極大的壓力通常會有反效果，讓你無法清晰思考、記憶、專注。給自己壓力的結果是反而搞砸了你在操心的事情。

我有個客戶幾乎隨時都在擔心自己孩子的健康。當孩子需要打預防針，她會花好幾個小時在網路上研究預防針的可能副作用。這個還算合理。但是一旦她收集好了資訊，她會一直考慮、一直考慮、一直考慮。她會考慮益處和可能的副作用。這個過程可能長達數日或數週。其間，她一有時間跟丈夫在一起，就會不斷重複同樣的資訊，提出同樣的問題。當她丈夫感到厭煩，拒絕繼續討論的時候，她對他生氣，說他是不負責任的父親。最後，她終於達成結論，並且執行，但並非毫無掙扎。這個人非常聰明，做決定之前一定做足了功課。很不幸的是，達到最後決定的過程過於艱辛，讓她和丈夫都備感壓力。猜猜看後來怎麼了？執行完了這個任務之後，她還是這樣，有時候花好幾天，有時候花幾個小時，來面對另一個危機。她覺得道德上她**必須**盡全力處理，拖著她丈夫一起陷入這個沒完沒了的無底黑洞。

這位個案自我施加的痛苦背後是不切實際的期待，希望在面對問題時能夠得到絕對的、最極致的確定性。當她必須做決定，而這個決定可能對她所愛的人產生重要影響時，她必須確定做了正確的選擇。所以她不但嚴守本分的、不切實際地讓自己緊張不已，她也不切實際地宣誓不放棄，直到達到她其實永遠達不到的目標：絕對的確定！

這個非理性也有解藥。對於生活問題，不能要求絕對的確定性。「可能性」就夠了。不管你喜不喜歡，人生**從來**沒有一件事情是確定的。好啦，如果你偏要說死亡和繳稅是確定的，那就算上吧。可是即使是這兩者，也只是**實際上**確定，不是理論上確定。實際說起來，你可以說死亡和稅負無法避免，但是還是有可能未來有一天我們可以克服死亡、取消稅賦（我承認，克服死亡聽起來比取消稅賦來得更有可能一點）。在這個物質世界裡，**從來沒有任何一件事情**，是的，**沒有一件事情**，可以**在理論上**是絕對確定的。如果你試圖得到確定性，那你就是不切實際了！

另一個解藥：做出人生決定的時候，你必須學會接受**模稜兩可**的灰色地帶。有時候沒有一個對的答案，有時候又有不只一個對的答案，最多的狀況是即使合理的解決方案也有它的缺點。做道德選擇的時候，後者尤其常見。

身為醫學倫理顧問，我看過很多倫理難題，無論是**哪一個**選擇，都不會有皆大歡喜的結局。在一個悲劇裡，一位年輕、美麗、聰明的十七歲女孩因為車禍而變成植物人，她被送入醫院的時候，產生了急性的全身性細菌感染。雖然醫院有急性感染照護的設備，但卻沒有刺激植物人腦部的設備，而其他那些專門治療植物人的醫院卻沒有急性照護設備來治療她的感染。女孩的母親在兩個選擇之間痛苦不已，最後選擇將女兒轉到專門治療植物人的醫院去。很不幸的，幾個月後，女孩因為感染而去世。

我經常想到這位母親試圖為女兒做出最佳決定時，所經歷的痛苦掙扎。我相信，到了最後，她的決定是合理的。但是如果她決定把女兒留在能夠治療感染的第一家醫院裡，也同樣合理。在這充滿不確定的世界裡，我們能做的可能就只是盡量瞭解相關資訊，據以做出決定，然後期待（或祈禱）最好的結果。

註：

1. *Ethics*, book 6, ch. 1。
2. 「蘇格拉底說，沒有人下行動判斷的時候會牴觸他認為最好的判斷——大家會這麼做，完全是出於無知。」*Ethics*, book 7, ch. 2。
3. John Stuart Mill, "Utilitarianism," in *The Utilitarians* (New York: Doubleday, 1973), p. 410。
4. Willam James, *Pragmatism* (New York: Meridian, 1980), p. 145。
5. C. I. Lewis, *An Analysis of Knowledge and Valuation* (LaSalle, Ill.: Open Court Publishing Co., 1971), p. 372。
6. *Ethics*, book 6, ch. 4。
7. James, Pragmatism, pp. 134-35。
8. Elliot D. Cohen, Caution: *Faulty Thinking Can Be Harmful to Your Happiness* (Ft. Pierce, Fla.: Trace-WilCo, Inc., 1992), p.8。
9. Albert Ellis, *Overcoming Distractive Beliefs, Feelings, and Behavior* (Amherst, N. Y.: Prometheus Books, 2001)。
10. *Ethics*, book 4, ch. 2。
11. *Ethics*, book 3, ch. 5。12. Susan R. Walen, Raymond DiGiuseppe, and Windy Dryden, *A Practitioner's Guide to Rational-Emotive Therapy*, 2d ed. (New York: Oxford University Press, 1992), p. 16。
13. 你也要避免說：「我被激怒了」、「我被氣壞了」、「我很憂鬱」、「我很焦慮」、「我覺得自責」，這些話沒有清楚表達你的自由意志和控制情緒的能力。例如，你可能會說：「我覺得沮喪，無法控制自己的感覺。」但是如果我們說：「我讓自己感覺沮喪，但是我完全無法控制我的感覺。」即使不算矛盾，在邏輯上也根本說不通。比較一下艾理斯和哈波（Harper）用的「心理學實驗產生器」（E-prime），這是一種刪除原型動詞「*to be*」的英文系統。Albert Ellis and Robert A. Harper, *A New Guide to Rational Living* (N. Hollywood, Calif.: Wilshire Books, 1975), pp. xiii-xiv。這個運用語言學進行心理學研究的方式，是根據科日布斯基（Alfred Korzybski）的原則發展出來的應用。請參考 *Science and Sanity* (Concord, Calif.: International Society of General Semantics, 1933/1990)。

14. Elliot D. Cohen and Gale S. Cohen, *The Virtuous Therapist* (Belmont, Calif.: Wadsworth, 1999), pp. 35-47。

【第六章】妨礙人際關係品質的規則

當人們聚集、社交、交流話語、彼此互動時，有些人被認為是諂媚的，因為他們總是為讓人愉快而誇讚一切，從來不會持任何反對意見，他們認為自己有責任「不讓對方受苦」；有些人相反，反對一切，完全不在乎惹人不愉快，這些人被認為粗野、愛爭論……中庸之道才值得讚賞——有這種德行的人，能夠容忍，而且能夠用正確的方式反對應該反對的事情。

——亞里斯多德〔註一〕

你跟別人的關係如何？他們跟你的關係呢？你可以和人好好相處嗎？當你試圖與人相處或參與眾人聚會時，是否經常惹上麻煩？當人際關係不穩定、不能滿足你或讓你惹上麻煩時，其中往往有行為的謬誤。如果聽起來很熟悉，那麼你（以及／或你的重要親人）很可能採取了一項或多項下面的行為規則：（一）世界以我為中心的思考，（二）勒索，（三）大吵大鬧大發雷霆，（四）博取同情，（五）拐彎抹角，（六）扣帽子污名化，（七）報復，（八）人云亦云趕流行。

讓我們一一檢視這些規則。保持開放的態度。至少有一些你可能聽起來很熟悉。

世界以我為中心的思考

當你接受這種規則時，你告訴自己，無論你喜歡什麼，那就是唯一的實相，因此每個人都必須跟你一樣喜歡。現實必須照著你的想法，而非你的想法要符合現實。**你**是宇宙的中心，真理的終極燈塔。所以，如果你喜歡瑞士乳酪，那麼除瑞士乳酪以外無他。如果你認為素食很可笑，那就上五分熟的牛排吧，當然，如果你喜歡牛排五分熟的話。如果你不喜歡洗盤子，比較喜歡你的伴侶洗盤子，那麼讓你的伴侶而不是你去洗盤子，才是對的、好的。如果你是基督徒、猶太教徒、穆斯林、印度教徒、巫師、無神論者、資本主義者、共產主義者、民主黨、共和黨、自由主義者或保守主義者，那麼，神、大自然、地球、人類、州、國家或社會的真實性都得符合你的個人認可，其他全是褻瀆或盲目崇拜。是那些不同意你的人偏執。像你一樣的思考和行為才是寬容。這對嗎？錯！

比較接近真相的是：現實往往有多種合理解釋。大家爭論不休的許多議題都有不同的現實面。食物、電影、電視節目、宗教、政治、旅行、裝飾、家務（烹飪、清掃、照顧孩子）、體育以及許許多多人類興趣，都不相同，永遠可能彼此不同意。這些不同意見很難靠著指出事實就能理性解決。理性討論可能霎然停止，因為你喜歡菠菜，你的伴侶卻討厭菠菜。提醒你的伴侶菠菜有益健康，不見得能夠贏得爭論，如果你的伴侶根本不在乎健康與否的話，這個辯證完全沒有意義。堅持吃菠菜可能反而導致**不健康**的怨恨。

人都是從自己的想法、經驗、對身體的影響等等因素看待事情。不只是你，在某個程度上，大家都試圖對別人推銷自己對於現實的觀點。大部分的人或多或少都曾為了某些個人喜好推銷過自己的觀點。

大部分的人都具有人類獨特的同理心。上一次有人試圖強迫你接受他的觀點時，你還記得那個感覺嗎？當然記得。所以，你可以同理一下，如果你也做同樣的事情。這並不代表你必須同意別人和你不同的喜好，而是說你不應該假設別人的現實一定與你的標準相合，你也不應該強迫別人接受你的現實。

這個謬誤還有一個解藥。如果你感到世界圍繞著你轉，再次試試**同理心**。不要根據自己對現實的解讀去區分別人，試著站在他的位置，從他的角度看事情，看到其中的正確、美好和真理。最後，你不需要同意他的立場，但是你至少能夠瞭解他的立場了。瞭解能夠帶來寬容。你的目標是瞭解。在爭論什麼比較好的時候，如果大家都能同意可以有不同意見，結果往往是最有效益的。

互相尊重和瞭解可以經由**妥協**來達成。例如，一對信仰不同的伴侶對於如何養育孩子有不同意見，雙方可以同意用**兩種**宗教的傳統和教義養育孩子。如果你喜歡動作片，伴侶喜歡愛情喜劇，你們可以輪流選擇看什麼電影或ＤＶＤ。如果你們兩個都不喜歡洗盤子，可以輪流，或是買個洗碗機。如果你努力嘗試，通常都可以找到好幾個雙方都能接受的選擇。所以，讓我們彼此寬容，互相尊重，運用同理心，理解對方，願意妥協。

對亞里斯多德而言，對與錯都要看情況而定。他說，二公斤的食物可能「對米羅（一位有名的摔角手）來說太少了，對剛剛開始練習運動的人而言卻太多了。」（註二）正確的食物份量——不多不少——對每個人都不同。

對你而言，輔導級的電影可能是個很好的選擇，因為你夠成熟了，但是對十歲孩子就不適合。對你而言，當醫生或許是個很好的選擇，但是對於興趣和才華都與你不同的兒子，卻不適合。去大溪地度假可能很棒（如果你很有錢的話），但是對經濟困窘的朋友卻是很糟糕的建議。每天慢跑幾公里對你可能是健康的習慣，但是對有心臟問題的人就可能很危險了。

這裡還有另外一個解藥：幫別人評斷好壞之前，仔細看看他們的（相關）狀況，仔細傾聽他們對自己的狀況說了什麼。你可能會發現對母鵝好的東西對公鵝不見得好（反之亦然）。

勒索

你知道「被勒索去做某件事情」是什麼意思吧？勒索的規則就是藉由撤銷或威脅要撤銷他們重視的東西，而從他們身上得到你想要的東西。要撤銷的可能是物質的東西，例如經濟支持，但是在親近的人際關係中，往往意味著某種情緒，像是愛或關懷；也可能是性，或拒絕履行承諾，或威脅著要離婚或搞外遇。所以，你不試圖正面解決問題，而是訴諸某種權力。例如，約翰告訴莎莉，除非她「跟他嘿咻」，否則他就會跟她分手；而珊曼莎不跟亞特說話，為了逼他同意暑假去探訪她的父母。

很不幸的，建立在這種強制技巧上的關係往往不值得維持，勒索和對勒索讓步都是自我挫敗的行為。一旦讓步，就開了先例，以後會有更多的勒索。問題絕不會就此平息，而是不斷持續下去。如果約翰堅持和莎莉約會的條件就是要有性行為，即使她反對，那麼，這時候莎莉就應該說「再見」了。如果她現在讓步，她以後也會一再讓步，他們的關係會持續陷在這個剝削的惡性循環裡。

建立在彼此信任、互相尊重的關係，比建立在強迫和威脅上的關係好多了。如果你是被勒索的人，有效的解藥往往就是，在合理的情況下，拒絕和對方合作。

親密關係如此，職場、學校和社區的同儕關係亦如此。我們在職場常常看到有人提供性服務做為升遷的手段。和老闆上床可能讓你得到更好的工作機會，但是你還是要思考一下，當老闆決定你已經沒有利用價值時，你所失去的尊嚴。你在讓步的同時，被貶為他人利用來擴張權力的對象。結局往往並不愉快，即使有時候會得到一些金錢獎賞，但你的價值絕不只於此！

我們大部分人偶爾都會運用勒索的手段。如果這是你採取行動的規則，你同時也在貶輕自己。事實上，你在告訴自己，你不值得一個有尊嚴的人際關係，得到你想要的東西的唯一方法，是的，**唯一**的方法，就是勒索別人。這是你對自己做的黑暗描繪。保有個人尊嚴強過降格以求。

偉大的十八世紀德國哲學家康德（Immanuel Kant）曾說：「你的行為應該如此：絕不可將人們，包括你自己和別人，僅僅當做手段來對待，而是要永遠同時將人們視為目的。」〔註三〕講成大白話就是：「把自己和別人都視為理性、自主的人，而不是被操控利用的物品。」對於康德而言，這是道德鐵律。培養人際關係時，這是一個很有用的規則。給別人——尤其是你最親近的人——機會，讓他們自由決定，不要強迫或誘導他，你才是把他們當做最終的目的，而不是為了自己的利益加以操控的物件。康德說的這一點非常重要。互相尊重的關係才可能快樂、滿足、持久。

大吵大鬧大發雷霆

接受這條規則的話，你告訴自己，為了得到尊敬、被瞭解、被聽到或被人當一回事，你必須踢、喊、大吼大叫或其他各種形式的發脾氣。你讓自己看起來像是瘋了，卻還希望自己看起來很有道理。不太理性，對不對？如果你的窗子是打開的，你在社區會很有名，鄰居都會知道你，只不過不會是因為你的哲理智慧，或心靈的深奧，或寧靜的修為。當你大吵大鬧的時候，不悅的氣氛往往持續一陣子，在家裡製造出緊張和不和諧的感覺。

解藥呢？你可以關上窗子大吼大叫，但是你的聲音可能還是擋不住。對於承受你爆發的重要他人，或是敏感的孩子們，你的行為可以比擬為電影《洛基恐怖秀》（Rocky Horror Picture Show，譯註：美國電影史上放映最長的恐怖喜劇片，台灣金馬影展每一年都會放映）。最好是根本不要大吼大叫，但是要怎樣才做得到呢？

多年習慣一時可能很難改變，尤其是如果雙方關係長久，已經習慣彼此為了不同的事大吼大叫、大發雷霆。改變的第一步：承認你在使用這個瘋狂的規則，接受對它的反駁。第二，想著之前提到的康德的道德律，當你快要發作時，用這條道德律做為解藥，阻絕自己的身體感覺、印象和不好的規則。

規則：我不應該將我自己以及對我重要的人視為不能理性自主的物體。

事件報導：用發脾氣來得到我要的東西，會使我們雙方都變成前述的物體。

行動：我忍著不發脾氣。

就像我說的，要推論出以上的結論可能並非那麼容易。你必須運用意志力來支持這個解藥思考。但是最終你會嚐到成功的甜美滋味，也會得到更高的自尊。這真的**是**令人敬佩的壯舉！當發脾氣的衝動又回來，你卻產生動搖的時候，不要放棄。未來可能有更艱苦的工作。

博取同情

博取同情的規則是指，如果你遇到麻煩了，或是得不到你要的東西，你就要哭、啜泣、流淚、噘嘴、悶悶不樂、抱怨，要不就讓自己看起來受到傷害、沮喪、被踐踏、喪失鬥志、被拒絕、被撻伐或可憐兮兮的樣子。

抱持這條規則的話，你試圖讓別人放棄可以解決爭議的重要標準，改而基於同情採取行動。人類的同情心是很重要的情感，常常運用得宜，但也常常被誤用。最典型的例子就是，謀殺案的被告把自己那些衣服破破爛爛、眼眶紅紅的孩子帶到法庭，想藉此得到陪審團的同情。當然，重點不是他被關進牢裡之後孩子會想念父親，而是他是否真的犯了謀殺罪。

有時候，同情別人可能是很大的錯誤。我認識一位年輕女性，正在和一位想跟她結婚的男士約會。這位女性覺得這男人很無聊，也沒有什麼吸引力。她試著分手，他變得非常沮喪消沉，所以她繼續見他。最後，她鼓起勇氣終於跟他分手了。我認為她最後做了正確的決定。持續一個注定會失敗的關係，對雙方都不公平。她需要抗拒這個男人「博取同情」式的操控，用重要標準做出決定。在這個例子裡，最重要的標準就是她是否真的想嫁給他，而不是同情他！

我有一位個案叫做艾迪，他覺得妻子克萊兒給兩個成年孩子的注意遠多於給他的。確實，克萊兒積極參與孩子的生活，每天都跟他們通電話。她一直參與孩子們日常生活各種大小決定，也會在吃晚飯或其他夫妻倆在一起的時候和丈夫討論這些問題。艾迪偶爾試著和克萊兒討論他自己的事情，往往一下子就結束了，話題又回到孩子們身上。即便艾迪抗議過了，克萊兒還是密切參與孩子們的生活。她的孩子們，尤其是其中之一，已經變得期待甚至要求這樣的安排。

艾迪覺得無望、嫉妒、不被愛，不再主動對妻子表示什麼。當他們在一起的時候，他很退縮，不再跟她分享自己的心情點滴，即使她偶爾對他表示關愛，他也沒有反應了。艾迪真正想要的是她不斷的愛和關懷。他希望她把他們的關係當做最重要的關係，而不是孩子們的附加物。他覺得孩子都已經成人了，現在應該把注意力放在彼此的身上。

艾迪和克萊兒都沒有很親近的朋友可以分享生活點滴。工作之餘的閒暇時間他們通常都在一起，沒有和任何人來往。我認為，克萊兒積極參與孩子們的生活大部分是為了填滿這個空虛。至於艾迪，他沒有親近的朋友分享心事，諮商成為他唯一的表達機會。克萊兒不願意參與諮商，我則鼓勵艾迪和克萊兒分享他的擔心。很不幸的，雖然克萊兒同意多注意他們的關係，但是什麼也沒有發生。於是艾迪成為博取同情的傢伙，試圖挽救他們的關係。有用嗎？沒用！以下是為什麼。

克萊兒根本不覺得艾迪想要保有她關愛的企圖值得同情。克萊兒認為艾迪非常自我中心，當她主動表達關懷時，艾迪卻缺乏反應，弄得她很生氣。所以，艾迪試著博取同情，反而是雙方關係越來越糟的原因。

有沒有解藥呢？當然，我們很容易說：「放棄博取同情，沒用的啦！」但這並不是有效的解藥。也不能只是建議艾迪和妻子懇談他的問題，他已經試過了。現在怎麼辦？

艾迪會如此渴望克萊兒的愛，甚至嫉妒自己的孩子，可能部分源於他缺乏人際接觸。舉個例子。如果你飲食不均衡，同樣的食物吃得再多，也不會讓你更健康。所以，如果你的蛋白質攝取不夠，吃一大堆麵條是沒有用的。艾迪缺乏一項重要的社交關係——朋友——所以他試圖用「更多」的克萊兒填滿心靈的空虛。我認為，同樣沒有其他朋友的克萊兒也是在利用孩子填滿心靈的空虛。所以，解藥就是獲得比較均衡的社交生活，設法交一些朋友分享他們的生活。用博取同情的手段獲得親密關係往往意味著社交生活的不足或失衡。找出不足之處，採取矯正的手段，可以是具有建設性的解藥。

拐彎抹角

當你接受這條規則，你會告訴自己，有人對你提出不合理或錯誤的要求而你不敢拒絕時，你應該口頭上答應，好避免尷尬，同時用種種無言的暗示表達不同意。你知道這種狀況。有人，比如說你的老闆，提出讓你措手不及的要求。你想拒絕，但又不敢。所以你答應了——口頭上說「好」，但是語氣上其實在說：「滾開！」然後當他問你真的可以嗎？你露出伍迪．艾倫式的微笑，像個已經內建好程式的機器人似的僵硬地點點頭。

口頭稱是的背後，你在吶喊：「豈有此理！你為什麼不去跳樓！我寧可砍掉一隻手臂，也不想幫你做這件事。搞清楚沒？」很不幸的，人們通常只聽他想聽的話，你的內在吶喊根本沒人聽到，當你最後同意做這件其實非常不情願做的事時，你的內在吶喊早就不知飄到外太空的哪裡去了。

多年前，我剛開始博士後的研究工作，我研究計畫的主管要我參加一個在印地安納州普度大學的研討會。當時有很大的暴風雪，大部分的航班都被取消了，但我的航班仍然照飛。我的主管真的希望我去，可是我懷著身孕的妻子求我不要去。我覺得對她有責任，所以不應該去。但是主管冷冷地跟我說：「如果你真的不想去，就不用去。」其實他的意思是：「如果你不去，你就是個混蛋！」我回答：「喔，沒關係，我去就是了。」真正的意思是：「你他媽的明明知道我不想去，寶寶都要生了，還要我冒這個險！」呃，我最後還是去了，但直到今天都還後悔。那趟飛行沒出事，我安全回到了家，但是我沒有堅持我認為對的事情。那是個很有用的教訓。從此，我更謹慎了，常常提醒自己，不可以讓自己被強迫做任何我認為不對的事情。從此以後，我回應任何要求都更為直接公開。

在你的職場和個人關係中，一定會遇到別人要求你做你有很好的理由不想做的事情。最好的解藥就是不要拐彎抹角，而是委婉拒絕並且解釋理由。通常，實情是最好的理由，不過常常還是有外交辭令可以拒絕別人的要求。在職場上，對任何要求都說「好」的人，往往被叫做「好好先生」，有什麼事都找他。你越說「好」，事情就越多！

解藥是什麼呢？如果你有好理由不想做某件事情，學著說「不」，並提出解釋。你也可以練習。下次老闆又叫你幫他端咖啡的時候，你要怎麼說？你的工作並不包括伺候老闆，千萬不要說「好」卻暗示：「你自己為什麼不去端！」你要用你的意志力說：「對不起。這不是我的業務範圍。」你越說「不」，就越容易說「不」。你就不用把「每天早上幫老闆端咖啡」寫在履歷表上了。當你為拒絕以及謹慎接受任務的行為提出理性的理由，通常人家會因此而更尊重你。這比拐彎抹角更能夠贏得別人的尊敬。

扣帽子污名化

這條規則說如果你不要別人做或相信某件事情，那你應該用強烈的、負面的語言去脅迫或勸阻對方，以使對方不再做或相信這件事情。如果你在公開場合給別人扣帽子抹黑別人，很少會有人接受。

例如說，你告訴我，如果我聽那個混蛋說的話，我就是混蛋。如果我吃下了你的餌，我就會接受以下的思考路線：

規則：任何人相信那個混蛋，就是混蛋。

事件報導：我不是混蛋。

行動：我不相信。

但是，你可以說這條規則是在責怪人。它責備的是整個人而不是針對事情。如果我吃下了餌，就是接受了這條不切實際的規則。這就是給人扣帽子抹黑行得通的方式。你吃了餌，認可一條不切實際的規則，然後你否認這條規則適用在你身上，藉此讓自己免於承受規則所指。你驕傲地宣稱：「我才不是混蛋。」是的，你可能不是混蛋，但是，接受了這條思考路線，你就錯了。

這樣對人下餌是個好主意嗎？一般而言，不是。當你用這種手段和人相處時，你是在支持非理性思考，利用別人的非理性傾向和易受欺騙的個性，鼓勵別人犯下謬誤。如果你關心別人，那麼，這是個壞主意。如果你的伴侶從不切實際的前提推論出自我挫敗的情緒，你會是那第一個抱怨的人。如果某人得出的結論是「**你**是混蛋」，你會想跟這樣的人住在一起嗎？如果你鼓勵這種思考，就很可能自食惡果。

解藥呢？如果你想說服別人，那麼，用理性的辯論而非威嚇。如此一來，你便定下了一個你希望別人在對待你時加以採用的標準。就像我強調過的，成功的長期關係通常建立在互相尊重上。鼓勵非理性思考和威嚇只會引起反效果。

報復

當你接受這條規則，你跟自己說，如果有人對你做了你認為錯的事情，你就應該對他做同等的錯事，來報復他。不過你聽過這句話吧？「兩個錯不會變成一個對。」雖然我們不該盲目相信老生常談，但這句是有道理的。一個錯加一個錯，等於兩個錯。至少數學上確實如此。如果你把「錯」加在一起，得到的還是「錯」，不是「對」。

你可能問：「可是報復多麼甜美，不是嗎？他對你做了不對的事情，你對他也做不對的事情，不是會感覺很好嗎？」我的回答是：這要看你所謂的報復是什麼。「執行正義」和報復之間有根本上的不同。報復不代表你是正義的。對於做錯事的人，公平且等值的報復必須避免在一件錯事上面再加上一件錯事。在我們的法律系統中，罪犯被判刑、被懲罰，我們不會說我們在對他做錯事。如果我們是在對他做錯事，那麼我們必須承認那是誤用正義。在我們的法理系統中，做錯事的人是接受矯正，不是用一錯換一錯，而是公允地懲罰罪犯。如果有人攻擊你，你為了保護自己而還擊，只要你沒有用過當的武力，你的反應就是合理的。為了自衛而殺人，在我們的法律裡，一般被視為有理的殺人。所以，你可能以為兩個錯可以變成一個對，其實根本不是那樣的。

我曾經有過一對夫妻個案。他們習慣互相攻擊對方，後來都會承認自己是在報復對方的攻擊。如果一個人說了什麼，對方覺得難聽或不舒服，就會說**更**難聽、**更**羞辱的話攻擊回去。畢竟，在這種情況下，報復**就是**把刀子插得更深一點，免得吃虧。現在有兩個錯了，而不是先前的一個錯，而且還不會就此停歇呢。一方的回應是好幾天完全不理另一方，於是另一方用難聽的話罵對方，還威脅著說要離婚，以為報復。事情越來越糟糕，錯事越來越變本加厲，有時情緒還變成肢體行動。等到騷亂過去，雙方都覺得自己錯了。根據這條不切實際的規則報復，最後的結果就是自我挫敗的行動和意志消沉。

對這條規則，一個有用的解藥就是**不要**「以火滅火」，而是用理性滅火。不要用刻意報復的攻擊傷害對方，最好是冷靜地說：「我不喜歡被叫笨蛋。」這至少會暫時熄火。攻擊一定會帶來反擊。不要以牙還牙的報復對方，要保持理性！

人云亦云趕流行

在第一章裡，我談到我朋友賴利的悲劇時，已經討論過這條規則了。接受這條規則的話，你告訴自己你應該——你必須——和別人（例如你的朋友、受歡迎的人物、流行、學校同學、大眾、一般人）有一樣的行為、思想和感覺。所以，你對自己和喜歡的群體之間的個人差異保持低調，甚至完全不顯露出來。你的生活，從喝的湯到吃的堅果，全都被這條規則定得死死的。

當你追求一致時，你會對個人特色、真實和有創造力的生活嗤之以鼻。你是團體動物。任何不跟著你的團體行動的人，如果試圖說服你說某些團體活動是令人無法接受的，你不會聽從建議，反而認為提出建議的人有問題、不夠酷，是書呆子或怪物。

你曾經做過一些事情，只是因為大家都在做嗎？當然你做過。人類是偉大的摹仿者。兒童時期，我們會摹仿我們尊敬的人，尤其是同儕，以發展自己的個性。青少年和成年時期，我們持續這個傾向，追求與別人相同的東西、購買設計家的服裝。讓我們假設，一切條件都等同（價位、品質等等都一樣）的話，一件上面寫著字體粗大的「大K」和一件寫著「Polo」的襯衫，**你**會選哪一件？我剛才說過，**一切條件**都一樣，唯一的不同就是（除了喜歡大的字母之外）馬球衫（Polo）時尚流行，大K不流行而已。如果你選擇馬球衫，可能就是這個原因了。如果你是少數選擇大K的人，你可能認為自己是大K群體中的一份子，或就是個普通的藍領階級。如果確實如此，那麼，你也只是跟著另一個團體跑而已。當然，你也可能就只是為了特別、好笑或與眾不同。

人類確實喜歡跟著團體。如果你接受人云亦云趕流行的規則，你便建立起某種心態，反對任何和這個團體不同的事情。你不會質疑，而是盡力跟大家一樣。這是病態的人云亦云跟隨流行。為什麼是病態呢？因為你是**盲目**追隨，不看看自己要去哪裡，很容易就讓自己惹上麻煩。

不要誤會我。我不是說附和一個由某方面的專家組成的團體就是謬誤。如果十位醫生中有九位，都說每週數次快走半小時對身體有益，那麼你照著做，就是合理的。謬誤指的是你盲目追隨某個團體，而這個團體的行為並沒有特殊專長可以讓你遵循。這就是以盲導盲了。

給你另一個例子，看看這種盲目能有多麼危險。想一想這個故事。以前，兒童們（有些甚至年紀較大）曾經流行玩高麗菜娃娃（Cabbage Patch Kids）[1]。這些娃娃擁有收養證明，有些孩子擁有一整個家族的娃娃。某個百貨公司辦了一個高麗菜娃娃特賣會。架子上只剩下一個娃娃了，大家瘋狂地衝上去搶。很不幸的，在這個過程中有人被踩死了。這個故事的教訓很清楚：盲目追隨流行的人往往做出自我挫敗、令人後悔的事情。想一想歷史上由大批暴民犯下的暴行，或甚至一群盲目奉行同一套行為準則的人組成的國家。

青春期甚至中年期的時候，你是否很叛逆？如果你年紀夠大，還記得六〇年代和七〇年代的話，你可能會記起很多叛逆和反抗。那時有性革命，還有許多示威遊行。聽起來好像每個人做自己的事，但是仔細看，你會看到一大堆年輕人的裝扮、行為和言語都很像。那些「真正時髦」的帥哥吸大麻、濫交、嗑藥，其實是相當渴望與眾人一致的人。他們順從潮流，在毒品和性病裡盲目迷失自己。如果你重視個人價值，那可不是個好場景。自相矛盾的是，激發叛逆的個人價值卻轉變成盲目的從眾行為。今天的毒品文化也是另一種盲目的追求流行，而且還很危險。

所以，如果你發現自己容易盲目地跟隨一群人行動，這裡是重要的解藥：**提出問題！**努力得到答案。如果你得到的答案沒道理，就更加努力的——運用你的意志力——阻止自己盲目跟著跳下懸崖。你的身體準備好要跳了，要阻止並不容易。跟著大家跳會容易得多了，但是跳之前，**逼自己**看一看。你會感覺到自己正在懸崖邊緣搖晃。忍耐一下，先看看懸崖下面是什麼。深淵之下，可能是你的同伴的屍體和骨骸！

1 審閱註：這種身長四十公分擬人化的娃娃，每一個都附有出生證明、姓名、腳印等，顧客購買時要簽署領養證明，以確認「領養」的關係，在九〇年代的美國掀起一波「收養」的熱潮。

註：

1. *Ethics*, book 4, ch. 5。
2. *Ethics*, book 2, ch. 6。
3. Immanuel Kant, Groundwork of the Metaphysics of Morals, trans. H. J. Paton (New York: Harper & Row, 1964), p. 96。

【第七章】自我毀滅的情緒和行為背後的事件報導

實踐性推理不但要考慮到普遍化（的規則）——也必須對個別細節（的報導）有所認識，因為這是實踐，而實踐與個別細節有關。

——亞里斯多德〔註一〕

如果情緒和行為的規則只是你的前提，你的感覺和行動不會被這些規則控制。只有當你認為這些規則在某個特定狀況中適用在你身上，規則才會活躍起來。即使你接受「任何人很不體貼地做了嚴重傷害我的事情，都是笨蛋，都應該下地獄，永遠不得翻身」的原則，規則本身不會讓你憤怒，除非你同時認為某人真的做了什麼不體貼的事情，會傷害到你。

如果有人往你的方向打噴嚏，而且你認為這沒什麼，這人或許是傷風而已，那麼你可能禮貌地祝福他身體康復。假設你覺得臉上感受到了這人噴出的溫熱氣息，你瞪視這個人，心裡想：「這個王八蛋可能得了流感。」然後用冷峻的聲音說：「你這個笨蛋，為什麼打噴嚏的時候不懂得用手遮住他媽的那張嘴巴？你以為我想從你那裡傳染到流感嗎？」那就太過分了！

所以，除了規則之外，你還需要別的，才會形成情緒和行動。你還需要的就是**事件報導**。什麼是事件報導呢？我指的是你根據規則詮釋事實的行為。在以上的例子中，你可能將打噴嚏詮釋為不體貼的行為，有可能（確實有可能）嚴重傷害你（傳染給你嚴重疾病）。你可以只在自己內心形成事件報導，稱為「自我對話」──你有意識地在心中思考事情時，根據某項規則，記錄下一件你察覺到的事實。你也可以**對別人**提出事件報導，例如脫口說些什麼，或是跟朋友提起這件事情。正是提出事件報導（只跟自己說或跟別人說）這個行為，讓你的規則與這個特定狀況產生**連結**，並形成你的回應。在這個例子裡，如果你的報導沒有根據（你沒有證據來證明它），或是錯的，那麼，就可能導致你的自我挫敗和後悔的行為與感覺。算了吧，你真的知道那個人**可能**有流感或其他奇怪病症嗎？

檢查自己事件報導中的謬誤，可以協助你阻止自己得出有問題的行動和情緒。以下是一些比較致命的謬誤：（一）以偏概全，（二）非黑即白，（三）放大危險，（四）一廂情願，（五）捏造解釋，（六）懊悔過去，（七）擬人化。

以偏概全

這種報導通常將「有些」和「全部」或「幾乎所有的」混為一談。其中一個致命的謬誤就是**刻板印象**。看看這句：「所有的男人都只要一樣東西。」這是不是刻板印象？或許你在微笑，心裡想：「可是真的是這樣啊！」這就是以偏概全了。雖然大部分的男人要性，有些男人要的是**別**

的東西，他們也想要陪伴、友誼、安全感、孩子以及許多其他東西。記得，這句話是：「所有的男人都**只要**一樣東西。」雖然極為明顯的，事實上的確有些男人不負責任且濫情，只要是女人他都想要，但是這個證據不足以支持以偏概全的說法：所有的，或幾乎所有的男人都是這樣。所以，你批判所有的男人（或任何其他族群）之前，仔細想想你在批判的是誰。

你知道「刻板印象」（stereotype）這個詞的來源嗎？這個詞並不是指某種（type）音響系統（stereo），例如索尼或松下的產品。它的字源是古時候印刷廠的刻板，用來把重複出現的句子一再印出來。刻板印象就像印刷廠的刻板一樣，不考慮同一個團體中的個人差異，而是用同樣的方式對待每一位成員。無論你的刻板印象是正面的——「所有的黑人都有韻律感」，或是負面的——「所有的金髮美女都很笨」，這些刻板印象都將大家視為一體，遠離現實。

你曾經用刻板印象看待別人嗎？如果你說沒有，我會猜你沒有仔細檢查自己的心智。大部分的人多多少少有過。不管你的刻板印象是針對中古車商、政客、律師、黑人、白人、基督徒、穆斯林、猶太人、美國南方人、紐約客、男同志、金髮美女、青少年，或其他各種族群，你會發現至少有一點點的刻板印象躲在腦後。

人際接觸和互動的環境極為複雜，每一天，你都可能和許多人產生互動，有些不太熟識，有些甚至是陌生人。為了面對這個複雜性，我們無法避免會將現實簡化。根據立普曼（Walter Lippmann，發明「刻板印象」一詞的人）的說法：「大部分時候，我們不會先看到再定義。我們先定義，然後才看。」（註二）你會首先看到文化已經為你定義好的部分，然後透過這些定義看待現實。

刻板印象將現實濃縮成比較容易管理的小包裝，讓「巨大而吵雜的宇宙」可以工整一些。這很可能是人類為了生存產生的演化。如果不選出一些特質，加以有效分類的話，你可能在面對緊急危機時無法有效處理。但另一方面，倚賴刻板印象可能讓你產生偏見，導致自我挫敗的回應。

當你捨棄個人知識，而採用各種群體的文化刻板印象時，結果往往如此。你可能首先定義了黑人或白人，然後才看到他，根據刻板印象做出回應。你不應該假設黑人就是懶惰的（或是有節奏感，或其他特質），也**不應該**假設白人都參加了鄉村俱樂部或三K黨（或不會跳高，或其他特質）。這時，意志力又能發揮作用了。即便你的刻板印象**覺得**對，你還是可以規範自己，抗拒幻象的誘惑，給自己機會先瞭解這個人。

意志力要如何戰勝刻板印象呢？舉個例子：威爾伯，我以前的個案。他想買一輛新車。他告訴我，汽車推銷員都是「狡猾鬼」。每次他跟汽車推銷員說話，就會想像對方伸出長長的蜥蜴舌頭，想要吞食他。所以每次他去買車都和推銷員吵架，車子始終沒有買成。

我跟威爾伯談到在人際關係中避免刻板印象的重要性。我給了他一個家庭作業。下次出去買車的時候，他必須運用意志力，抗拒刻板印象的洪流。他必須用解藥式推理抗拒，其中包括一條規則：不可以判斷汽車推銷員，除非先認識他。

下一次威爾伯去買車的時候，他運用意志力不讓自己看到蜥蜴舌頭，反而跟推銷員禮貌地聊了起來。沒想到，我的個案年輕時從法學院休學，推銷員也是。他們相處融洽，威爾伯終於從這位推銷員手中買到夢想的車子。喔，他愛死了豐田新車內裝剛出廠的氣味！

為了有秩序地描述這個世界，大家往往根據少數人的行為做出對同一個群體所有成員的結論。所以，你的丈夫欺騙你，有了外遇，你立刻認為所有（大部分）的男人都會搞外遇。某位女士追撞了你的車子，你立刻認為所有（大部分）的女人不會開車。常常，你對某個特定族群已經有了成見，然後用有限的經驗證實你已經相信的現實。假設你小時候，有個女人在路上不當行駛，你記得爸爸在車裡咒罵：「女人開車！」所以，現在瑪麗撞了你的車，你利用這個機會，重新確定你已經「知道」女人不會開車的現實。

但是有時候，你的結論尚未成形，取而代之的，是一次不良的經驗破壞了你對整個族群的印象。你約會的對象猥褻了你的孩子，現在你認為所有的男人都會猥褻兒童。你在中國餐廳吃飯，結果食物中毒，現在你拒絕再到任何中國餐廳吃飯，即便你很喜歡中國菜。確實，這些經驗會讓你不再讓不熟識的男人接近你的孩子，不敢再去被衛生單位警告過的餐廳吃飯。當然，你可以這麼做，卻仍然運氣不好碰上同樣的事，但這是事實，不管你怎麼做。如果你希望活在完全沒有危險的宇宙裡，你遲早會失望的。

根據少數幾個人的言行，以偏概全地假設整個族群都是那樣，等於是在假設少數的這幾個人足以**代表**整個族群。真的嗎？你過去幾週約會的那個猥褻小孩的男人，能夠代表全部的男人嗎？那個讓雞塊放在熱烘烘的廚房，整天沒有冷藏的中國餐廳，是典型的中國餐廳嗎？

只有當族群中的樣本夠大，夠多元的時候，這部分樣本才能代表整個團體。我們就是這樣得出人類都會死亡的結論。各種不同背景的人——年紀、種族、地理位置等等——最後都會死亡。雖然沒有人真正調查每一個人，但是我們已經擁有足夠的證據，可以推論出「所有的人終將死亡」的結論。

有沒有類似證據顯示所有——甚至大部分——男人會猥褻小孩呢？有沒有證據顯示所有——或大部分——中國餐廳都會讓人食物中毒呢？沒有。所以，下次你根據少數成員，以偏概全地對所有——或大部分——成員有了成見的時候，問問自己你看過的例子是否真的有足夠的代表性。你可能不必要地讓你得自極少數例外成員的不愉快經驗，破壞了對整個群體的看法。這雖然情有可原，但卻可能限制了你的自由和自主性，妨礙了未來的幸福快樂。在這種狀況下，或許不容易克服你的認知失調，你可能想避免和其他男人約會，或不肯嘗試其他中國餐廳。但是，運用意志力逼自己採取行動，對抗身體感覺和傾向，反抗非理性的約束，你可以重新獲得失去的自由和自主性。

另外一種以偏概全就是**老生常談**的思考。老生常談是經過長時間累積的、對現實的絕對主張。很不幸的，人生充滿例外，即使有些老生常談是智慧精華，有時很有用處，但並非總是如此。所以，你決定不要找個業務合夥人，因為俗語說：「三個和尚沒水喝」。問題是，你忘記了：「三個臭皮匠，勝過一個諸葛亮」。現實中，確實常常是「三個臭皮匠，勝過一個諸葛亮」，但有時不是。那要看臭皮匠是誰、你想做什麼，以及一大堆其他條件。還記得這些話嗎？「早起的鳥兒有蟲吃」、「欲速則不達」。有時，等到晚一點再抓到的蟲可能更好吃，但有時則否。缺乏思考、衝動任性的話，迅速的確往往會導致麻煩，但有時候為了抓到好吃的蟲，動作還是快一點的好。光是倚賴老生常談而不謹慎評估，可能是自我挫敗的行為。

有一次，我仔細聽一首鄉村歌曲的歌詞：「女人只需要那溫柔的一刻。」我在想，這是否意味著女人不需要食物或氧氣。真的「只需要愛」嗎？他們是想強調一個重要價值——愛——可惜披頭四合唱團**過度簡化**了現實。你真的**需要**愛嗎？我們大部分的人都**想要**愛。所以，至少可以說「我們**都只想要**愛」嗎？那麼教育、金錢、名氣、食物、棲身之處呢？我們當然也要這些東西。過度簡化現實的主要問題是，你可能在試圖管理人生時忽視了重要細節。

你曾經說過類似的話嗎？「她／他**總是**在抱怨」、「她／他**從來不**陪我」？只要是人類，可能都說過類似的話。我們很容易責怪一個**總是**抱怨或**從來不**陪我們的人。但是更切合事實的事件報導是，你想要**少些**的抱怨和**多些**的陪伴。不要以偏概全，直接描述事實，比較容易解決人際關係裡的問題，也就是：你希望我停止抱怨什麼？我們要如何增加我們共處時的美好時刻？

針對過度簡化的解藥是：注意不要使用絕對和不切實際的詞語，例如「所有」、「完全沒有」、「總是」、「從不」、「任何」、「從來」和「只有」。倒不是說**每一次**你說了「**每一個**」（或任何以上提及的）字眼，就犯了謬誤。如果你因有缺陷的事件報導而使用這些字詞時，你就可能把許多正確的陳述當做是錯的。試著把「不是」放在**任何**運用「每一個」這個字眼的錯誤陳述之前。例如「不是每一個使用『每一個』這個字眼的例子都是謬誤。」說得對吧？**所有的**人都是哺乳類動物。有起必有落。對**每一個**行為，都會有一個反應。截至目前，**沒有人**能夠得了伊波拉病毒（Ebola virus）還能存活。這些關於全世界以及許多其他事物的綜合歸納，都是切合實際的。但是請注意分辨「有些」和「全部」，不要混淆了。

非黑即白

來看一看現實。請填下列空格：

(1) 如果你沒有贏，你就＿＿＿＿＿。
(2) 如果你不聰明，你就是＿＿＿＿＿。
(3) 如果某事不是真的，那它就是＿＿＿＿＿。
(4) 如果某事不是好的，那它就是＿＿＿＿＿。
(5) 如果你不快樂，那麼你就是＿＿＿＿＿。
(6) 如果你不漂亮，那麼你就是＿＿＿＿＿。

提示：答案不是：（1）輸了，（2）笨，（3）假的，（4）壞的，（5）哀傷，（6）醜陋。事實上，如果你給了以上或類似的答案，就是非黑即白式地思考。你忘記中間的灰色地帶了。

首先，你不一定非贏或非輸不可。有時候你不參加比賽，有時候雙方平手，有時候活動本身就沒有所謂的輸贏，例如睡覺、聽收音機、表達感受。

第二，你不必然是聰明**或是**笨的。你可能是智力一般的人。確實，對一個人做這種全面性的批判，而不是專注在他的個人能力上，就是某種責怪。這是個謬誤！

第三，有些事情既不真也不假。你喜歡喝湯，不喜歡吃沙拉，就與真假無關。你沒有任何證據說，別人都必須同意你的喜好。如果你不能同意這一點，就是在使用世界以我為中心的思考。這也是謬誤。

第四，有些事情無所謂好壞，例如只達到考試的平均成績。

第五，你可能既不快樂，也不哀傷，有時只是覺得「還好」。

第六，你可能既不美麗，也不醜陋，而是「一般人的樣子」。

如果沒有那麼多我們必須考慮的灰色地帶，只有黑和白的話，世界可能比較容易管理。但是真實的世界並非如此，而是非常多元的。我曾經有些個案因為非黑即白的狹窄觀點而不斷抱怨。例如，喬治把世界分為贏家和輸家。對於個人議題和日常生活，他常常和妻子持強烈的反對意見。這些看法的差異原本可以提供互相探索雙方信念和價值的機會，彼此學習、同理、經由瞭解而變得更親近，甚至有時候同意彼此可以有不同意見。但是他卻認定彼此對立衝突是事實，結果必定是一方贏了，另一方輸了。在他眼裡，他妻子通常會贏，他總是會輸。因為他和妻子的關係充滿競爭心態，他讓自己覺得是個失敗者，對於自己贏不過妻子感到憤怒，同時為了吵輸發脾氣而自責。為什麼跟妻子爭論輸了能夠導致這麼強烈的負面感覺呢？

喬治認為輸給妻子代表自己不夠男性氣概，他絕對不能輸給妻子（這又是一個對男性氣概極常見的文化刻板印象）。所以，他想贏的欲望變成強制要求或**必須**贏，因此形成憤怒的情緒。但是當他的情緒對象變成憤怒本身時，他又覺得自責。

你可能問：「為什麼自責呢？」因為他認為一開始辯輸了是他的錯，他的結論是他**不應該**為了妻子吵贏而生氣，這只會讓自己成為輸不起的傢伙。他被這個道德控訴的力量淹沒，自責像邪惡的黑雲籠罩著他。

更糟的是，他還有一個規則是「輸家該死」。喬治因而形成憂鬱沮喪的情緒。在他的腦海裡，他的「輸了」並不只是輸了這個或那個爭論，而是他根本就是個**徹底的**輸家。

你也看得出來，喬治波濤洶湧的情緒是一連串不切實際的情緒規則，加上非黑即白式思考的結果。如果他沒有用贏家或輸家的角度看事情，就不會這麼痛苦了。

我注意到在像喬治這種功能失調的關係中，常常對「親密關係」有非黑即白的概念。事實上，許多功能極度失調的伴侶，包括長期家暴的關係，會接受不平等的權力，其中一方是強勢，另一方是弱勢，聽從對方。這些伴侶假設一定要有人是領導者，有人是跟隨者，或是壓迫者和被壓迫者、主人和奴隸。但是二者之間沒有任何別的可能了嗎？

住在一起，彼此合作，你需要某個程度的威權。努力順從威權的時候，你不應該失去你的個人自主性和自由。完全順從和完全不順從，絕對不會是唯一的選擇。事實上，這兩個模式都是功能失調。你和你的伴侶可以是共同生活的**夥伴**。這樣一來，你們兩個都不需要當**那個**強勢者或弱勢者。你們都不需要當老闆，或者，高興的話，**兩個人**都可以當老闆。你們可能共同同意一個可能的分工模式——我做這個，你做那個——這個分工不需要，也不應該根據男人做主（或女人當家）的思考，形成性別壓迫。這種非黑即白的思考常常讓大家都不快樂！

放大危險

你誇大了不幸事件可能發生的機率。很致命的一種就是墨非定律（Murphy's Law）。墨非定律大膽宣稱：「**可能**出錯的，就**一定會**出錯。」這條黑暗預言常常像是萬有引力般被當成定律引述，但是它既不是定律，也不理性。問題出在它自動且絕對地將「可能」推論到了「一定」。是的，糟糕的事情是會發生。但是我們不能根據「這件事情很糟糕」來預測它發生的機率。你需要證據。

舉個例子，讓你看看墨非式思考的致命性吧。我以前有一位個案漢克，和妻子一起來我辦公室做伴侶諮商。兩人想生個孩子，漢克有些猶豫，原因是他相信墨非定律。這是他的第二任妻子。他的第一次婚姻在他前妻流產之後就結束了。現在他很害怕同樣的事情會再次發生。他說：「如果她可能流產，就一定會流產。」

很明顯的，現任妻子當然可能流產，但是機率真的那麼大嗎？前妻流產的事實不會影響現任妻子流產的可能性。「當漢克的配偶」顯然並非流產的危險因子。但是他的思考似乎是：「如果它發生在我前妻身上，就可能發生在現在的妻子身上。能夠出錯的總是會出錯。」

事實上，漢克現在的妻子以前沒有流產經驗，也沒有任何其他健康問題會讓孕期出狀況，根據這些**證據**，她發生流產的機率極低。當然，誰也無法保證，但是我們能夠**合乎現實**地期待她不會流產。

漢克終於領悟了墨非定律的非理性，至少在智性層面如此，但他還是**覺得惴惴不安**，不敢嘗試。我鼓勵他運用意志力，試著打敗他的非理性衝動。過了幾個月，他終於讓妻子懷孕了。最後，兩人有了一個健康的小女兒，漢克非常愛她。

另一位個案芭芭拉極度恐懼進入電梯，總是走又黑又臭的樓梯。她的理由是，覺得自己可能被卡在電梯裡，在獲救之前就窒息死亡了。她認為她不搭電梯的理由十分充分，因為真的發生過這種事。我告訴她：「是的，是有可能，可是機率非常低。」很不幸的，這個理由對她而言還不夠，因為，根據墨非式思考，**任何風險都是高度風險**。事實上，我認為走黑暗無人的樓梯，危險性比搭電梯更大呢。雖然芭芭拉進步很多，有朋友陪伴的時候偶爾可以逼自己搭電梯，但最終還是無法完全克服這個恐懼。

另一種致命的放大危險叫做「滑坡」（Slippery Slope）。就像關於滑坡的諺語所說，一旦你跌倒了，你會下滑得越來越快，無法逃脫，直到跌到谷底。你曾經在重要活動的前一晚睡不著嗎？你躺在床上，翻來轉去，一直想著第二天早上要發表的演講。「我這樣睡不著會發生什麼事呢？我會好累，以致於忘記所有的演講詞。我會呆站著，看著一群陌生人，腦子裡一片空白。我會看起來像個笨蛋，還會被炒魷魚。我的事業全完了。我以後會一輩子當清潔工！」

如果你不介意一輩子當清潔工，就沒有問題。但是，根據放大危險的謬誤，你不切實際地預言了你最害怕發生的情況。你想：「多可怕，我就是無法忍受那樣的生活。」這是老套了。首先，你滑下斜坡。然後，你將問題嚴重化。第三步，你認為自己「無力承擔」。後面兩步是你自己加上的情緒規則，讓你因此產生焦慮的情緒（註三）。現在你陷在惡性循環中了。你越隨著循環轉，身體越激動，便越相信自己的悲慘結局，焦慮感就越強。隨著腎上腺素增加、心跳加快，你更睡不著了！

當你發現自己焦慮地滑入滑坡，陷入惡性循環時，該怎麼辦？當然，不要等焦慮擴大，就要盡早解決它。無論如何，你還是可以吞一些現實藥丸，也就是做一些合乎實際的自我對話。你告訴自己：「你看，就算我搞砸了，並不表示我這輩子就只能當清潔工，甚至不一定會被辭退。而且我還很可能講得不錯，因為我真的懂得自己要說的東西。就算是失業吧，又不是煤氣室或斷頭台。喔，好啦，管他的，會怎麼樣就怎麼樣吧。」輕鬆呼吸，放鬆肌肉，腦子裡什麼都不要想，睡吧。

另一種放大危險就是宿命思考。聽起來很耳熟吧？你會想，過去有過些什麼倒楣事，未來一定會再發生，而你一點辦法也沒有。所以，過去一成不變的情形，表示未來也將如此以終。是的，一定會這樣，因為無論你做什麼，過去都會跟著你一輩子。有個神祕的力量就像宇宙凝聚力似地把你和過去綁在一起。你的命運已定。一旦水泥乾了，你永遠都卡著出不來了。

假設你快四十歲了還沒找到對象，約會總是搞砸，除了那段沒有結果的訂婚之外，幾乎就是乏人問津。你心想：「我永遠找不到對象了。我會一輩子單身以終。」如果你這樣告訴自己，大概就決定了自己的命運了。是的，你是自找的，因為你相信宿命論。在你的腦子裡，宇宙必然性已經取代了可能性。你無論做什麼都沒用，水泥已經乾了，永遠把你卡在過去裡。

以下是我擁有的最佳解藥。未來會發生什麼事情，端看你現在做什麼事情，而不是神祕的、無法解釋的宇宙力量。如果你繼續做你一向做的事情，那麼，其他因素都不變的話，你大概已經決定了自己的命運。反過來說，現在做些改變，則可能影響未來人生的軌道。或許你還在穿不討人喜歡的衣服，開同樣的破爛舊車，去同樣的單身舞會，認識同樣的一批人，一切照舊。告訴自己命運已定，你就不會嘗試任何新的東西，於是預言成真。嘗試新事物會讓你接近新的機會，可能改變你的未來。這些新事物是什麼呢？每個人都不一樣。你可以自己好好想一想。如果你喜歡心智挑戰，或許可以去上一些課。如果你喜歡鄉村音樂和文化，但是不知道如何跳方塊舞，去上課，然後去參加鄉村舞會。逼自己探索新事物，你可以打破舊有的慣性，以及停滯的、宿命式的思考，因此為未來打開新的可能。

一廂情願

放大危險誇張了未來發生壞事的可能，一廂情願的報導則貶抑或忽視壞事發生的可能。有一句常聽見的話：「事情會不一樣」，就是這種謬誤的典型例子。這句話的意思是，過去一再發生——你不希望未來也發生——的事情真的不會再發生了。

如果我們忽視過去的話，歷史就會一再重演。不斷吟唱著「事情會不一樣了」，完全不會改變過去的事實，也不會讓你的未來有何不同。如果想要有所改變，你就需要採取建設性的行動，帶來改變。這個問題最常見於家暴個案。

我傾聽過無數的女人（也有一些男人），她們受到情緒暴力和肢體暴力對待，卻徒然地緊緊抓住未來會不一樣的希望。家暴往往形成惡性循環。許多施暴者會在事後送受害者禮物，試圖和好。在此「蜜月時期」，受害者往往懷抱希望，覺得事情會不一樣。但是，蜜月期一過，壓力又開始累積，受害人小心翼翼，如履薄冰，直到下一次再度爆發家暴。

如果你陷在家暴循環中，忽視過去可能讓你不斷受害。如果你或你的伴侶沒有做出重大改變（例如尋找專業協助或努力改善思考模式），那麼，家暴就非常可能一再發生。一廂情願的思考完全沒有任何幫助。

如果你是加害者，一廂情願的思考對你也不會有幫助。事情不會有任何改變，除非你面對並處理你對你所愛之人施暴的傾向。如果你處在這個情況中，很可能也接受了一些我之前談到的不切實際的情緒規則，例如強求完美和責怪。你告訴自己，下次會不一樣，但是等時間一到，你感覺到同樣的身體衝動、感覺、印象、傾向和不切實際的思考，於是又因而形成暴力攻擊、人身羞辱或其他老套，等到事後才又後悔。那麼，怎麼辦呢？

運用你的意志力，同時使用好的解藥，你可以管好自己的惡劣行為與情緒。你有自由意志嗎？你夠強壯、夠勇敢，能夠好好看一看自己的錯誤思考並且克服它們嗎？這個挑戰需要努力和堅持，但是降服那傷害了你最重要家人的惡魔之後，你會發現極大的驕傲和快樂。

猜猜看，一廂情願和宿命思考有何相同之處？你坐在那裡，不做任何事情改變你的情況。你告訴自己，你會得到升遷，或找到特別的對象，但是你仍然緊緊抓著過去無用的舊習慣。那你還能期待什麼呢？只要你沒有做出人生重大改變，事情不令人滿意時，你就不應該感到失望。是的，有時候，只要你堅持夠久，即使是用看似無望的方式，最後還是會有收穫，但這個可能性微乎其微。如果你有個好的行動計畫，「一試再試」便可能是個很好的建議。如果你想遇見對象，卻坐在家裡等同樣的那群人打電話來，大概不會成功。如果你想得到升遷，卻安靜地不表達自己的意願和資格，大概不會引起老闆的注意。用你過去的成功和失敗的經驗做為未來的借鏡，可以協助你做出合理的計畫，避免歷史重演。如果不檢視過去經驗，正向思考就不會成功。如果你不運用意志力克服舊有的思考、感覺和行為習慣，事情就不會有任何改變。

亞里斯多德的中庸之道可以讓你自由。思考過去時，要避免極端。宿命思考高估了過去，一廂情願則是低估了過去。面對過去，什麼才是正確的態度呢？

答案：過去鋪陳了未來結果的**可能性**。既不宿命，也不一廂情願。可能性是「是否可以**合理**期待結果發生」的參考值。如果你沒有做任何改變，那麼，過去的經驗就是證據，我們可以合理預測未來會和過去一樣。相同的狀況會產生相同的結果。但是，改變狀況，得到不同結果的可能性就提高了。如果你想得到建設性的改變，光是告訴自己「事情會不一樣」是沒有用的。運用你的意志力，真正**做出**改變！

捏造解釋

我說的「捏造」是指不切實際的構成或製造。如果你的車子發不動，油表指向零，你的解釋會是什麼？對，車子沒油了。但也可能是別的問題，例如汽油測量器壞掉了，或是油管塞住了。不過，「車子沒油」是最可能的解釋。所以，如果你不先看看油箱是不是還有汽油，就把汽油測量器換掉，或是嘗試修理油管，那就不合理了。聽起來很有邏輯吧？

很不幸的，大家很難將此邏輯運用在自己的情緒上。當你的伴侶沒有準時到家，你立刻假設她**可能**是出了嚴重車禍。如果你沒得到最近才面談過的那個工作，**可能**是有人跟你過不去，而不是對方找到資格更合適或他們更喜歡的人選。如果你的老闆今天對你沒有特別友善，他**可能**準備要炒你魷魚了。如果你休假的時候下大雨，那**一定**是有某種宇宙力量跟你過不去。如果兩位同事正在說話，偶爾看你一眼，他們**大概**是在說你壞話。如果你一直咳個不停，你**可能**得了肺癌或其他慢性、致命或危險的疾病。如果你近來記性不太好，**可能**得了早期的阿茲海默症。如果電話帳單有誤，**可能**是電信公司故意騙你的錢。

你可能抗議說：「但是或許這些解釋都是真的。」確實，它們可能是真的，但並不表示它們是**比較有可能**的解釋。只要還有其他至少同樣合理的解釋，你堅持用這些解釋就是不切實際。有時候，大家想的都是最糟糕的情形，只因為那**是**最糟糕的情形。在你想到普通的呼吸道感染之前，你會先想到肺癌。事實上，不受歡迎的解釋跟這個解釋可信與否無關。你需要證據。如果你說服自己這些是危險疾病的症狀，或你愛的人死在某條路邊，你會讓自己受到嚴重的、不必要的困擾。對這瘋狂的狀態，有解藥嗎？

提出解釋的時候，要有科學家的精神。不要恐慌，除非你完成調查，否則不要做事件報導。首先，盡量找尋你所知的其他可信的解釋。「可能是有糟糕的事情發生了，可是上次我有這些症狀的時候，就只是尋常的咳嗽而已。」繼續再收集更多**事實**。例如，去看醫生怎麼說。你瞭解得越多，就越可能放棄一些不合理的解釋，找到別的、比較符合事實的解釋。最後，你大概會發現你最害怕的古怪解釋經不起你的科學調查。所以，當個科學家，不要當個神經兮兮的可憐傢伙！

懊悔過去

人類擁有的獨特能力之一，就是猜測與現實相反的其他可能。我們不會只認定過去**真正**發生過的事情，我們還能想像從未發生過的過去。如果沒有塞車害我錯過航班的話，我就會死於那個墜機意外。如果我沒有注意到那輛車切進我的車道，就會撞上它。如果我們早一天離開，就不會被暴風雪困住。如果我沒有先打電話過去，就不會知道會議取消了。如果我的鬧鐘沒響，我上班就會遲到。我應該留在高速公路上，而不是走鄉間小道看美景，我就不會迷路了。

以上的句子還算合理，只要我不做不切實際的假設。例如，只要合理假設無論我是否在飛機上，飛機都會墜毀，那麼，我就可以假設我本來會跟著一起死掉。這是理性的假設。很不幸的，很多人談到過去可能怎樣的時候，會做出不合理的假設。如果我吃了維他命C，就不會得到嚴重感冒。如果我多睡一點，會更有精神，就不會出車禍。如果我是更好的妻子或丈夫，他／她就不會為了別人而離開我。如果我沒有對他那麼友善，或穿得那麼辣，他就不會強暴我；我應該更努力的嘗試逃跑或抗拒，那他就無法得逞。如果我得到那個角色，現在就是有名的大明星了。如果我當初選擇做生意，而不是當老師的話，現在就是億萬富豪了。

在這些例子中，你真的那麼有把握嗎？少了這些你所做出的有問題假設，你其實是沒啥把握的。你怎麼知道吃維他命C就可以預防感冒？即使你百般討好你的伴侶，他／她還是可能垂涎別人。你怎麼知道那個電影角色會帶給你成功？你怎麼知道你的生意會做得成？對這些問題，唯一合理的回應是「呃，**可能會**吧。」要不就是「**可能不會吧！**」這才是切合實際的角度。

如果事件報導對過去做出沒有保證的假設，當這些報導形成責怪自己的基礎時，可能導致嚴重的情緒困擾。如果你被猥褻或強暴，你可能會想著你應該如何抗拒，或穿不同的衣服，或不要那麼友善。但實際上你並不知道以上哪個不同的作法能夠趕走加害者。強暴往往是與暴力和權力有關的犯罪，而不是關於性吸引力的犯罪。所以，我們其實可以假設你的性吸引力跟暴行無關〔註四〕。而且，你可能根本無法打得過一個比你高大、強壯的男人。可是，我曾經聽到很多女性為自己的受害自責。為了受害而攻擊自己，等於是再度讓自己受害。

每次懊悔過去的時候，你其實都是從假設推出結論。例如你說：「如果我沒有穿那件紅色洋裝，沒有挑逗他，我就不會被強暴了。」你的推理如下：

- 假設我那時沒有穿那件性感的紅色洋裝，也沒有挑逗他。
- **那麼**，我就不會被強暴了（結論）。

你看得出來，這套思考還缺乏一項前提，才能支持你的結論。以下就是加上這項前提的推理：

- 不穿性感衣服，也不挑逗人的女人不會被強暴（缺乏的前提）。
- 假設我那時沒有穿那件性感的紅色洋裝，也沒有挑逗他。
- **那麼**，我就不會被強暴了（結論）。

這個結論的邏輯很清楚地來自前提。但是，我現在要問你一個問題。我剛剛加進去的前提是真的嗎？

答案是：「不是！」就像我剛才說的，強暴通常是關於暴力和權力，不是關於性。

這故事帶給我們的教訓是：懊悔過去、折磨自己之前，先找出你缺失的前提，然後仔細檢視。在這個例子中，你可能會發現，你是根據錯誤的前提進行推理。

懊悔過去以兩種常見方式，導致自我挫敗的情緒。其中之一是責怪自己為什麼沒有採取其他行動，例如上述的強暴案例。另一種剛好相反，也就是為維護自己不受責難而找藉口。你可能跟自己說，如果你有足夠的休息，原本可以打贏那場網球的。如此一來，你就不必承認自己技不如人。

但你為什麼一開始就需要訴諸這種不切實際的思考呢？很不幸的，我知道很多運動選手用這種思考模式，因為他們已經設定了不切實際的情緒規則，例如，你認為你必須比對手強，才是一個有價值的人。為了保住面子，你只好找藉口：「如果我休息夠了，我就能打贏他。」但是這只讓我們看到，一個謬誤如何導致另一謬誤。如果你放棄「你的自我價值建立在成就上」的想法，你根本一開始就不需要倚靠不切實際的「懊惱過去」了。

你可能會問：「如果能夠讓人感覺良好，胡說一下有何要緊？」我倒不是說一點點謬誤就會釀成大麻煩，但是很不幸的，如果你是運動員（或處在其他競爭性很強的職場），而你用懊悔過去的思考模式來避免責怪自己，那你將無法逃避問題重點所在的全面衝擊。如果你需要勝利才能保持自我價值，那你的人生必將充滿壓力，像乘坐雲霄飛車似的，無論輸贏，你都必須隨時面對一旦輸了就會被貶得一文不值的威脅。即使你贏了，另一場比賽、另一個失敗的機會還會等著你。這是不必要的焦慮！所以，你最好為自己不切實際的自我評價找到解藥，而不是試圖用懊悔過去的伎倆安慰自己受傷的心。

擬人化

你曾經對著紅燈大吼：「好了，該換綠燈亮了！」或命令你的汽車發動？你曾經虔誠地對大自然說話，或想著為什麼生命對你這麼不好？你曾經信任運氣，或想著颱風或許會饒了你而轉向？你曾經宣稱愛情是盲目的，或將死亡稱為恐怖收割者（Grim Reaper，譯註：死神的名字）？有許多詩詞歌曲充滿了這種對人生和萬物的隱喻，但是，如果你照著字面認真起來，有時候對你的行為和感覺會造成不良影響。

大約十年前，我在一個很尋常的日子裡，注意到將物品或抽象概念擬人化的重要性。有一天早上，我正在做午餐三明治，想要教完課之後在辦公室裡吃。我把一些冷肉放在吐司上，覺得肉看起來好寂寞啊，便決定幫它們加些番茄醬。我打開冰箱，但是找不到熟悉的番茄醬瓶子。找得越久，我越覺得挫折。最後，我在絕望中拉出兩個過期麵包的其中一個，哈！就在那裡，熟悉的瓶子看著我，好端端地站著！我對自己說：「番茄醬躲在那些可惡的麵包後面！」躲？可惡的麵包？哇！我幾乎可以看到那個瓶子傲慢的展示胸前的「亨氏」（Heinz，譯註：番茄醬的品牌名稱），好像它才贏了一場躲貓貓，正在嘲笑我呢。我抓起番茄醬瓶子，好像它是個頑皮的孩子，用力擠它做為懲罰。番茄醬落到冷肉上的時候，我覺得放鬆了，終於抓到了那個行蹤不定的逃犯。

開車去教課的路上，我安靜的思考著那天早上要教的邏輯課。我忽然大笑起來。我剛剛才馴服了一瓶番茄醬，現在卻即將跟學生講解邏輯！我開始思考並發現這件看似好笑的事件，在某些狀況下，可以有嚴重的影響。我問自己：「為什麼我要責怪番茄醬？」答案立刻清楚出現。責備番茄醬比責備自己容易多了，比承認「我沒有好好整理冰箱，因此浪費了時間」容易多了。我一直都不喜歡整理冰箱，所以把責任推給番茄醬，而不是負起責任。我責怪番茄醬，不責怪自己。我甚至不肯承認我想吃番茄醬，而是說冷肉「看起來很寂寞」。

我注意到有些個案認為人生就是故意要惡整他們，一路上都是障礙，不讓他們有開心的機會。但是人生就像番茄醬，不會刻意跟我們作對。給它擬人化的特質，然後責怪它害你倒楣，就可以逃避自己對於行動和感覺的責任了。如此一來，你會無法為自己的人生負責。如果壞事發生在你身上，就是世界對你無情，你僅僅是邪惡動機下的被動受害者。身為宇宙怒氣的被動接收者，你孤立無援，任由人生帶著你走。從這個角度看現實，意味著沒有機會重新建構你的人生方向，對自己的困境毫無辦法。當命運、運氣、大自然、宇宙或人生做了決定，你對這些強大的可怕對手毫無反抗的機會。所以你坐在那裡，漫無目標地陷溺在自己的不幸中。對嗎？不對！

解藥：為自己的人生負起責任。如果你為自己的不幸責怪抽象概念和具體事物，就不可能對情況做出任何建設性的事情。運用理性思考和意志力，你對生活中發生的事件可以有很大程度的控制。倒不是說你能夠抗拒物理定律，或是可以全能地預知並躲開每一件可能的壞事。但是，接受責任而不是放棄責任，你通常有很大的機會可以改善你的人生。

註：

1. *Ethics*, book 6, ch. 7。
2. Walter Lippman, "Stereotype, Public Opinion, and the Press," in *Philosophical Issures in Journalism*, ed. Elliot D. Cohen (New York: Oxford University Press, 1992), p. 162。
3. 這是一種很常見的謬誤症候群的例子，我稱之為滑坡症候群。我會在下一章以及第四部的內容中詳加討論。
4. Jeffery S. Nevid, Spencer A. Rathus, and Beverley Green, *Abnormal Psychology in a Changing World* (Englewood Cliffs, N.J.: Prentice-Hall, 1994), p. 379; Richard P. Appelbaum and William J. Chambliss, *Sociology* (New York: Harper Collins, 1995), p. 288。

第三部

如何辨認並消除你的錯誤思考，找出解藥

知道如何反駁非理性思考，可以協助你減弱非理性思考對你的情緒的影響。這有點像是剝掉披在狼身上的羊皮偽裝。你會說：「喔，想想看，我還以為那是理性的思考呢。現在我看到它的真面目了，這是個謬誤。」

【第八章】如何形成並查驗你的情緒推理

如果還需要一個或多個尚未被明確稱為前提的命題，「推理」就不算完善。

——亞里斯多德〔註一〕

你據以形成情緒的推理，通常不會在腦中完整呈現出來。如果你正在某種情緒中，你大概不會完全清楚自己的前提是什麼。想一想上次你生氣的時候。你有覺察到自己在腦子裡做了**完整的**事件報導並**完全**表達出相關的規則嗎？你可能只注意到瞬間即逝的一點點前提。你往往假定有這些規則，卻不會有意識地列舉出來。所以，你需要體會言外之意，才能完整掌握自己的情緒推理。一旦做到這一點，你就可以檢查你的前提是否有前三章所討論的那些謬誤。這有助於你早一步反駁你的謬誤前提，找到解藥。那麼，如何體會這所謂的言外之意呢？

辨認你的結論

從你的情緒推理的結論開始。結論可能是情緒或是行動。一旦辨認出結論，你就可以從基層開始逐步建構你的推論過程。

就用我同事的悲慘狀況來舉例吧。他才五十出頭，生命就忽然結束了。他過世的時候，我正等著他回覆看過我手稿之後的意見。很不幸的，他的信一直沒寄發出來。當時我並不知道他已經自殺了。他在哲學上的成就備受推崇，同儕都很敬重他，包括我。在他成功的巔峰，他覺得他已經達到了自己設定的事業目標，已經沒有什麼可以讓他再做出貢獻的了。於是有一天，趁著他的妻子出城，這可憐的傢伙自殺了。

他已經沮喪憂鬱了好一陣子，但是因為他對醫療系統評價很低，並沒有尋求治療。更糟糕的是，他對親近的同事公開說過想要自殺，但是沒有人幫助他。很明顯的，他們覺得他是偉大的哲學家，加上他散發出很有自信的強烈人格氣質，他們很難想像他沒有能力處理，需要精神科的心理協助。

驅使這位受人尊敬的哲學家自殺的情緒結論，當然就是**憂鬱**。雖然事後想起來很明顯，但在當時，一群很聰明的人卻沒有看出他情緒憂鬱，反而只把他說要自殺的話視為智者的哲學洞見。所以，讓我們首先談談如何辨認情緒。如果你認為我在浪費時間解釋顯而易見的事情，你可能是對的。但是我的經驗顯示，大家往往會忽視最明顯不過的事情。若非如此，請你告訴我，前幾章討論的謬誤為何如此常見？大部分（或全部）的謬誤都很容易反駁，不是嗎？

辨認情緒有其要訣。你可以考量你的**情緒對象**屬於哪種類型（請參考第四十二頁），以及你會如何評價它。以下將一些比較棘手的情緒，用它們的對象和評價來呈現它們的定義。這些定義可以協助你辨認自己的情緒，並拓展你的推理。

- **憤怒**：情緒對象是某人做的某件事情。你會對那個行動本身或那個人產生強烈的負面評價。
- **罪惡感自責**：情緒對象是某個道德標準，你認為自己觸犯了這個道德標準。你強烈地譴責你所認為的犯規行為，或觸犯規則的自己。
- **羞恥**：情緒對象是你的行動或狀態，你認為別人因此正在強烈地、負面地評斷你、你的行為或狀態。你認為這個評斷極端無法接受，這也是你強烈地、負向地評斷自己、自己的行為或狀態的原因。（註二）
- **沮喪憂鬱**：情緒對象是某件你強烈負面評價的事件或狀態，因此，你對自己的存在感到無望。
- **哀傷**：情緒對象是失去某個你有強烈正面評價的人（或動物），沒有了對方，你對自己的存在感到無望。
- **焦慮**：情緒對象是未來的事件或可能的未來事件，你認為這個事件會（或可能會）有嚴重的負面後果。
- **恐懼**：情緒對象是現在或可能的事件，你認為在某些時候會危害或威脅到你。
- **嫉妒**：情緒對象是某人或某人的狀況。這人擁有某些你想要卻沒有的東西。你會對此人所擁有而你沒有的東西產生負面評價。

我同事的情緒對象，是他試圖做出更多專業貢獻卻無法達到的無力感，基於此，他認為自己沒有價值，不值得活在世上。一旦你搞清楚情緒，就可以開始進行下一步，做出事件報導了。

做出事件報導

做出事件報導的重要關鍵在於，必須瞭解事件報導實際上就是**一個確定內容的情緒對象**。記得我（在第二章）說過，所有的情緒都有情緒對象嗎？當你有情緒，一定是**關於**什麼事物。你的憤怒是關於某件你認為不對的事情；你的罪惡感是關於違反道德規範；你的憂鬱是關於某個你認為降低了你的存在價值的人或事；你的焦慮、恐懼、羞恥、哀傷和嫉妒，都是**關於**某些事情。當你說你為了什麼生氣，或你為了什麼而有罪惡感，或為了什麼憂鬱，你就是在做事件報導。當你做事件報導時，為了要檢查你的思考是否謬誤，提供**完整**的報導就非常重要。也就是說，你應該試著盡可能想清楚，你是為了什麼而生氣、有罪惡感、自責、憂鬱等等。這會讓你更容易看清楚你的情緒是否建立在謬誤上。填寫你的事件報導時，呈現**你眼中的事實**也很重要。在你的推理中，評價主要存在於規則裡。事件報導是你對發生事件的看法，你因此產生了情緒（註三）。以下是我同事的推理路線：

事件報導：我已經完成每件我原本計畫達成的專業成就，在我的專業裡，已經沒有任何我可以成就的了。

情緒：憂鬱。

這就是他憂鬱的原因。但是為什麼會為了這個原因自殺呢？答案就在於他對專業生涯的進展賦予不切實際的評價。這應該提供了線索，讓我們瞭解他所假設的情緒規則。

找出自己假設的規則

記得我們在第五章討論的情緒謬誤嗎？以下是摘要：

- **強求完美**：如果世界無法達到某種理想、完美或幾近完美的狀況，那麼世界就不是它絕對、無條件、**必須**要有的樣子，而你絕不能接受任何其他樣子。
- **將問題嚴重化**：如果壞事發生了，那麼絕對是**全面的**大災難，可怕、恐怖、糟糕。
- **過度美化**：如果某個對象看來有一些好的特質，那麼這個人或物一定絕對、徹底棒透了。他是完美的、全宇宙最好的。
- **無力承擔**：如果你覺得某件事情很困難或有挑戰性，那麼就一定超過你能承擔的能力，你**無法**也絕對沒有希望成功。
- **責怪**：如果你強烈不喜歡自己或某人的某些部分，那麼你或這個人就**完全**一無是處。
- **無可奈何**：如果你感覺憂鬱、焦慮、憤怒、罪惡自責或有其他的不愉快，那麼你乾脆就接受這個情緒吧，反正你無法控制它。

● **自尋煩惱：**如果你遇到你認為人生中很重要的問題，那麼你就有**道義責任**一直陷溺其中，不停地想著，讓自己痛苦不已，而且也要求你認為同樣有這問題的人和你一樣這麼做。

現在再看看我同事做的事件報導，問問你自己，他是否假設了以上任何規則？你看得出來是哪一條規則完成了他的推理嗎？

就是責怪。我同事的事件報導肯定了責怪規則中的**「如果」條款**（「如果你強烈不喜歡自己的某些部分」），而**「那麼」條款**（「那麼你就**完全**一無是處」）則提供他憂鬱、自殺的理由。所以，如果你仔細體會言外之意，這個責怪版本的完整推理如下：

規則：如果在我的專業裡無法繼續有所成就，那麼我就一無是處，應該死了的好。
事件報導：我已經完成所有我原本計畫要達到的專業成就，已經沒有其他可以發揮的了。
情緒：憂鬱。

或許你在想，假設的規則是否可以多於一條？答案是肯定的。事實上，謬誤似乎喜歡糾團出現。「將問題嚴重化」也可能是他的思考路線之一：「如果我無法繼續得到專業成就，那麼就是**全面**的災難，可怕、恐怖、糟糕。」甚至再進一步，「既然是如此的災難，我無法忍受繼續活著。」所以，針對我同事的案例，為了反駁和尋找解藥，應該也將「將問題嚴重化」和「無力承擔」的規則包括進去〔註四〕。通常，如果某種規則真的符合，你只要一想到它，就會明白。如果你真的**假設**了這條規則，你會**覺得**「說得對」。我真的是指「覺得」。畢竟，如果那條規則真的導致你的情緒，那麼你的身體就會說：「正是如此！」

反駁自己不切實際的前提，並找出解藥

一旦你辨認出了你的情緒推理，就可以開始反駁這些不切實際的前提了。想一下我同事假設的責怪規則。他所建立的責怪規則讓一個人的自我價值**完全**建構在他的專業成就上。所以，如果你在專業上有所成就，你就夠酷。否則的話，你一文不值。

我必須承認我也有類似的成就責怪（Achievement Damnation）。年輕時，我曾經私底下思考過，**覺得**如果我在專業上忽然變得沒有成就了，我會失去活下去的理由，我的人生真的沒有其他有價值的目標了。熱愛你的專業是一件好事，但我的熱情具有自我挫敗的性質。當我停下工作試圖放輕鬆時，便覺得罪惡並自責。當我完成一個投注心力的計畫（一本書、一篇論文、一項研究等等），暫時還沒開始下一個計畫時，我覺得漫無目標，失去平衡，覺得好像處在真空中。我決心在我永遠失去聲譽之前，找到某個東西緊緊依附著。當我度假或陪著妻兒們的時候，我覺得背叛了自己的信念。我成了飽受戒斷症狀之苦的上癮者。

從此我開始清楚瞭解到，「責怪」這個陰影已經摧毀了我輕鬆享受休閒生活的能力。我的解藥非常簡單：「人生不只是工作。令人欽佩的人生比專業上有生產力的人生，更值得。」我認知到付出和接受愛的力量，也知道我的妻子和孩子甚至我的狗對我的重要性。我現在比較好了。當

面對生活挑戰時，我會時時提醒自己。

即使如此，在我心裡還是有一些往昔的空洞感覺，微弱地提醒我受那些感覺控制是怎麼回事。我不能誠實地說我已經完全治癒了。我在復原當中，而不是完全治癒。我知道只要我放任自己，就又可能故態復萌。我還是個上癮者，復原中的工作狂。但我現在的意志力比以前強壯了，我的解藥是我人生中真正有控制力的規則。我為我的同事哀悼，雖然他在專業上成就斐然，在個人生活上他卻沒有像我一樣進展到這一步。同時，我也能同理他的困境。他和其他極為重視工作的人一樣，我們經由工作成就來表達自我、滿足自我。

我同事的事件報導充滿了以偏概全的謬誤。他覺得他已經完成**所有**他要達成的專業成就，在他的專業人生裡，已經**沒有**他可以達成的成就。但是專業是個無底洞，總有事情可以做。偉大的哲學家羅素（Bertrand Russell）九十八歲過世時，還在忙著許多計畫呢。當我們達到一個目標，總有另一個目標等著。一個目標為下一個目標鋪好了路，沒有盡頭。因此，事前預知你這一生所有你想完成的事，是不切實際的，否則你就是全知的上帝了。我的同事只是一個凡人，和其他人一樣，完全無法看到最終我們會走到哪裡。在我剛開始工作的時候，完全無法想像我跟著自己的興趣一路走來的經驗會是如此。你還沒有這種經驗嗎？活到老，學到老——一直學習，一直學習，直到盡頭！

如何解讀情緒背後的推理

解讀情緒、寫出你的情緒推理，需要以下五個步驟：

- **辨認情緒**。請參考之前提供的情緒定義。
- **做事件報導**。找出情緒對象，情緒是從這裡產生出來的。
- **找出假設的規則**。你做的事件報導會確認規則中的「如果」條款。「那麼」條款則會驅動情緒。這條規則可能讓你**覺得**（在你的內在）好像你的推理因此完整了。
- **反駁你的非理性前提**。
- **為被反駁的前提找出解藥**。

當你正在情緒中，你真的會遵循這五個步驟嗎？大概不會**想**要。這就是問題所在了。你可能無法理性思考，而且遭受到身體的壓力。這是為什麼你的意志力不能軟弱。不要讓自己像風中落葉似的隨風飄盪。反抗。用力反抗！運用意志逼自己思考。跟自己說話。想一想自己的思考！兄弟姊妹們站出來，讓自己自由吧！跟自己說：「等一下，我在感覺怎樣的情緒？」、「我對什麼如此不高興？」、「我在用哪一條規則？」、「切合實際嗎？」、「我是在給自己找麻煩嗎？」、「我的解藥是什麼？」

給你一個提示。如果你的情緒（也可以稱為「壓力」）很**強烈**，只要你不是被野豬攻擊或身處其他立即的危險，你可能早就有對某些問題的答案了。如果沒有，你可能不切實際。如果有，你可能在給自己找麻煩。在第十二章到第十五章你會看到，當你產生某種情緒時，某些謬誤可能正在進行中。你已經在第五章和第七章中看到，某些解藥對某些情緒謬誤特別有效（註五）。在第九章和第十章，我會分別針對反駁你的非理性前提、找到有效解藥，提供一些有用的技巧。這應該讓你更容易接受**理性**解藥。服用理性解藥可以成為一種習慣。你的目標就是養成理性思考的習慣！

彩排練習

練習真的很有用。如果你知道自己即將在某種狀況下經歷強烈情緒——例如，在餐廳一個人吃飯——你可以事先安排練習。閉上雙眼，**想像**在週間的午餐時間，你在城裡，沒有人陪伴，你獨自走進一家忙碌的餐廳，被安排坐在餐廳中央的位子。你看看四周，發現餐廳裡每個人都和同伴享受彼此的陪伴。你偶爾瞥見某些顧客，覺得他們可能在取笑你。雖然你現在並不是真的獨自一人在餐廳吃飯，但你還是可以**想像**這一切。這就是我說的「彩排練習」（註六）。

現在，讓你自己**感覺**一下你在這種狀況下通常會有的感受（註七）。接著，你對自己說：「他們認為我一個人獨坐，一定是個怪人。他們可能在說我的閒話。我不想坐在這裡讓自己看起來像個笨蛋。或許我應該停止用餐了。」

一旦讓自己的情緒激動起來了，就可以開始應用你學到的方法。在這個強烈的情緒狀態中，你可以對自己說，**這個感覺是什麼**？哦，我猜我覺得羞恥。

為什麼感到羞恥？因為沒有人跟我一起吃飯，我看起來像個怪人。

所以，**我在做怎樣的事件報導**？坐在我週遭的人認為我是怪人，說著我的閒話。

我在假設什麼規則？我想我在告訴自己，如果別人對我有不良印象，一定表示我沒有價值。我猜，我也在告訴自己，我無法忍受別人說我壞話或者對我有不良印象。

我能反駁這些前提嗎？首先，我在捏造解釋，因為我甚至不知道是否有人在說我閒話。即使他們確實在說我，將自我價值建立在別人（而且還是不認識的人）對我的看法上，是非理性的。雖然我希望他們不要說我閒話，但就算他們這樣做了，我也能承受。

所以，**我能找到什麼解藥**？嗯，如果這些人說陌生人的壞話，那麼他們是不理性的，我實在不應該為了他們讓自己困擾。我應該保持評價自己的行為，而不是評價我這個人。我不應該低估自己承受別人對我印象不好的能耐，尤其是他們沒有理由對我印象不好。畢竟，我有自由意志。我**無法**忍受他們談論我，和我**不要**忍受他們談論我，二者之間有差別。如果我要，我就可以忍受！總之，他們為什麼會瞄我幾眼，或許還有別的解釋。或許他們只是往我這個方向看，說些跟我完全無關的話。或許他們其實是因為看到我往他們那邊看，出於禮貌而對我微笑，而不是取笑。我應該基於證據做出解釋，而不是基於某些非理性自我防衛的恐懼。所以，為什麼要為了這麼愚蠢的原因犧牲我的營養呢？享受這一餐吧！

如此一來，你可以讓非理性情緒不那麼強烈。你可以運用你的想像進行彩排練習。如果你可以在練習時管理好自己的情緒，在實際狀況中就可能會更容易了。針對經常困擾你的情緒進行彩排，看看效果如何。

檢查行動背後的推理

採取行動之前，先找出推理背後的前提，檢查一下，往往可以讓你不致做出日後懊惱悔恨的行為。

我看過伴侶關係只因不願意面對糟糕的思考習慣而被摧毀。例如丹和妻子莎倫。結婚多年，他們不斷爭吵。美好的時刻總是穿插著許多小小的爭吵。舉個例子，一個安靜的晚上，剛吃過晚餐（風暴發生以前），丹安靜坐在椅子上，好聲好氣地跟坐在旁邊沙發上的莎倫說話。

丹興奮地說：「莎倫，這個春天，我們搭油輪去巴哈馬玩好不好？」

莎倫直率地回答：「我不贊成。」

丹回擊：「為什麼？」

她說：「我不喜歡搭船。」

丹焦慮的說：「那麼搭飛機過去如何？」

「不，我很不喜歡搭飛機。」

丹說：「好吧，如果你要這樣的話，那我這個暑假也不要開車去密西根州探望你的父母！」

莎倫立即反駁，語氣充滿自我防衛：「我三年沒見到他們了，而他們身體不好，沒辦法來我們這裡。」

丹脫口而出：「如果你想再看到他們，那我勸你最好再考慮一下巴哈馬的事。否則的話，你自己開車去密西根。」

莎倫從沙發上跳起來，不可置信地大吼：「你要我一個人開那麼遠的車？」

「對！如果你這麼不配合，那你還期待什麼！」

很不幸的，以上的情景在接下來的幾天益發嚴重，變成了互相大吼大叫，威脅著要離婚。最後，兩人春天飛去巴哈馬度假，夏天開車去密西根看父母。兩次旅行都很美好，但照例充滿了爭吵。

但是丹的堅持不是很有效嗎？畢竟，他得到了他要的巴哈馬假期。不幸的是，巴哈馬之行非常昂貴，雖然他們找了一個划算的套裝行程，裡面還包括住宿在一家豪華旅館，但他們是用自己的幸福換得這趟假期。在巴哈馬，兩人的相處並沒有比較好！

你能夠找出丹的思考謬誤嗎？看看以下列出的行為規則，這是我在第六章整理出來的。

- **勒索**：如果有人拒絕你要他們做的事情，或不配合，那麼你會撤銷或威脅要撤銷他們覺得有價值的東西。
- **大吵大鬧大發雷霆**：如果你覺得不被尊重、瞭解、傾聽、注意，那麼你就一定要吵鬧不休、大吼大叫、大發脾氣。
- **博取同情**：如果你無法順利得到你要的東西，那麼你就嚎叫、啜泣、流淚、嘟嘴、沒精打彩、發牢騷或做出其他行為，讓自己看起來受到傷害、沮喪、受到蹂躪、沒勁、被拒、受到殘忍對待或其他可憐兮兮的模樣。

- **拐彎抹角：**如果你覺得某人對你做了不合理或不對的要求，但你不敢拒絕，那麼你會口頭上答應卻暗示自己的不同意。
- **扣帽子污名化：**如果你不要某人做或不要他相信某件事，你就用強烈的負面語言威脅他，逼使他不做或不相信這件事。
- **報復：**如果別人對你做了你認為不對的事，那麼你就要報復，也對他做相等的壞事。
- **人云亦云趕流行：**如果你的朋友、受歡迎或時髦的人、學校同學、群眾、一般人或某個你欣賞的團體，採取某種行為、思考模式或感覺，那麼你就必須讓自己的行為、思考和感覺跟他們一模一樣。

就像情緒規則，每一個行為規則都有**「如果」條款**和**「那麼」條款**。「那麼」條款指導行動。例如，大吵大鬧大發雷霆規則的「那麼」條款就是要你大鬧、大吼大叫、發脾氣。如果你在運用大吵大鬧大發雷霆規則的話，這就會是你推理的結論。另一方面，「如果」條款告訴你在什麼**狀態**下執行這些行動。所以，如果你在運用大吵大鬧大發雷霆規則的話，你的事件報導會說，這些狀況是真的，允許你放手大吵大鬧。

這是運作的機制。但是有一個便捷的方法，可以讓你看看自己是否犯了哪項謬誤。問問自己以下這些問題，看看是否符合你的狀態。

- 我在勒索任何人嗎？
- 我為了照著我的意思做某件事情，而大吵大鬧大發雷霆嗎？
- 我在故意表現可憐，博取同情而讓事情照我的意思進行嗎？
- 我在拐彎抹角地暗示嗎？
- 我在用有害的字眼給對方扣帽子抹黑嗎？
- 我為了報復對方，刻意去做不對的事情嗎？
- 只因為別人這樣做，我就跟著趕流行嗎？

如果你對以上任何問題的答案是肯定的，那麼你就是在根據不切實際的行動規則推論出你的行動。所以，丹是從以上哪些規則推論出他的行動呢？他在勒索莎倫，逼她去巴哈馬。仔細體會言外之意，丹的思考如下：

規則：如果莎倫拒絕我要她做的事，我就勒索她，把她要的東西當做籌碼，逼她做這件事。
事件報導：莎倫拒絕做我要她做的事，也就是一起去巴哈馬，但是她卻要我開車帶她去密西根。
行為：我要拿莎倫去密西根這件事情當做籌碼。

實際上，這絕對**不是**做事情的方法**！**運用意志力忍住你的行為，讓你有機會檢查自己的謬誤清單，這樣可以省掉很多痛苦。如果你有運用以上謬誤的傾向，你應該把這些知識擺在心裡最重要的位置，結合有效的解藥，而不是一頭栽進關係的狂流裡去〔註八〕。

謬誤症候群

我說過，謬誤常常一起出現。一起出現的方式之一是**症候群**。這是漸進式的一套謬誤，一個謬誤導致另一個謬誤。每套症候群裡，至少有兩個或更多的謬誤在內。

一個很常見的症候群是滑坡症候群。在此症候群裡，首先是滑下坡來，然後是將問題嚴重化，然後是無力承受。讓我舉例說明。

巴尼二十六歲了，在哈佛大學得到哲學博士學位。從這所夙負盛名的常春藤盟校畢業後，他非常期待在頂尖的大學找到工作。但是天不從人願。他在全美國到處奔波，做了很多暫時性的工作，包括在愛荷華大學從事為期一年的博士後研究。巴尼發現自己身陷競爭激烈的跑道，和全美最聰明的一群人搶知名高等教育機構稀少的工作機會，例如耶魯大學、達特茅斯學院和威廉姆斯大學——他去面試過，但沒有被錄用。更糟的是，有些不那麼頂尖的大學認為他資格太好了，大概不會留下來。一位面談者告訴他：「十年前，有你這種資歷的人根本不會來我們這種學校申請。」巴尼問他，無論如何，是否還是對他的申請有興趣呢？面談者皺眉說：「是有機會。」但是巴尼還是沒有得到那個工作。

尋找永久工作——也就是全職、可變成終身職的工作——讓巴尼變得憂鬱。他覺得自己只是在做毫無意義的嘗試而已。他跟我說：「現在，那麼多年的訓練全都浪費掉了。我想我無法承受這一點。」巴尼覺得自己一切努力都白費了。

你可以看到，他在誇大找不到哲學教授終身職位的後果。巴尼假設沒有其他能學以致用的事情可以做，甚至沒有試試其他選擇的可能性。巴尼還在職涯的初期，他根本不知道有實踐哲學滿足專業的其他可能，他大可以成為其中的重要一員。比較理性的時候，他告訴自己，只要一直努力，最後大概會得到某種工作。但這不是他的情緒推理的主要前提。

巴尼將沒有找到哲學教授終身教職的後果嚴重化。他認為這個結果會很可怕、恐怖、糟糕，然後他告訴自己，他會無法承受這麼可怕的事情發生在他身上。

他的推理背後是一個症候群，包括不只一組前提。實際上其中有三條規則——滑坡、將事情嚴重化、無力承受——每條規則之下都有事件報導。以下是基本症候群：

滑坡：既然我還沒有找到哲學教授的終身教職，我永遠也不會找到這樣的工作了，我所有的訓練都浪費了。

將事情嚴重化：既然我永遠無法找到哲學教授終身教職，我所有的訓練都浪費了，這很可怕。

無力承受：我無法承受這麼可怕的事情發生在我身上。

情緒：憂鬱，因為無法找到哲學教授終身教職（伴隨著多年努力白費的想法）。

請注意，以上的規則以「既然」取代「如果」；這種取代可以方便我們看出一個事件報導已經根據一個規則而提出。例如，規則：「既然……我所有的訓練都浪費了，這真可怕。」裡面已經假定了事件報導：「我所有的訓練都浪費了」。你看出來了嗎？使用「既然」這樣的字眼，症候群的思考模式就很簡單明白地表現出來了。用「既然」而不是「如果」，等於是把報導放進規則中，你就不需要個別列出事件報導了。

也請注意，在巴尼的思考中，滑坡導致事情嚴重化，然後導致無力承受。一個謬誤倚靠在另一個謬誤上面。這就是我說的症候群。你在本書的第四部將會看到，這些症候群在自我毀滅的情緒中十分常見。滑坡症候群在焦慮症和憂鬱症中尤其常見。任何一種可能的謬誤組合都可以形成一種症候群，就像病毒有無數的突變種一樣。

所以，你可能發現本書沒有明白討論或提到你的症候群。如果你發現自己的思考有某種症候群，你應該給它取個容易記住的名字，當你出現這種症候群的時候，可以協助你辨認出它來。

我猜你想知道巴尼後來怎麼了。他花了幾年時間做暫時性的工作，包括在不同的大學兼職，才能賺到足夠的薪水生存。他的堅持最後終於有了回報，他在加州一所很前衛的州立社區大學找到哲學教授終身教職。是的，這不是一所他想要的常春藤學校，但他還是很喜歡在那邊工作。他本來可以不用有那麼多情緒壓力，就能達到與現在同樣的目標。然而受到滑坡症候群影響，巴尼活在不必要的學術贖罪地獄裡。

註：

1. W. D. Ross, ed., Prior Analytics, trans. A. J. Jenkinson, vol. 1 of *The Works of Aristotle* (New York: Oxford University Press, 1963), book 1, ch. 1。
2. 我對「羞恥」的定義很廣，包括尷尬在內。狹義的羞恥限於對**道德**判斷的負面評價。
3. 規則總是會評價情緒對象。事件報導有時也會做出評價。例如：

   規則：所有的混蛋都應該在地獄受火刑。

   報導：約翰是個混蛋，因為他對我說謊。

   情緒：對約翰生氣（希望他在地獄受火刑）。

   在報導中說約翰是混蛋，你不只是描述約翰做了什麼，事實上，你也評價了他這個人。如此一來，報導內容並不只是事實或描述。
4. 當謬誤規則這樣互相結合在一起的時候，就是我說的「謬誤症候群」。我會在本章稍後以及第四部，討論這種較為複雜的思考。
5. 我也會在第十章延伸討論這些解藥。
6. 也稱為「理情想像」（rational-emotive imagery）。例如，Susan R. Walen, Raymond DiGuiseppe, and Windy Dryden, *A Practitioner's Guide to Rational-Emotive Therapy*, 2d ed. (New York: Oxford University Press, 1992), pp. 65-66。
7. 我不知道你在不在乎獨自一人上餐廳，但很多人在乎。我用這個情境做為例子，但你做練習的時候，可以用你自己想像的其他情境取代。例如，如果你對公開演講有強烈的焦慮，你可以想像自己在很大的演講廳講台上，即將演講。

8. 我已經在第六章建議過一些針對行為謬誤的重要解藥。第十章將再度提供解藥清單。

【第九章】如何反駁你的錯誤思考

很顯然的，有些推理是真的，其他則可能看似真，實則不是。論證時便是如此，真和假在某些地方有某種相似……沒有生命的物件也是如此，有些是真銀或真金，有些則是看起來像是金銀，其實不是。同樣的，推理和反駁有時是真的，有時不是，雖然沒經驗的人會分不清，因為沒經驗的人只遠遠地觀望這些事物。

——亞里斯多德〔註一〕

現在你知道如何在你的前提中尋找某些重要謬誤了，在反駁看似真誠但實則虛偽的推理上，你已經走出了重要的一步。你會說：「喔，又來了，我又在告訴自己我是個笨蛋加混蛋，貶低自己，覺得自己一無是處。這表示我還在使用舊習慣：『自責』的規則。真是浪費腦細胞！認為自己做了件蠢事就貶抑自己，那才笨呢！」

知道我在說什麼了嗎？運用你從本書學到的各種謬誤，你可以辨識出它們，希望可以在它們不斷複製之前就殺死它們。但是，讓我們承認吧：在你眼中，你的錯誤不一定總是那麼明白清楚，你可能需要用力挖掘才能將它暴露出來。有時候，你甚至會發現某些謬誤與你所學到的非常不同。

知道如何反駁非理性思考，可以協助你減弱非理性思考對你的情緒的影響。這有點像是剝掉披在狼身上的羊皮偽裝。你會說：「喔，想想看，我還以為那是理性的思考呢。現在我看到它的真面目了，這是個謬誤。」這就是剝除羊皮的技巧可以應用的所在。本章就是要討論這些技巧。

檢查反例

我以前天真地以為所有的狗都很熱誠、可愛、友善，包括所有大型黑色拉布拉多。有一天，我和妻子在散步，一隻很大的黑色拉布拉多攻擊我們，簡直像是地獄來的惡犬，對我們兇狠地吼叫。我英勇地對我那心愛的「落難少女」說：「不要怕，安靜站著別動。」我很鎮靜，很有信心這隻虛張聲勢的大狗只會跑過來聞聞我們，口水滴得我們一身，然後揚長而去。然而，我很懊惱（也很痛）的發現這隻狗跑過來狠狠咬掉了我腿上一大塊肉，我站在那裡，血流滿地。哎呀，這對我的不信邪真是個無法辯駁的反例！

「反例」證明了某條規則或以偏概全是錯誤的。例如一般人認為只要你說的內容不對，就是在**說謊**。你想得出反例嗎？如果你確實**認為**你說的話是真的呢？這算是說謊嗎？不見得吧。當證人站在法庭的證人席上，如果他刻意欺騙法庭，就犯了偽證罪。如果他只是搞錯了，就不算犯罪。

我們試試另一個例子吧。很多人覺得他們不應該打破諾言。但打破諾言**永遠都一定**是錯的嗎？如果打破諾言是救人一命的唯一方式呢？

許多人也會為做了壞事而責怪自己或別人。你說：「我是個壞傢伙，因為我對母親撒謊。」你能針對「做了壞事就等於是壞人」這條規則想到反例嗎？這並不難。你的母親是否曾經做過不好或不足取的事，甚至撒了瞞天大謊？除非她比德蕾莎修女更崇高，否則她一定做過。所以，除非你想責怪你自己的母親**以及**其他每一個人，否則你應該原諒自己。

學習尋找反例可以協助你避免用狹窄的眼光看待現實。如果你覺得沮喪，反例可以讓你打開雙眼。讓我們假設你和伴侶狠狠吵了一架，你現在覺得想去死。你的推理是：

規則：如果我和伴侶大吵一架，那我還不如死了的好。
報導：我和伴侶大吵一架。
情緒：憂鬱（想死的念頭和印象出現）。

你還記得上次吵架之後不也覺得憂鬱嗎？你熬過來了，不是嗎？這就是對你瘋狂規則的反例。它意味著有意義的人生就在前方。就像下雨後一定會放晴，憂鬱的感覺也會過去的。

檢查證據

證據對非理性前提的作用，就像陽光對吸血鬼的作用：二者無法共存。非理性前提和吸血鬼一樣，都在黑暗中進行，遇到光就毀滅。將非理性信念暴露在證據前面，你就會看到非理性信念迅速衰敗。要隨身帶著「證據在哪裡？」這個武器。有了證據，遭感染化膿的思考很快就會消散。

如果你搞砸了工作，有何證據顯示你因此就是一個**完全**沒有價值的人？你遲到會有災難性後果的證據何在？你面前那個傢伙故意把病菌傳染給你的證據在哪裡？你崇敬的人在各方面都完美的證據在哪裡？你無法忍受一個人過日子的證據在哪裡？有何證據顯示你必須得到每個人的肯定？你有責任讓自己發瘋的證據在哪裡？無論你做什麼，命中注定你永遠不可能找到伴侶的證據在哪裡？既然你和你的伴侶都沒有（也不打算）在生活中做出重大改變，他會忽然不再虐待你的證據在哪裡？金髮美女日子過得比較好的證據在哪裡？

在鐵證如山之下，你的錯誤思考「沒道理」的真相就暴露出來了。藉由要求提出證據，你可以立即反駁你的非理性前提，讓你得以使用強而有力的解藥來對抗它。當你問自己：「證據在哪裡？」時，你假定你的信念**應該**有證據支持。藉此你將「證據為憑」當做解藥，對抗非理性思考。

我常常召喚證據的力量來打倒自我挫敗的思考，也建議我的個案和學生們這麼做。讓我舉自己的經歷來說明。大約十五年前，一個不那麼美妙的晚上，我正開著我那可靠的銀藍色福特美洲豹汽車，去教晚上的課。我來到一個走過無數次的繁忙十字路口，收音機播送著黛安娜·羅斯（Diana Ross）和至上三人組合唱團（Supremes）的歌曲，是我最喜歡的老歌〈愛是急不得的〉（You Can't Hurry Love）。我在綠燈的時候左轉，轉到一半時燈號轉成黃燈，然後變紅燈，這時，一輛摩托車迅速接近十字路口。變紅燈的時候他沒有停住，而我的反應不夠快，沒能躲開。一瞬間，事情就發生了。摩托車從側面撞到我的車，他的車子全毀，騎士彈到空中，飛過我的車子。我看到他站起身，走了幾公尺，又躺下來。整件事感覺非常不真實，好像用慢速播放電影似的。我可以看到摩托車的前輪左右晃動著越來越近、越來越近。我聽到戴安娜．蘿絲唱著：「不，你就是得等一等。」（唱得還真對咧！）我看著他一寸一寸靠近，無助地等著接下來必然發生的災難。

很幸運的，我們兩個都活下來了。摩托車騎士斷了幾根骨頭，我沒怎麼受傷，只是苦於〈愛是急不得的〉這首歌帶來的回憶。車禍之後，每次聽到這首歌，腦海就會一幕幕地重現車禍現場，包括我經驗到的感覺和影像。我最喜愛的老歌變成喚醒過往記憶的事物，挖掘出我對死亡的恐懼。事實上，每次我開車時，如果車上的收音機放這首歌，我都覺得會被對面的汽車撞到。在我腦裡，這首歌已經擁有導致車禍的力量。我會很快關掉收音機，免得它又害我出車禍。

現在，理智上我知道這個想法荒唐可笑，但是情緒上卻受到很嚴重的影響。黛安娜．羅斯的歌會引起車禍的證據在哪裡？在哪裡？我一再的跟自己說：「毫無證據。」但是那個夜晚的感覺和影像仍然揮之不去。

即使如此，對證據的要求伴隨「完全沒有證據」的清楚答案，在我腦中大聲迴響，讓我得以對抗身體的傾向。做為解藥，我跟自己說：「要根據證據採取行動，不要讓沒有根據的非理性恐懼控制你。」所以，我不再關掉收音機，用意志力開著車聽完這首歌。我越常聽著這首歌卻沒發生車禍，我就有越多的反例來對抗非理性連結。我越忽視恐懼，恐懼就越來越微弱了。

多年之後，我可以自在地聽著這首歌，快樂地繼續開車了。每次聽到這首歌，我還是會想起那次的車禍。我不像以前那麼喜歡這首歌了，但是聽到它已經不再讓我心生恐懼，也不再覺得會有摩托車撞上來。

檢查自我挫敗的後果

如果一定要解決了所有的問題之後才能快樂的話，那會是什麼景象呢？大概很少人快樂得起來了。如果你必須對事情確定有把握才去做的話，你這輩子大概做不了太多事。如果做壞事會讓你成為壞人的話，那麼每個人都是壞人了。如果父母有責任為了孩子的快樂犧牲自己的快樂，那麼，當你的孩子有自己的孩子時，他們也得犧牲自己的快樂。如果你被動接受你的想法和情緒，那你就必須放棄「你能夠控制人生」的想法。如果每個人都自行決定現實該怎麼樣，就沒有人能夠好好相處了。如果每當有人對另外一個人做了不對的事，那個人都一定要報復回去，就會沒完沒了。如果你看事情的角度總是非黑即白，你就會錯失黑白之間所有的可能性。如果你用刻板印象看待別人，就不會有機會了解他們。如果你認命地認為未來只會像過去一樣，就不會對自己的狀況做出任何改變，最後的結果就是讓自我預言成真。

開車的人大都遇過交通意外。上次某人撞到你的車子時，你是否罵他笨蛋、白癡或其他難聽的話呢？若是如此，你的規則就會是：「肇事的人都是白癡。」**你**曾經造成車禍過嗎？如果沒有，那你**有可能**肇事嗎？也就是說，你有肇事的能力嗎？那麼，**你**也是笨蛋，或至少有這種潛力。你的父母是笨蛋，或可能是笨蛋嗎？**每個人**都是笨蛋，或至少有可能是？如果這條規則是真的，它的結論便會是如此。

我要講的重點是，非理性想法往往造成自我挫敗的後果。習慣於探索這些後果，可以幫助你看清這些想法有多麼含糊混淆。所以，在你同意某個想法之前，問問自己這個想法代表什麼意義。理解其涵意會是很重要的一步，可以阻止這些想法破壞你的幸福。

以艾莉森和她丈夫里奧納德為例。艾莉森有強烈的焦慮，症狀是經常要里奧納德正視她認為需要即刻處理的「問題」。一個問題解決之後，很快的，她又會提出另一個問題。事實上，他們在一起的時間幾乎都花在聽艾莉森提出新的問題。不管是關於孩子、健康、工作、經濟或世界大事，艾莉森總能找到她認為有問題的事情來關注。通常會有兩個問題同時出現。她會說：「里奧納德，我想跟你討論兩件事情。」里奧納德的角色通常是回應者，無論他是否想要扮演這個角色。而艾莉森常常扮演唱反調的人，試圖在里奧納德建議的方案裡挑毛病。里奧納德被迫參與「解決問題」的活動，常常被惹火，於是雙方關係更加緊張。另一方面，里奧納德自己想談的問題夾在艾莉森提出的問題之間，頂多得到一兩句應付敷衍的回應。

你能猜到艾莉森的情緒規則是什麼嗎？是「自尋煩惱」的某種類型：

● 我必須不斷留意是否有嚴重問題，才不會讓任何問題因我的疏忽而溜走。如果我發現任何疑似問題的跡象，我有**道義責任**提出警訊、反覆思考、為之憂慮，直到獲得滿意解決，並且要求親近的人（也就是里奧納德）也做同樣的事。

艾莉森很願意承認這就是她的規則。她根據這個規則安排自己的人生。情緒上，好像她在地獄門口站衛兵把關似的。她所有的情感、思想、良心、感官都為道義責任服務，時時保持警覺，謹慎地不讓任何魔鬼溜出來。從她的情緒角度看，她完全無法理解為何里奧納德拒絕合作。在她想來，這簡直就是叛變。她這種對人生規則毫不妥協的奉獻，讓他們兩人的幸福承受很多緊張壓力。

事實上，她奴隸般盡職，強制執行她的規則，使雙方共享幸福變得不可能。美好時光注定要被冒出來的、需要立即處理的新問題抹除。里奧納德描述這個情況有如一連串的「黑暗隧道」，想找到出口是白費工夫，因為享受陽光沐浴的時刻相當短暫，很快就又被另一個黑暗隧道籠罩住，在黑暗中焦慮地緩慢四處移動，尋找一絲絲的光明。

很明顯的，艾莉森的規則具有自我挫敗的本質。她防範著可能破壞幸福的魔鬼入侵，整個人完全被這個警戒行為占據。所以，要對她的規則提出有力的反駁，便是指出她的規則如何打擊了該規則應該要達到的目的。

要如何打破這個自我挫敗的惡性循環呢？由於艾莉森的道德羅盤停止運作了，我認為她在道德上應該重新定位。我不是指要給予她道德指引，而是要讓她回頭了解自己所遵循的道德規則。

她的規則具有自我挫敗的特質。一旦瞭解這一點，艾莉森就能看清自己已經遠離自己的道德準則了。艾莉森自認自己相信三條道德規則，然而她那使自己煩憂、具有自我挫敗性質的「責任」，明顯與這三條規則不同。首先，當她像奴隸一般盲目固守這個虛假的責任時，就已經違背了「**尊重個人尊嚴和自主性**」的規則，因為她強迫里奧納德違反他的意願，生活在她那黑暗隧道的荒涼地下世界中。第二，她不公平地幫雙方設定要討論的事項，已經違背了平等的規則。第三，她違背了她最重視的「**不要造成傷害**」規則，因為她為雙方製造了一個有壓力的環境。對於艾莉森這樣的狀況，這裡有些能幫上忙的解藥：不要強迫伴侶，你應該尊重他自我決定的權利。不要在關係中表現強勢支配，而是努力建立共有和分享的關係。不要一直找麻煩，以免損害到關係的基礎，並且尋找更令人滿足、享受、親近的互動關係。

這些道德規則，比艾莉森誤認為是道德責任的那個造成自我挫敗的謬誤規則，更切合實際。因為經驗告訴我們，它們可以提升個人和人際的幸福。但是艾莉森很難接受，她仍然有很強烈的情緒依附在執行自己的虛假責任上。她被夾在切合實際的道德規則和她的偽道德責任之間，處於這種認知失調的懸而未決狀態中，她必須落實內在力量。她必須運用意志力，採取行動，對抗身體傾向的狂流。她還是覺得應該主動積極地找出問題，唯恐一不小心就失守了。但她每次這麼做的時候，反而看不清她原本想維護的道德規則。

我知道艾莉森很努力，試圖打敗這些深植內心、與她真正目標相反的傾向。我也知道，對她而言，這還是一場硬仗，不一定每次都能戰勝。不過，你可以輸掉幾場戰役，最終卻仍然贏得戰爭！比起被動待在被奴役的處境，還不如設法抗拒破壞幸福的傾向，偶爾失敗也無妨。

檢查雙重標準

與對待別人有關的非理性規則，很難保持**一致**。一旦接受這些規則，你很可能發現自己採行了兩套標準，一套應用在自己身上，一套應用在別人身上。

為了幫助自己檢查是否使用雙重標準對待別人，你可以問自己這個問題：「如果別人也這樣對我，我會喜歡嗎？」例如，我是否會喜歡：

- 別人拒絕接受我的喜好，卻要求我接受他們的喜好？
- 別人要求我永遠不可以犯錯？
- 別人用屎蛋、屁眼等等難聽的話罵我？
- 別人勒索我？
- 別人試圖大吼大叫逼我屈服？
- 別人試圖用博取同情的伎倆操控我？
- 別人試著扣我帽子，威脅我做他們要我做的事情？
- 別人堅持要我跟著他們白白浪費時間，為某件我原本並不特別操心的事情苦惱、打轉？

我不是說如果你用一個一致的標準對待自己和別人就表示你是合理的。單單只是你願意讓別人也要求你一切完美、用難聽的話罵你、操控你、威脅你、勒索你、對你大吼大叫或是不必要的堅持你也一起受苦，並不表示你就是合理的。對自己和別人一致性的運用同樣規則並不構成合理性。不過，一致性至少是理性的必要條件之一。邏輯學家會跟你說，不可能同時**是這個**，又**不是這個**。如果你不信的話，試試看同時尿尿卻又不尿尿！

面對思考的不一致時，問自己這個問題很有用：「如果別人這樣對我，我會感覺如何？」。

以結婚十二年的丹尼爾和珊蒂為例。兩人年紀相同，上同一所高中，高中畢業那一年就結婚了。雖然珊蒂是高中畢業生致詞代表，但是丹尼爾上了大學數學系，珊蒂卻在餐廳當女侍。四年裡，她努力工作，供丹尼爾念完大學。丹尼爾畢業一個月後，就得到一份企業界的高薪工作。兩個月後，珊蒂生下健康的兒子。

接下來五年，珊蒂待在家裡帶孩子、清掃、買菜。每天，丹尼爾下班回家的時候，晚餐都在桌上等他。不過，珊蒂開始表示想上大學，成為教師。雖然珊蒂自己對於一邊照顧活潑的五歲兒子，一邊去上大學還有所保留，丹尼爾卻鼓勵她去。珊蒂有些不情願的在當地大學註冊，開始選課。這個時期，珊蒂還是兒子和家庭的主要照顧者。雖然丹尼爾偶爾幫忙帶孩子、買菜，但是大部分家務還是珊蒂在做。丹尼爾的事業繁忙，常常加班，或把工作帶回家做，即便是週末也不例外。珊蒂發現自己有三份全職工作——家庭主婦、母親和大學生——丹尼爾只是偶爾幫幫忙。

五年後，珊蒂終於畢業了。她得到了一個高中教師的工作。她為此非常興奮，但對於自己是否能夠兼顧工作和十歲的兒子，還是有所保留。丹尼爾很鼓勵她，說服她接受這份工作。

珊蒂原本就必須處理親職上的各種緊急狀況，以及一般的家庭責任和家務事，現在再加上工作，她開始感受到她所承擔的職責難以負荷，於是要求丹尼爾提供更多協助。這時，丹尼爾已經是公司主管了。當珊蒂試圖分派更多家務給丹尼爾時，兩人關係逐漸緊張。

丹尼爾這麼描述他的立場：「我有工作要做，不能做這些女人家的事情。一天就這麼多時間，不夠去做她要我做的事情。」

丹尼爾的規則很簡單，就是：

●烹飪、清掃、買菜、照顧孩子應該是女人的責任，不是男人做的事。我有（真正的）工作，不應該要我做這些事。

我請丹尼爾想一下，如果**他**處在珊蒂的狀況，會做何感想。「你試著做好你的工作，同時做大部分的家務事，包括照顧孩子。當你請妻子幫忙，她卻說：『抱歉，我有**真正**的工作要做，沒有時間。』你會做何**感想**？」

我請丹尼爾試著進入珊蒂的主觀世界，體驗她受到雙重標準對待的挫折。他越是能同理珊蒂的困境，他的雙重標準就越是明顯浮現。除了這個洞見之外，他的規則所欠缺的邏輯也很明顯了。解藥也隨之清楚呈現！

對長期以來根據雙重標準過日子的兩個夥伴而言，分擔家務事和互相合作是解決之鑰。丹尼爾在情緒上並不容易接受這個解藥。他的理性說：「好的。」但是他的身體感覺、印象和深植心中的男女角色用力大喊：「不！」

然而，丹尼爾還是接受了挑戰。他運用意志力對抗侵蝕雙方幸福的狂流，開始負責更多的家務事。慢慢的，他開始對這些新增的家務事感到更自在。上次聽到他們的消息是，這對夫妻在家中彼此合作，並且兩個人的事業都春風得意！

反駁錯誤的思考並找出解藥

有許多很受歡迎的方法可以用來對付非理性思考，例如理情行為療法以及認知行為療法，都強調必須找出非理性信念並反駁。我已經強調過，這些方法非常重要，可以打敗產生相反後果的信念。但是這些方法只是布景而已，它們讓你準備好對遭到汙染的非理性推理，做出最後一擊。成功一擊的關鍵通常在於解藥。解藥式的推理會重新指引你的行為和情緒。如果沒有解藥式的「**應該**」和「**不應該**」來對抗非理性的（絕對的）「**應該**」和「**不應該**」，你大概會繼續用自我挫敗的方式感覺和採取行動。所以，你的幸福相當倚賴你針對非理性思考找到的解藥。我在下一章會討論這個重要議題，教你如何改善你的個人和人際幸福。

註：

1. *On Sophistical Refutations*, in *The Basic Works of Aristotle*, ed. Richard McKeon, trans. W. A. Pickard-Cambridge (New York: Random House, 1941), ch. 1。

【第十章】如何為你的錯誤思考找出解藥

如果有人說得出「所有醫學處方，所有懂醫術的人的要求」，我們仍不會知道要用哪一種藥治療身體的病症。因此——對心靈也一樣——我們必須不只是描述規則，也要決定哪一條是對症下藥的，並清楚我們是用什麼標準做此決定。

——亞里斯多德〔註一〕

記得我在第八章提供了「形成並檢查你的情緒推理」的步驟嗎？讓我們簡單條列如下：

- 辨認你的情緒，做事件報導。
- 找出你假設的規則。
- 反駁你的非理性前提。
- 為遭到反駁的前提尋求解藥。

在第八章，我討論了步驟一到步驟三，在第九章討論了步驟四。本章將討論步驟五，為已經被反駁的前提尋找解藥。讓我們從尋找解藥時一些**該做的**和**不該做的事**開始。

解藥的應該與不應該：一些重要建議

以下這些規則有何相同之處？

- 你的喜好是唯一真實的現實，因此，別人都**應該**同意你的喜好。
- 在乎你的人**一定不能**對你不公平。
- 每次遇到人生問題，你都**必須**讓自己不快樂。
- 你沒有完全的把握時，**不應該**做出決定。
- 如果你過去運氣不好，那麼你**應該**接受未來運氣也不會好。

首先，它們都是非理性的。第二，每一個命令、要求、規定或建議，都含有**應該**、**不應該**、**必須**或**絕不能**等等字眼。第三，每句話都有**絕對的**、無法妥協的要求。你可以看得出來，如果你根據這些非理性的絕對要求過日子，大概會過得很不快樂。

解藥的主要目的就是解除具有破壞性的**應該**、**不應該**（**必須**、**絕對不能**），用更理性、較不僵硬的**應該**和**不應該**取代。真的，你的幸福可能倚賴你如何處理自己的**應該**和**不應該**。尤其如果你無法分辨「有惡意的」和「有幫助的」應該或不應該的話，你大概會過得很不快樂。

在上一章，你看到反駁非理性前提的基本方法。這些反駁方法可以用來分辨惡意的（非理性的）和有幫助的**應該**、**不應該**。因為惡意的應該與不應該缺乏證據、可以找到反例、有自我挫敗的後果或是有雙重標準，藉由揭露出這些性質，我們可以予以否定。另一方面，要找出非理性想法的解藥，正是要對付這些缺點。

小心！為了治療一個非理性想法而找到的解藥，有可能讓你背負另一個非理性要求。例如，我常常遇到要求自己無懈可擊地對抗「要求完美」的個案。一位個案發現自己在抱怨工作失誤時，對我說：「到了諮商的這個階段，我已經進步了那麼多了，我不應該再要求完美。」這位個案對「要求完美」的解藥就是要求自己絕對不能要求完美！呃，他必須回到桌前，重新擬一份更切合實際的解藥，給自己一些空間，允許自己的人性存在。

「非理性的、絕對的要求自己遵循解藥」的重要解藥，就是你不應該假定你的解藥完全無法被反駁，也不應該認為你的解藥完美無瑕，不需改善。藉由檢查解藥的反例、證據、自我挫敗的後果和雙重標準，來使你的解藥更完善，這樣一來，可以幫助你在避免僵硬、絕對的思考模式時，抵擋自己又陷入同樣的思考模式。記住這個解藥，可以讓你不至於從冷凍庫直接跳進油鍋裡去！

即使是有用的解藥，也無法適用於所有的情境。例如，改善親密關係的解藥之一是公開、誠實的表達你的思想和感覺。但是，如果你的伴侶對你施以暴力，而公開誠實的告訴他你要尋求救援的話，他可能殺了你，那時你該怎麼辦？

亞里斯多德強調，日常生活的問題不像數學問題有放諸四海皆準的公式可循。運用解藥對付自我挫敗的情緒推理時，你應該記住，會有例外的狀況，即便是一般都有效的解藥也可能有禁忌。

但不要給自己找藉口。不是每件事情都是例外。例如，關於親密關係中的公開與誠實，避免嚴重傷害可能真的是例外，用「閉緊嘴巴不溝通」報復對方則不是例外。這只是披了羊皮的非理性規則：報復。

我們很容易養成找藉口的習慣，不肯逼自己克服非理性思考。你可能告訴自己，你目前的狀況真的是理性規則中的例外，然實則不是。你抗議著：「我為什麼要對那個混蛋誠實？他對我這麼不誠實。我根本不想理他！」這種藉口可能導致你用非理性、自我挫敗的規則取代了理性規則，關係不但沒有改善，反而更糟。但在某些非常狀況中，一般而言很有效的解藥確實可能變成破壞幸福的毒藥。為避免從藥瓶喝下毒藥，吞下之前先仔細看看自己的規則！

提出嚴格的、不妥協的、絕對要求的解藥，可能根本不是解藥。用絕對性思考對抗絕對性思考，就像以火滅火一樣，只會造成更大的傷害，至少長遠看來會如此。這是為什麼你用來形成解藥的語言要避免僵硬、沒有彈性。亞伯特・艾理斯和他的追隨者不斷強調，如果用「必須」、「絕對不能」等等字眼開解藥處方，尤其是後面還接著「永遠」、「永遠不」、「從來」等等字眼的話，通常表示這是絕對性思考〔註二〕。這些字眼暗示必要性，而必要性意味著無法妥協。

另一方面，**應該**和**不應該**不會**永遠**意味著嚴格的必要性。在一些普通用法中，它們也不意味著絕對、沒有彈性的思考。這些字眼可以用來表示**建議**或**提倡**，而不是命令、規定、堅持或者要求〔註三〕。所以，你**應該**（我強烈建議你）持續使用**應該**和**不應該**來表達你的解藥，而不用**必須**和**絕對不能**。你**應該**（我強烈建議你）避免使用「永遠」、「永遠不」、「從來」等修飾字眼。

如此一來，當你為你的非理性思考尋找解藥時，你的僵硬、沒有彈性比較不會變得更僵硬、更沒有彈性。

另外一個有用的建議，是從亞里斯多德的理性醫藥箱裡來的。對抗極端或絕對思考的解藥往往是中庸之道，也就是避免兩個極端，採取中間穩健溫和的道路。以下是幾個例子：

- 對自己或別人要求完美是一個極端；自責或責怪別人是另一個極端；接受自己的不完美才是理性的。
- 認為自己有絕對的責任並因此讓自己痛苦是一個極端；完全逃避責任是另一個極端；在合理狀況下對問題盡你所能，然後放自己一馬，則是理性的。
- 使用欺騙、威脅、同情、勒索和其他操控方法達到自己的目的是一個極端；無法堅持自己的立場是另一個極端；把自己和別人都當做理性自主的人則是理性的。
- 將生活中發生的壞事放大危險性是一個極端；低估危險的情況是另一個極端；正確評估可能性則是理性的。
- 將人生事件嚴重化是一個極端；否認壞事會發生是另一個極端；將人生發生過的壞事和人生其他部分做比較則是理性的。

我還需要多說嗎？針對你的不快樂，理性解藥往往是針對極端或絕對思考，以較溫和的思考取代。這就是亞里斯多德的春藥，即他看待情緒和行為愉悅的關鍵：適度滿足。亞里斯多德不會叫你狂歡到痛苦的地步。

如何用反駁幫助你找到解藥

嚴格說來，解藥是針對**你的思考**，告訴你如何修正思考的缺陷。不，更精準的說，是**你**告訴自己如何修正缺陷。是你在勸說自己。這是**自我對話**，是你在說服自己**拋棄**以前那些非理性的**說服自己的想法**。

當你反駁你的非理性思考，你會擁有一張地圖，告訴你有些什麼缺陷需要修正。假設你告訴自己無論做什麼都要做得完美。反駁可能包括明白這條規則會推論到：這個世界上有完美的人存在。但是很明顯的，完美的人並不存在，沒有證據顯示完美的人存在。所以要求自己完美的規則一定也是不切實際的；任何其他的結論都不合邏輯。

現在，如何據此找到解藥呢？簡單。你一旦看到思考的缺陷，就會看到如何補救。在這個例子裡，你的缺陷就是你假定人類可以是完美的。所以這個非理性規則的解藥就是允許自己做一個凡人。也就是說，允許自己犯錯。給自己一些人性的空間，拿掉一些負荷！

運用解藥

所以，這裡又有一個改善生活的一般原則：**反駁你的非理性前提，暴露它們的缺陷，找到修**

補缺陷的解藥。但是請記得，找到解藥和運用解藥是不同的事。運用解藥需要意志力。你必須運用意志力，根據解藥去思考、感覺和採取行動。

即使當你試圖形成和修正你的情緒推理時，也需要意志力。正處在強烈情緒中的時候，並不容易停下來仔細思考。你需要跟自己說：「等一下！在我繼續下去之前，我應該先看看我自己的推理。」這是所有解藥之母！如果你沒有意志力遵守這個基本解藥，你根本無法開始。更有可能的是行動之後懊悔不已。

根據事實思考總比完全不依據事實來得好。冷靜下來之後，根據事實的思考可以幫你為自己下一次的非理性回應預做準備。即便此時，當你再度情緒激動，你還是要告訴自己等一分鐘，然後檢視自己的思考。你還是需要辨認你的非理性前提。事先為非理性前提準備好反駁和解藥，可以節省很多時間和力氣，但並非就此用不著意志力了。解藥在手並不保證你會真正運用它。你運用意志力的經驗也需要夠長久，才能辨認出何時需要用意志力，也要夠努力才能克服你搖擺不定的非理性傾向。

情緒的謬誤：反駁和解藥

你不可能事先明確呈現所有的非理性前提、所有的可能反駁和所有的解藥。但是你已經看到了，有些司空見慣的謬誤，以不同的形式，頻繁地影響情緒與行動。

以下，我將第五章討論過的情緒謬誤做個概述。我為每個謬誤都提供了簡短的反駁，暴露出規則的缺陷，同時建議一些修補缺陷的解藥。我提供的解藥並非每個規則唯一的解藥，但它們在對抗惡意且常見的非理性規則時，確實很有效。我也提供了清楚的例子，描述如何為非理性前提找尋解藥。再次強調，你的成功仰賴你以多少意志力讓自己運用解藥。

強求完美：如果世界無法達到理想、不夠完美或接近完美，那麼世界便不是它絕對無條件**必須**呈現的樣子，你絕對不接受。

反駁：認為在這個世界可能達到理想、完美或甚至幾近完美的想法，是錯誤的，與事實不符。

建議的解藥：

- 你應該在合理範圍內盡力達到目標，得到你想要的，但是你設定的目標應該合乎實際。
- 你要有接受失望的心理準備。
- 你應該用「比較喜歡」取代絕對、不切實際的**必須**和**應該**。

將問題嚴重化：如果有壞事發生，就是完全的災難，太可怕、太恐怖、太糟糕〔註四〕。

反駁：就算世界越來越糟，而且還糟到令人作嘔，但是**完全是**災難、可怕、恐怖、糟糕的這個想法，也只是沒有證據支持的想像。

建議的解藥：

- 你應該合理地看待壞事，和別的更糟糕的可能性比較一下（例如，在斷頭台上被砍掉頭顱）。

● 你應該避免使用極端的字眼，例如「可怕」、「恐怖」、「糟糕」、「最糟的」，而是使用持平而實際的字眼，例如「不好過」、「很不幸的」、「壞」和「很壞」。

過度美化：如果某人看起來有某些好的特質，這個人或物一定是絕對、全面優秀、完美、全宇宙中最好的。

反駁：「世界上有全面優秀、完美、全宇宙中最好的人事物」的想法本身就是虛構的，完全沒有證據。

建議的解藥：

● 你看待世間人事物時，應該同時看優點和缺點。

● 你不應該理想化或妖魔化任何人事物。

● 你不應該根據「這些人是全面優秀、完美或最好」的假定來愛、欣賞或尊敬別人。

無力承擔：你發現某件事情很難處理，這件事情就一定超過你的承受力，你絕無絲毫希望可以在這件事上成功。

反駁：如果人們從來不試圖克服困難或挑戰自己，反而告訴自己無法承擔，因而退縮，就不會有多少值得驕傲的人類成就存在了。因為大部分值得驕傲的人類成就是在困境中完成的。

建議的解藥：

- 當你拒絕承擔挑戰或困難時，應該用「我不要」或「我選擇不要」取代「我沒辦法」。如此一來，你就不會躲在「我沒辦法」後面，而是接受自己「不肯承擔」的責任，並且承認自己有**承受與否**的自由。
- 你應該運用意志力忍受短期挫折，以便獲得更重大的長期滿足。
- 你應該將困境或挑戰視為經由努力嘗試而成長的機會，不要視為失敗。

責怪：如果你很不喜歡自己或別人的某些特質，你或他就毫無價值。

反駁：做了沒有價值的事情並不等於這人**就是**完全沒有價值。否則，幾乎每個人都會是一文不值。

建議的解藥：

- 你的評價應該永遠都針對事（你的或別人的）而不對人。
- 你應該將自我價值視為固定不變，不會隨著成功、失敗、別人的肯定與否而變動。
- 你應該選擇一個能讓自己安心確認自我價值的哲學基礎，你應該常常提醒自己這個哲學基礎（例如，你是上帝之子；一個人性存有；一個非凡複雜的受造物，有能力思考、認知、回憶、享受、渴望、希望、夢想、意志和行動；一個自主、自由、自我決定的存有；擁有生活、自由和追求快樂等不可剝奪權利的存有；一個有意識、能體驗、可自我覺察的存有，不是蔬菜或苔癬）。

● 你應該將過去的錯誤視為學習的經驗，你應該下決心運用從錯誤中獲得的知識，為了未來做出正向的改變。

無可奈何：如果你覺得沮喪、焦慮、憤怒、自責或不高興，你乾脆就接受並與這個感覺共存吧。因為你反正也無法控制。

反駁：如果你完全無法控制自己的情緒，那你等於是一個對刺激產生自動化反應的生物機器。你的情緒和膝躍反射就幾乎沒兩樣，都是事先設定好的，完全在你的控制之外。如果真的如此的話，那麼尋找解藥、運用意志力試著克服你的非理性情緒根本就是在浪費時間，因為你的情緒反正總是在你的控制之外。很明顯的，這不是事實，許多人用這些方法成功克服了自己的非理性情緒。如果別人能夠管理自己的情緒，你為什麼認為自己不能呢？為什麼有雙重標準？這不是逃避的藉口嗎？

建議的解藥：

● 你應該將「我無法改變自己的情緒」中的「**我無法**」改成強調的「**是的，我可以**」。這表示你承認自己是自由的，接受了管理自己情緒的責任，而不是一直找藉口。

● 你應該對自己**證明**你是自由的——證明給自己看，你不只是一個事先設定好的生物機器——抗拒你的情緒，運用意志力忍住身體的衝動而不採取行動，告訴自己你**做得到**，然後去**執行**，重新取得對自己身心的主控權。

● 你應該根據你對待別人的相同標準，為自己的情緒負責。

● 你應該避免使用不肯為自己情緒負責任的字眼，例如「你讓我生氣」、「你害我難過」、「你惹火我了」、「你激怒我」，你應該使用負責的字眼，例如「我讓自己生氣了」、「我讓自己不高興了」、「我讓自己被激怒了」、「我讓自己火大了」。

自尋煩惱：如果你遇到你認為重大的人生問題，那麼你有**道德義務**反覆思索這個問題，不能停止，不惜讓自己為此痛苦不堪，並且要求你認為這也是他的問題的人，和你一樣這樣做。

反駁：「遇到你認為重要的人生問題，就覺得有道德義務讓自己和別人痛苦」並非任何公認的社會、宗教或道德標準，也無法得到任何倫理哲學理論的支持。我們用以正當化人類職責的標準，諸如：促進人類福祉、愉悅、減輕痛苦和苦難、尊重理性的自主權、服從上帝、自然或其他任何哲學標準，不會衍生出這個謬誤。事實上，這個要求和以上這些理性標準不一致且矛盾。

解決問題時要求得到完美的確定答案，否則就一直不斷想著它們，也是不切實際的。因為你根據切合實際的推理所做的事件報導都是暫時性的，在最好的狀況下，也只是有其可能性而已。

建議的解藥：

● 你應該允許自己快樂，甚至堅持快樂的道德權利，即使有些事情不對勁或不照你的意思發生，也不要讓自己為此痛苦。

● 對於解決人生問題，你應該盡到**合理的努力**，而且一旦如此努力過後，就要放手，不要陷溺其中。

- 對人生遇到的問題，你應該尋找**合理且有可能性**的解決辦法，因此不應該要求完美解決方案，不應該期待找到可以提供絕對確定性的解決方案後，才肯接受並採取行動。
- 面對問題，你應該**做**在合理範圍內你可以做的，然後放自己（和別人）一馬。
- 你應該不再陷溺於問題中，而是運用意志力繼續生活，做你喜愛做的事情，或你認為有建設性的事情。

行動的謬誤：反駁和解藥

在第六章，你看到了行動的謬誤如何搞砸你的人際關係。找出解藥，可以協助你對抗摧毀人生親密關係的後果。以下，我將第六章討論的自我毀滅的行為規則整理出來；對每一條規則，我都針對已經被暴露出來的缺陷，提供了簡短的反駁和一些有用的解藥。你可以隨意將這些當做建構解藥的指引，用以對治各種可能摧毀人際關係的規則。

世界以我為中心的思考：如果你喜愛某樣事物，這就是唯一的真實，於是，每個人都要有跟你同樣的喜好。

反駁：你的喜好和品味並不比別人的喜好和品味更有道理。例如，你喜歡動作電影，別人喜歡浪漫喜劇，有何證據顯示你的喜好比別人的喜好更有道理呢？你的喜好並不比別人的喜好更有根據。這也顯示出雙重標準：一個適用在自己身上，另一個用在別人身上——你漠視別人的喜好，卻期待別人接受你的喜好。

建議的解藥：

● 沒有任何實證方法可以証實「你的個人喜好比別人的更有根據」。
● 你不應該假設你的喜好一定比別人的更有道理或更正確。
● 與其根據自己的喜好、成見和個人偏見挑剔別人，你應該站在他人的角度想一想，盡量理解他人的看法。
● 關於喜好，你應該建立並運用你的意志力，做出雙方平等的妥協，並遵行不輟。
● 無法達成雙方都同意的妥協時，你仍然應該容忍對方的喜好，尊重對方，同意彼此的不同意。
● 評估什麼才是對別人好或對的之時，你應該檢視他們的獨特處境，而不是根據自己的處境去評判他們（你可以吃油脂高的食物卻不發胖，或是開著電視讀書做功課，並不表示別人就應該這樣）。

勒索：如果你想從某人那裡得到某樣東西，那你就用撤銷或威脅要撤銷對方認為有價值的事物來達到目的。

反駁：這樣做是把對方當成為了你的目的可加以操控的東西。既然你自己不想被人如此對待，你便是在用雙重標準對待別人。經由勒索建立的關係通常不值得維持，因此勒索別人通常會摧毀你想保持的關係。試圖藉由勒索建立關係時，你也貶低了自己，因為這意味著，得到你要的事物的唯一方法是經由脅迫，而不是經由彼此的信任和尊重。

建議的解藥：

- 你應該承認自己是一個理性的人，有獨特的人類能力，可以用理性論證得到自己要的東西。
- 你應該迫使自己**使用**你的理性能力做為獲取你想要的東西的主要手段。
- 你也應該把**別人**當做理性的人，而不只是東西。這意味著毫不隱瞞地告訴對方你要的是什麼，然後讓他們根據理性論證做出他們自己的決定，而不是被你脅迫。

大吵大鬧大發雷霆：如果你希望被尊敬、瞭解、傾聽、服從，那麼你必須踢打、大吼大叫或用其他各種發脾氣的方法。

反駁：這不但牽涉到雙重標準，同時會有反效果。你越踢打吼叫，你看起來就越不令人尊敬或信賴。

建議的解藥：

- 你應該做理性論證，而不是自我挫敗、自我羞辱地發脾氣。
- 你應該逼自己保持理性地控制自己的肢體。請不要有踢打、猛力拉扯、面露怒容、咬牙切齒、咆哮、尖叫、跺腳、揮拳、揮舞手臂或其他狂野的身體動作！

博取同情：如果你有了麻煩或無法得到你要的東西，你就哭、啜泣、嘟嘴、無精打采、抱怨或做出其他讓自己看起來很受傷、喪氣、被踐踏、沮喪、沒勁、被排斥、受難的可憐樣子。

反駁：讓自己看起來很可憐，你便減弱了自己的信用，暗示你沒有任何獨立、理性的基礎可以說服對方。你也喪失了用理性的、**憑藉同理心**和別人討論你的想望的機會，無法和別人建立並分享彼此更滿意、信任、尊重的關係。

請注意，同理心不是博取同情。只有當別人了解你真正的感覺，藉由進入你的主觀世界，站在你的立場好好想一想，他們才可能對你有同理心〔註五〕。這不是博取同情，而是誠實分享你的感覺，並不牽涉到用操控或欺騙的手段讓人同情你。

建議的解藥：

- 你不應該利用人類的同情心，讓別人為你做那些**你自己**基於理性不會為他們做的事。
- 不要用演戲來操控別人同情你。你應該直接、誠實和別人討論你的感覺，鼓勵真誠的、有同理心的理解。
- 試圖讓別人對你有同理心時，你的目標應該是協助他們**瞭解**你的感覺，以便他們可以將它列入考慮，然後決定要不要做你要他們做的事。

拐彎抹角：你認為某人對你提出不合理或不對的要求，而你不敢拒絕，所以你口頭答應以「保住面子」，但是運用語言以外的方式暗示你並不苟同。

反駁：針對你真正的願望釋放出混淆的訊息，其中的風險在於你可能誤導對方，讓他們留下錯誤的印象，因而繼續那些你或許有合理反對理由的事，或不必要地延遲直接得到答案的時機。如此一來，你的願望或別人的願望都不會被滿足，因為你一直在給他混淆的訊息。

建議的解藥：

- 與其同意去做你有理由不想做的事情，你應該禮貌的、有技巧的拒絕，然後解釋自己拒絕的理由。

扣帽子污名化：如果你不要某人做某件事或相信某件事，你就用強烈的負面語言威嚇他，說服他不要做或相信這件事。

反駁：這樣是把對方當做可以加以操縱的物品看待。只要你希望別人把你當成理性、自主的人，那麼你將別人當成物品看待的想法就是在使用雙重標準。因為你用語言操控別人，而不是用語言呈現證據，你沒有提供理性基礎讓對方決定是否照著你的意思做事或相信你。

建議的解藥：

- 如果你要別人做某件事或相信某件事，你應該用尊重的態度，根據眼前的證據討論你的理由。
- 你提出自己的看法時，應該避免使用強烈的、充滿負面情緒的語言（不要問：「**你還在跟那個沒出息的傢伙**約會嗎？」）。

報復：如果有人對你做了你覺得不對的事，你就對他做同樣程度的錯事報復回去。

反駁：一件錯事加一件錯事，得到的是兩件錯事，而不是一件對的事。用錯誤回敬錯誤往往會引來更多的報復行動，節節升高，導致令人後悔的攻擊和反擊。這是自我挫敗的行為，讓事情更糟糕，而不是更好。為了報復而對人做錯的事情，和為了保護自己而傷害別人，是不一樣的，後者是特殊情況，不是錯事，也不是自我挫敗。

建議的解藥：

- 如果你覺得想報復，首先你應該停下來，客觀考慮自己行動的後果，然後問自己你的行動最後是否真的值得。
- 如果你認為別人對你做了錯事，那麼只要有合理的機會，你應該跟對方解釋為什麼你認為他做的事不對。
- 你應該也聽一聽對方的說法，討論你們的差異，試著找到互相都可以接受的解決辦法。
- 如果你有理由認為你無法和你覺得對不起你的人理性溝通，那你應該採取有建設性的行動，避免再度接觸這個人。
- 你不應將報復和為了自衛而傷害別人混為一談。

人云亦云趕流行：如果別人，例如朋友、受歡迎的人物、時尚人物、同學、公眾或一般人，以某種方式行動、思考或感覺，那麼你也應該跟他們一致。

反駁：這意味著你應該忽視證據，看都不看水裡是否擠滿飢餓的鯊魚，就一頭跳進去。這是盲目服從，遲早會讓你惹上大麻煩！

建議的解藥：

- 你應該在跳下去之前先看一看，仔細檢視人云亦云跟隨流行的後果（負面和正面都要檢視）。
- 在決定是否跟隨大眾時，你應該考慮這對你的自主、獨特、真誠以及是否能開創人生，可能產生的負面影響。
- 你不應該允許同儕壓力或其他種類的微妙脅迫讓自己人云亦云。
- 在需要專業知識或經驗的領域（例如健康、法律、理財），跟隨別人的建議之前，你應該考慮這些人是否有資格給意見（具備相關的受訓證書或專業學位）。如果他們不具備專業知識認證，你應該避免根據他們的建議採取行動，除非得到其他有相關資格的人背書。

事件報導的謬誤：反駁和解藥

在第七章，你看到了事件報導常見的一些謬誤。謬誤的報導沒有根據，或是根本就不符合事實，反駁的重點就是顯示真相。就像規則的謬誤，這些謬誤往往藏身在你的前提中。這是人之常情。流行文化中經常可見刻板印象、非黑即白的思考、放大危險和其他謬誤。質疑這些謬誤就像質疑母親或蘋果派似的，所以你可能寧願就讓它這樣。

以下是一些例子：

- 所有的男人都只追求一樣東西。
- 女人難以相處，卻又不能沒有女人。
- 如果任何事情可以出錯，就一定會出錯。
- 人生正如一盒巧克力；你永遠不知道自己會拿到哪一種口味。
- 非友即敵。
- 無論發生了什麼事情——過去、現在、未來——都是命運，無法改變。

我無意冒犯電影《阿甘正傳》（Forrest Gump），但人生並不像一盒巧克力，而且雖然你無法**完全**掌握人生，但是你可以充分掌握你能得到的人生。此外，有些人既非朋友也非敵人。有些女人很容易相處，而有時候我們可以快樂的過單身生活。雖然**有些**男人對「性」有過多的興趣，但是所有的人，包括男人，都有不只一項的生活動機。

練習反駁事件報導之後，你可以避免按照缺乏根據而且錯誤的假設來採取行動；這些錯誤假設就像宗教信條一樣，可能受到了流行文化的推波助瀾。以下概述一些主要的報導謬誤及其反駁，也提供一些解藥。這個清單可以給你一些想法，知道如何反駁會感染報導的謬誤，並尋找解藥。

以偏概全：用一種不符合事實的方式，將事情歸納到一個普遍的類別或種類中，例如「所有的男人都只追求一件事情」。

反駁：這些報導用絕對的用語（例如，**所有**、**一個也沒有**、**總是**、**從來不**、**任何**、**從來**、

只有）描述一群人、地方、事情和事件。當你想把一個尺寸套用在所有人身上，結果通常是全都不適合。如果你以偏概全地看待別人（抱持刻板印象），你便失去真正認識這些彼此截然不同的個體的機會。當你簡化現實或根據老生常談做決定時，你便忽視事實和情況，可能因此招致嚴重自我挫敗。

建議的解藥：

- 你應該注意報導中錯誤和不切實際的用詞，例如「所有」、「一個也沒有」、「總是」、「從來不」、「任何」、「從來」、「只有」。你應該用更切合實際的字眼，例如「有些」、「有時候」、「比我希望的更常發生」取代。
- 你不應該只根據少數人的言行，以偏概全地論斷任何族群的所有人或大部分人，除非你有證據顯示這些成員足以**代表**所有（或大部分）成員（例如，你不應該認為所有的丈夫都會搞外遇，只因為你的前夫搞外遇。因為你沒有理由認為你的前夫足以代表整個男性族群）。
- 你不應假設對部分的人而言為真的事情也適用於所有的人（例如，世界上有邪惡的人，並不表示世界整個都是邪惡的；一個人說或做了什麼愚蠢或不對的事，不表示他這個人就是笨蛋或是壞人）〔註六〕。
- 你應該根據一個人的行為判斷他，而不是根據刻板印象。

非黑即白：看待事情都是非此即彼，不接受中間有灰色地帶。

反駁：邏輯上，事情既不黑也不白，而是兩者之間的各種細微變化。如果你認為事情**一定**

非黑即白（好或壞、真或假、愛或恨等等），你是在用錯誤的前提思考。如此一來，你可能會錯失其他在你面對問題或做決定時可能很重要的現實差異。

建議的解藥：

- 你應該注意相對的字眼，例如**好或壞**、**真或假**、**愛或恨**、**朋友或敵人**等等。如果發現這些字眼出現，你應該尋找二者之間，更切合實際的其他字眼（例如，敵友之間可能是中立的、不偏不倚的人）。
- 為了努力將現實管理好，你應該抗拒將沒有絕對答案的複雜問題簡化成是或否、真或假、對或錯（許多道德問題、哲學問題和人生決定都不是單純的是非題）。

放大危險：誇張發生不幸事件的可能。

反駁：危機評估倚賴證據，而不是你認為事情有多糟，或是你有多麼害怕。例如，無論你多麼希望不要下雨，以免野餐泡湯，下雨的機率都不會改變，但你可以根據氣象資料評估下雨機率。而且，壞事**能夠**發生並不表示它**一定會**發生（別相信臭名昭彰的「墨非定律」）。我們很容易就可以找到反證。想像一下昨天可能發生卻沒有發生的壞事。最後，認為未來是由某種名為「命運」的宇宙凝固劑早就決定好的，並非事實，只會讓你卡在不快樂的狀況中。沒有證據顯示這種力量存在，反而多得是因為建設性地改變現在生活而正向改變未來的例子。

建議的解藥：

- 做出結論之前，你應該先檢查證據。
- 為了降低出錯的機率，你應該避免盲目而輕率地採取行動。這意味著搞清楚事實，在資訊充足的情況下做決定，運用意志力克服非理性恐懼和衝動，並將決定付諸行動（這是墨非定律的理性和建設性版本）。
- 不要告訴自己你的未來**一定**是命定的，像過去一樣的不幸。你應該現在就採取有建設性的行動，增加未來成功的可能性。

一廂情願：不切實際地相信你要的就是對的，而不看證據。

反駁：沒有證據顯示單單願望就可以解決你的問題。相反的，告訴自己事情會不一樣，但沒有任何具體證據，你大概只會待在原處。所以，一廂情願是自我挫敗的，因為它讓你不去做那些**真正**會改變現況的事情。

建議的解藥：

- 除非你希望歷史重演，否則不應該忽視過去經驗提供的證據。
- 你不應該期待事情會有何不同，除非有證據顯示某些事情改變了，並會因此改善你的未來。
- 不要只是告訴自己事情會不同，你應該運用意志力克服懶惰，為自己的現況**做些**什麼。

捏造解釋：用沒有足夠事實支持的方式解釋某件事**為什麼**是對的。

反駁：大家常常找尋解釋，藉此掌握問題或令人不知所措的狀況，讓自己不那麼焦慮和挫折。例如，如果你可以解釋你的汽車為什麼常常熄火，那你就可能把它修理好。捏造解釋則是根據不可靠的證據、恐懼或其他主觀心態，這些解釋通常會誤導你，讓你更加焦慮挫折，而不是更輕鬆。所以，捏造解釋的結果正好違反你當初尋找解釋的目的。

建議的解藥：

- 解釋一個有問題或令人困惑的狀況時，你不應該慌張或太早做出結論（「沒錯，他一小時之前就該到家了，但是這並不表示有壞事情發生了。」）。
- 你應該發揮創意做出一張清單，列舉可能的解釋（他可能加班了，或許他在某家店停下來買東西，或許他卡在塞車的車陣中，或許他和朋友喝一杯去了，或許他在搞外遇，或許他被外星人抓去了，或許……）。
- 你不應該選擇你最害怕的那個解釋，只因為你最害怕它（「現在我沒有理由認為他出了車禍，他也可能只是加班，我會先調查一下，再下判斷。」）。
- 面對幾個都可能是對的解釋時，你應該首先調查最容易調查的那項（「我先打電話到公司去，看看他是否在那裡。」）。
- 調查之後，你應該選擇最符合事實的解釋（「我打電話給珊曼莎了，她說她丈夫也還沒到家。他是我丈夫最好的朋友和同事。她說她丈夫跟她講過，下了班要和同事在回家路上去打幾局撞球。現在回想起來，我丈夫以前也有過一次去打撞球沒跟我說。所以，我想他應該是在打撞球。我會再等一下，才進行全面通緝！」）。

懊悔過去：做出無法證明的主張，聲稱過去原本可以怎麼樣、事情應該是怎麼樣。

反駁：當你對事情原本可以有別的發展做出不切實際或沒有證據的假定，你可能打擊到你自己原來的目的。如果你的目的是要教自己或別人記取教訓，那麼你並未做到，因為你的推理有瑕疵。如果你的目的是要責怪別人，或逃避責任，那麼你的說法並沒有根據。往往，這種不切實際的說法其實是準備要責怪自己或別人（「如果我沒有穿得這麼辣，他就不會強暴我了。所以我是沒價值的爛貨。」），或是在找藉口（「如果我沒有那麼大的工作壓力，我就不會打你，讓你下巴脫臼，所以你得原諒我。」）。

建議的解藥：

- 對於過往的事情下結論之前，你應該說出所有假設的前提，一一檢查是否為真（「我假設強暴犯是受到女性外表和穿著的刺激而犯案，強暴是關於性的犯罪。但是強暴犯的動機通常是權力和控制，而不是性吸引力。既然強暴犯有時候會強暴穿著居家服裝的八十五歲女性，我怎麼知道如果我穿得比較沒那麼吸引人，他就不會攻擊我？」）。
- 檢查過所有假定之後，如果發現你對於過往事件的結論是有可能性、但並不完全成立的話，你應該用「或許」和「或許不」來描述它（「如果我當初買了那支股票的話，我現在的經濟狀況或許會比較好，也或許不會。」）。
- 如果你發現自己對於過往事件做出不切實際的主張，你應該注意其他正在發揮作用的、惡意的思考，例如責怪（自己或別人）。

- 如果你發現自己對於過往事件做出不切實際的主張，你應該想一想是否在利用這個主張當做藉口，以逃避責任。

擬人化：將非人類的物件（例如番茄醬瓶子或「人生」）賦予人類屬性，然後為自己的不幸責怪它們。

反駁：將自己的責任和自責轉移到沒有生命的物件和抽象觀念上（番茄醬瓶子、汽車、交通號誌、人生、命運等等），你確實可以暫時撫慰自己，但卻持續犯同樣的錯誤，受苦於同樣痛苦的負面後果。我們應該能夠分辨**文學**或**小說**中的擬人化（「黑雲看起來很憤怒」）和字面上的或真實世界裡的擬人化（「我本來打算去海灘的，但老天爺偏偏就是要下雨」）不同。文學有文學的手法，讓你經由隱喻看到更生動、更有色彩的文字。如果你把擬人化的手法當真了，你便允許自己被誤導，不為自己在真實世界所做的決定負起責任。

建議的解藥：

- 事情不如意的時候，你應該為自己的決定負起責任，而不是責怪沒有生命的物件。你得採取有建設性的行動，改善自己的情況，或是從過去的錯誤中學習，避免未來重蹈覆轍。
- 在**真實世界**做決定時，你應該避免對待沒有生命的物件有如真正的人。
- 你應該注意擬人化的語言，避免用人性的辭彙（頑固、殘酷、善變）描述沒有生命的物件或抽象概念（我的車、人生、命運）。

解藥如何彼此協同合作

從我建議的解藥裡，你可以看到，解藥導向各種不同的回應方式。例如，有些解藥要你改變你的用語。其他解藥的目標則是節制、改變、表達、檢查、執行或辨認某種行為、情緒或信念。而另外一些解藥則是要你運用意志力去做或停止做某件事。有些解藥要你尋找某些相關的謬誤，有些則要你接受責任。

我列出的某些解藥用**應該**的字眼，有些則用**不應該**或類似的字眼（例如，你**應該避免**）。用**應該**字眼的解藥之所以有用，因為它給你**正向的指示**，建議你要**怎麼做**，而不是告訴你**不要怎麼做**。用**不應該**字眼的解藥之所以有用，則因為它們清除障礙，讓用**應該**字眼的解藥上場。例如，尋找適當解釋的**不應該**解藥諸如「你不應該慌張或立刻下結論」，但這個解藥並未告訴你如何找到合適的解釋，而**應該**解藥則說：「你應該發揮創意列出各種可能性的清單。」告訴你從何開始著手，形成合適的解釋。

有時候，一個**應該**解藥為另一個**應該**解藥清除障礙。例如，以下兩個**應該**解藥中，第一個讓你為第二個做好準備：

- 你應該知道自己是一個理性的人，具有人類獨特的能力，可以用理性論證得到你要的東西。
- 你應該逼自己**運用**這個理性能力做為得到想要的東西的主要手段。

學著有系統地使用**應該**解藥和**不應該**解藥，可能是一項重要技巧。讓我舉一個例子。

佛萊德和艾倫是一對同志，以彼此為唯一伴侶住在一起已經一年了。佛萊德是地方醫院放射科的技術員，艾倫是一家大百貨公司的行銷經理。兩人彼此忠誠，但是艾倫開始對佛萊德對待他的方式感到不滿。例如，朋友聚會的時候，佛萊德有時候會糾正他的文法錯誤，或取笑個人私事，例如艾倫睡前一定會一再檢查鬧鐘；有時候還會嘲笑他比較保守的政治立場。有一次，兩人和另一對同志伴侶一起吃飯，艾倫不小心放了個響屁。另外那對朋友假裝沒事，佛萊德卻歇斯底里地衝口而出：「喔，艾倫，你今晚氣好多！」三個人笑了一陣子，艾倫安靜地坐著。接下來的夜晚氣氛尷尬，艾倫跟大家的互動一直很僵硬。

那天晚上，艾倫睡在客房，把門鎖上，拒絕跟佛萊德說話。第二天早上，艾倫繼續忽視佛萊德，雖然佛萊德數度試圖道歉。兩人沒有解決問題，就去上班了。

下班之後，艾倫去了同志酒吧，遇到另一個男人，兩人開始談話。喝了幾杯、友善交談之後，這個男人邀請艾倫回他的公寓吃些「點心」。艾倫拒絕了，但是留下了這個男人的電話號碼。

幾天後，艾倫和佛萊德還在冷戰。這時，艾倫來看我，我們談到他和佛萊德的關係。很明顯地，艾倫還愛著佛萊德，但也極度渴望為了他心中認為佛萊德不夠敏感體貼的行為進行**報復**。艾倫覺得受傷、怨恨，考慮著要和那個在酒吧遇到的男人搞外遇，「給佛萊德一個教訓」。

這個念頭閃過艾倫的腦海，感到報復的快感要他進行反擊。但是艾倫想要證明什麼呢？我請艾倫允許自己被復仇的快感迷惑之前，好好地客觀思考搞外遇的後果。以下是重要解藥：

● 如果你想報復，你應該停下來，先客觀的考慮行為後果，然後問自己，最終是否值得這麼做。

我們越討論這個劇烈行為的含意，艾倫越明白他是在破壞自己的目的。艾倫最終還是想要佛萊德的忠誠和關愛，但是如果搞外遇，他可能會讓得到關愛的希望變得更渺茫，或是完全摧毀。用什麼辦法更好呢？一旦艾倫明白搞外遇的自我挫敗的後果，他就能理解另外一個之前沒有注意到的解藥：

● 如果你認為有人對你做了錯事，你應該在合理的可能狀況下對這人解釋為什麼你認為他做的事是錯的。

任何聰明人都不可能沒想到這麼平常的方法，對不對？錯！在報復的指導（咒語！）下，艾倫根本沒有想到這個明顯的解藥。接受了搞外遇無用之後，艾倫開始看到報復的虛假本質。第一個解藥——先考慮報復的最終後果——為第二個解藥清除了障礙，讓艾倫得以瞭解並接受它。它要求艾倫採取建設性的行動，而不是報復。雖然搞個外遇的念頭還是會隨著報復斷斷續續的引誘而一再出現，但艾倫運用意志力站在理性這一邊，抗拒了誘惑的念頭。他一直沒有跟酒吧遇到的男人吃「點心」！

艾倫和佛萊德坦承交心，討論對隱私和個人尊嚴的尊重。現在，兩年過去了，兩人的關係仍在演化之中。佛萊德有時還是會忘記，再度言行不夠敏感。但是兩人極為恩愛，並且設法共同維持大體上說來是彼此支持、關愛的關係。在異性戀社會中，身為同性戀者的壓力又是另外一個問題了，下一章將會討論這個主題。

註：

1. *Ethics*, book 6, ch. 1。
2. Albert Ellis, *Overcoming Destructive Beliefs, Feelings, and Behavior* (Amherst, N.Y.: Prometheus Books, 2001); Susan R. Walen, Raymond DiGuiseppe, and Windy Dryden, *A Practitioner's Guide to Rational-Emotive Therapy*, 2d ed. (New York: Oxford University Press, 1992)。有些**必須**和**必須不**並不表示絕對性思考，例如：「如果你想活下去，就必須有氧氣。」就只是表達了生物需求。
3. 「語言可以是**處方**，也可以是**描述**」的概念來自奧斯汀（J. L. Austin）的經典小書《如何用語言做各種事情》（*How to Do Things With Words*〔Cambridge: Harvard University Press, 1975〕, pp. 155-56）。奧斯汀指出，**應該**（should）這個詞是「對於贊成或反對某種行為，做出決定或鼓吹。它是一個『事情就是要這樣』的決定，截然不同於『事情是這樣』的判斷；它鼓吹事情**應該**怎樣，而不是估量事情是怎樣……」粗體是我加的。
4. 這個規則並未明白使用**應該**或**必須**，但是**可怕**、**恐怖**、**糟糕**等等字眼還是有這樣的暗示。如果某件事情是可怕、恐怖或糟糕的，那麼你就**應該**或**必須**覺得可怕、恐怖、糟糕。正是這個規則所暗示的建議指揮著自我挫敗的情緒。

5. Elliot D. Cohen and Gale S. Cohen, *The Virtuous Therapist* (Belmont, Calif.: Wadsworth, 1999), pp. 61-64。

6. 這表示責怪也可以被視為某種以偏概全。我在別處曾經稱這種謬誤為**整體謬誤**（Fallacy of the Whole），有時候更為專門的稱法是，**組合謬誤**（Fallacy of Composition）。其相反的謬誤是部分謬誤（Fallacy of the Part），有時候也稱為分割謬誤（Fallacy of Division）。整體謬誤指的是當你假定對整體而言是真的，對組成整體的部分而言也必然是真的。例如，世界是美好的，於是世界裡的一切必然都是美好的；因為你是理性的動物，你的每個行動都必然是理性的。請參考我的書《小心：錯誤思考會傷害你的幸福》（*Caution: Faulty Thinking Can Be Harmful to Your Happiness*）。

【第十一章】如何解放自己：壓迫性的成長環境與解藥

行動和品格狀況是不同的自願方式；因為如果我們瞭解具體事實，我們可以自始至終地掌握自己的行動，然而我們雖可在一開始掌握自己的品格狀況，但掌握進度並不顯著，正如我們無法掌握病的進度一般。

——亞里斯多德〔註一〕

以我的經驗看來，許多情緒問題源自缺乏個人自由和自主性的發展。你可能不知不覺變成社會習俗和期待的「自願的奴隸」，因而沒有什麼培養個人成長的空間。在這些例子中，暴露和反駁這些隱藏在你的情緒規則中、具有自我毀滅性的社會規則，並找出解藥，可以協助你對自己的情緒和人生得到更大的控制權。

兩個自願的奴隸：安和巴伯的故事

以下的例子會讓你看到社會化可以多麼壓迫、多麼失能，以及解藥式推理如何協助你重獲失去的自由和自主性。

巴伯和安是一對中產階級夫妻，結婚三年了。兩個人都四十多歲。巴伯結過一次婚，維持十九年，然後妻子要求離婚。他有三個成年子女，是一間大公司的經理，擁有企業管理研究所的學位以及大學的神學學位。他的原生家庭是非常嚴格的宗教家庭，原本期待他成為牧師。他曾經當過傳道人和教牧諮商師一段時間，但是後來放棄了，進入企業界。

安則結過兩次婚。第一次的婚姻維持了十七年，因為丈夫過世而結束，有一個女兒。這個婚姻滿傳統的，照安的說法，她的丈夫是「一家之主」。至於第二個丈夫，她說是個騙子，竟然有七個祕密妻子（同時！）。他和安在一起的時候，對安施加暴力跟精神虐待，還騙走她一大筆錢。結束這個家暴關係之後，安尋求教牧諮商，處理自己內在和虐待有關的議題。當她開始和諮商師有了性關係之後，諮商就終止了。接著，她跟諮商師結婚了。這位諮商師就是巴伯。

我第一次見到他們是聯合諮商，安和巴伯都在場。是安主張要諮商的。她認為，她的婚姻「缺乏溝通」。巴伯很不願意接受諮商，只是因為「她要這樣」而跟著來了。隨著時間過去，巴伯開始比較能夠接受諮商，比較願意打開心防。但是，由於我之後會解釋的原因，我們一直無法完全克服他的抗拒。

之後的幾次諮商，我跟安討論到女人在婚姻中的地位。她說，朋友聚會的時候，巴伯喜歡說笑話，她自己則會試著不要說任何博取一粲的話，擔心會搶了他的風頭。她努力「待在背景裡」，才不會招致他怨恨。隨著時間過去，她開始注意到這種行為的自我挫敗本質。她觀察到，相較於她表現出自主性而言，當她表現順從時，巴伯比較不尊重她（尖酸刻薄地批評她）。

我也繼續和巴伯會面，有時只有他，有時安也在。單獨諮商時，巴伯會比較開放地談到他的感覺，也比較沒那麼防衛。兩人一起來的時候，很明顯的，他在他們兩人之間築起一道高牆。有時候看起來兩人關係在改善。但是回想起來，我明白那只是幻象。逐漸的，情況變得更糟了。巴伯開始酗酒，牆也越來越厚了。

我跟巴伯最後一次會談（和安一起），他表現出前所未有的抗拒。他否認有酗酒問題，將自己喝酒合理化，說是要「報復」安抽菸。他討厭安抽菸。

到了諮商的這個階段，很明顯的，巴伯的人生拼圖還缺了重要的一片——需要有這片拼圖才能充分解釋他現在的婚姻問題。有些非常重要的事情，巴伯不跟任何人說。我意識到，只要巴伯繼續抗拒，情況完全沒有希望，於是我決定直接對他攤開來說，同時非常清楚這樣做可能讓他更加遠離。我指出他為自己酗酒找的藉口（報復妻子抽菸）可能只是煙霧彈，為了遮掩他更在意的事情。

我在猜，這對夫妻問題的一部分可能與社會化有關，尤其是性別角色的議題。我給他們每人一份節選編輯過的文章，作者是彌爾（John Stuart Mill），標題是〈女人的順服〉〔註二〕。這篇經典論文討論了傳統性別角色的社會化，對雙方（尤其是女性）的不良影響。彌爾認為女性被社會化，成為「自願的奴隸」，從小就被教導要順從、屈服於別人的控制，為別人而活，也靠別人而活，培養的是關愛的個性，而不是思維能力。另一方面，男性受到相反的教育，就像安說的「一家之主」。我要求雙方閱讀這篇文章並彼此討論，希望文章能夠鼓勵他們反省各自的信念系統。

雖然巴伯拒絕再來會談（他說他其實不需要），我繼續和安會談。接下來的那一次，我跟她談到她對那篇文章的反應。她說她特別受到衝擊的是彌爾說女性被社會化為「自願的奴隸」，而且她覺得彌爾的話可以用在她自己身上。那天，當她離開我的辦公室時，轉身直視著我說：「不再是自願的奴隸了。」我還記得她眼中的堅定。本書中我一再提到的意志力似乎在她的強烈表達中出現了，就像在她的內在一直冬眠著的靈魂，忽然在我眼前現身。那個恍然大悟的表情讓我相信她有天生的力量，可以從情緒枷鎖中解放自己！

同樣在那一次會面，我從安那裡得知另一個突破。雖然巴伯並未指出問題是什麼，但他寫了一封信，跟安說他有「問題」，而且是「壞」的問題，如果安知道是什麼的話，就會跟他離婚了。一週後，「問題」現身：巴伯是同性戀者。他跟安說，他從十歲開始就一直有同性戀關係，跟安結婚時，以為可以就此擺脫同性戀，但是他錯了。每一週，他都會去情趣書店，在後面房間和男人發生關係。

情況因為安害怕感染愛滋病而變得複雜。過去三年，她一直跟這個有多重性伴侶的男同性戀者有性關係，而據她所知，巴伯都沒有採取安全措施。為了協助她探索各種選擇的可能，我鼓勵他們都去做愛滋病檢驗。安的檢驗結果是陰性，巴伯則需要進一步檢查。

發現巴伯是同性戀者之後，安一開始的反應是自憐，尤其是她認為巴伯欺騙了她。雖然如此，她還是想留在巴伯身邊，害怕自己可能無法經濟獨立。她宣稱自己還是愛他，雖然也恨他。她還是懷抱希望，覺得巴伯可能可以離開同性戀圈子。她無法相信巴伯寧可要別的男人而不要她。這時，安和巴伯還住在一起，但這種情景因為某晚巴伯喝醉打了安而告結束。安雖然報了警，卻無法「讓自己」控告他。就像她的第二次婚姻，她又成了家暴受害者。

接下來的幾週，我繼續和安談到控制自己人生的重要性。我沒有告訴她該做些**什麼**，但我們談到各種選擇，包括她去找個工作。不久之後，安在大學選了課，找到了工作，準備賣房子，申請合法分居。最後一次晤談時，她說雖然她「有時候感覺很糟」，但是她「覺得很好」、「事情在她的控制之中」。她也告訴我她留著那篇彌爾的〈女人的順服〉在身邊，還畫出重點呢！

巴伯呢？他們分居後，巴伯租了一間公寓，牆上貼滿裸女圖片。最後，巴伯遇到一個女人，跟她搬到別處去了。

自主

正如我解釋過的，如果你用非理性前提做出推論的話，你可能幫自己製造情緒和行為的麻煩。藉由前提的揭露、反駁和尋找對這些前提的解藥，你可以克服自我毀滅的情緒和行為，對你的人生取得重大控制權。這表示你有能力決定自己的幸福。這就是我說的自主性。你不是一個沒有生命的物質而已，你是一個人，有自我決定的力量。這就是哲學家口中的「自由意志」。

我不是指以某種深層形上學意涵所稱的自由意志；那是說你的意志獨立於人腦的生化及神經程序而存在。例如，法國哲學家笛卡兒（Rene Descartes）認為，讓身體動起來的力量最終是來自非物質的靈魂。如果你真的沒有非物質的靈魂，而你的腦子真的只是高度複雜的有機計算機（硬體），加上極為微妙錯綜的程式（軟體）呢？這麼說來，自由意志只是神話嗎？

我不這麼認為。無論你有沒有非物質的靈魂，你都可以有自由意志。倒不是說我覺得你沒有靈魂，這不是重點。你有驚人的能力，可以思考自己的思維，揭露和反駁你的非理性前提，找到解藥，運用解藥克服你的自我挫敗的情緒和行為，重新找到方向。無論過程是否完全是生物化學，並不影響你擁有這種能力的事實，並且具有自律的能力。只要你**運用**這個能力，你就是自由的。反之，只要你允許自己陷溺在自我毀滅的規則裡，你就**不是**自由的。很不幸的，這就是安和巴伯的處境，他們是「自願的奴隸」。讓我們看一下哲學家彌爾的說法。

社會化

一八六一年，彌爾寫道：

所有的男人，除了最粗野殘酷的之外，希望最親近的女人不是被他們強迫的奴隸，而是自願的奴隸；也不僅僅是奴隸而已，還是寵物。他們因此做盡一切，以奴化女人的心智。奴隸的主人為了讓奴隸服從，必須倚賴恐懼——對主人的恐懼或宗教恐懼。而女人的主人要的不只是服從，因此運用教育的力量達成目的。所有的女人從小接受教養，相信女人的理想特性和男人剛好相反；不是以自我意志和自我控制自理，而是順從、屈服於他人的掌控。所有的道德規範都告訴她們，這是女人的責任，女人的本質就是為他人而活、絕對的自我犧牲，並且除了愛以外，沒有別的人生。而「愛」指的只限於她們被允許可以愛的人：和她們有連結的男人，或是加深她們和男人之間羈絆的孩子。〔註二〕

時代與彌爾說這些話的時期相比，改變了很多，活在「自由世界」的女人取得遠較從前更多能自我決定的機會。女性有更多機會受教育、找工作，夫妻間平均分擔孩子養育責任的狀況也出現了。然而，彌爾談到的社會化提供了一個好例子，讓我們看到自由意志和個人自主可以在你不知不覺時，默默地橫遭遏阻。安的狀況似乎正是如此（巴伯也是這樣，我之後會討論到）。讓我說明。

有一次會談，巴伯不在場。安告訴我，雖然她可以給丈夫意見，但是家務事的最後決定權是屬於丈夫的。我問她為什麼覺得應該如此，她說男人才是「一家之主」。安的思維如下：

規則：男人應該是一家之主，做所有的最後決定。

事件報導：我丈夫是男人。

行動：我讓丈夫做所有的最後決定。

攤開安的推理，明確展現她的規則和事件報導，讓我更能專注在她推理中的**前提**上。我的下一步是質疑她的規則。

我問她：「為什麼你認為男人應該是一家之主？」

她回答：「聖經上這麼說，這是上帝的旨意。」

安的回答延伸出更多的思考：

規則：上帝的旨意必須執行。

事件報導：上帝的旨意是讓男人當一家之主，做所有的最後決定。

行動：我讓男人做所有的最後決定。

很明顯的，我不應該挑戰個案的宗教信仰和價值。但是，經常有個案躲在宗教教條後面，以避免進一步的理性探索。「上帝的旨意必須執行」的規則是宗教哲學家口中的「神律理論」（Divine Command Theory）的另一版本〔註四〕。這個理論在哲學界享有受人尊敬的歷史地位。另一方面，安的報導引起我的好奇。我問：「為什麼上帝要男人當一家之主呢？」安回答：「男人比女人更會做決定。」這句話又引起**進一步**的思考：

規則：比較會做決定的人應該做決定。

報導：男人比女人更會做（所有的）決定。

行動：我讓男人做所有的決定。

依照「最夠資格的人最應該擁有」的說法，這條規則很公平。很明顯的，安有權相信這條公允的推則，就像她有權擁抱她的宗教價值和哲學一樣。所以我沒有在這條規則上繼續質問她。但是看看她的報導。這可不是什麼值得尊敬的宗教或道德理論，而是以偏概全，把「有些」

和「所有」搞混了。是的，有些男人比有些女人更會做決定。但是何來證據說**所有的**男人都比**所有的**女人更適合做**所有的**決定？這個不用想也知道答案！我問安，有沒有**任何事情**，她比丈夫更有資格做決定。她想了一下說：「我比較懂房地產和投資。巴伯不太懂這些東西。」我把這一項資訊加入更多的思考，跟她說：

「你說，比較會做決定的應該是一家之主，對不對？」

她答：「是的。」

「你也說，你比較擅長在金融和房地產方面做決定，對不對？」

「是的。」

「那麼，誰應該做**這些**決定？」

答案無處遁逃。她說：「我應該。」她的口氣明顯像是發現新大陸似的。

這就是解藥式推理，用來對抗導致她對男人絕對服從的虛假推理〔註五〕。這個解藥是從她自己的公平規則中產生的：「賦予我們之中最有資格的人權威來處理眼前的事情，無論男女。」這是平等的解藥，至少沒有性別歧視！

對安而言，運用她天生就有的力量，用邏輯檢視自己的思考，是充滿啟示的一刻。或許，這是她第一次能夠站在比自己原本思考更高的地方，像執行監視任務的直升機飛到森林上空，尋找罪犯。邏輯的力量阻擋了她的社會化，她持續盤旋在自己的思考上方，終而發現她順服的源頭。在那裡，毫無根據的以偏概全躲藏在前提的叢林中。這是在男性主導的社會中，從小灌輸到她腦子裡去的神話。她站在那裡，面對人生這麼多痛苦和困惑的源頭。狡詐的以偏概全裹著聖潔面紗，做盡壞事，述說著女性比男性劣勢的訊息，就像墮落的警官躲在榮譽勳章後面胡作非為。畢竟，質疑上帝的意旨就是瀆神。但是，上帝並不會做違反事實的以偏概全，人類才會！

安的「自願的奴隸」被暴露出來了。這種奴役的狡詐本質就是：枷鎖是隱形的，奴隸並不知道自己受到奴役。安的邏輯之旅讓她看到了她的奴役缺乏根據的源頭，這是堅持她的自由和自主性的第一步。

我不敢說她從此就解放了。安的戰爭是艱巨的，必須運用必要的意志力克服她先前的社會化觀念。我們越努力揭露她的前提，她越覺察到這些前提自我摧毀的本質。安的覺察逐漸達到了我之前說的認知失調的階段。因為有了身體的感覺和感官印象的支持，讓她成為自願奴隸的推理仍舊潛伏著。

對抗社會化的誘惑力量，有個很強的解藥，就是經由行動堅持自主性。法國哲學家沙特（Jean-Paul Sartre）曾說人類「只有實現自己才算存在；他因此不僅僅是他行為的集合體，不只是一個生命罷了。」〔註六〕當我鼓勵安採取建設性行動改變人生時，就是試圖傳達這個訊息。如果我告訴她應該採取**何種**行動，反而與我的目的背道而馳，破壞了她**為自己**做決定的機會。我們討論了各種可能性，但是她必須自己做決定。

我一直很敬佩安面對壓迫她的社會化力量時所展現的勇氣。從個案描述中你可以看到，過程並不容易。安在兩條相反的思路之間舉棋不定，一條思路要她再找個男人，經由他過自己的人生，另一條思路要她追隨自己的腳步。她努力去大學選修課程，找到工作，都是重要的發展，讓她朝向自由前進，從壓迫她的社會化價值中解放自己，並逆轉困住她的情緒暗流。

如果你在想，我是否認為所有的女性都應該把胸罩燒掉、放棄母職和家庭主婦的角色，那麼，讓我說明清楚。安的困境**無法**代表自願擔任母職和家庭主婦角色的女性。關鍵是**選擇**。安並未認為可以選擇自己的狀況。從她的角度看，情況就是**必須**如此。直到她開始檢查自己已經被僵硬的社會化洗腦的前提之後，才看到自己有能力選擇。

第二，當自願的家庭主婦和母親以及當家暴受害者，有很大的差別。安的過往歷史包括遭到肢體和情緒虐待。這個現象和自願的奴隸有共同之處，而不像是自由個體。社工有時用「受害者心態」描述家暴受害者情緒上接受的規則：「我應該（確實是我活該）被不當對待。」〔註七〕安的情緒推理似乎就有這條規則。

不證自明的謬誤

當安發現巴伯是同性戀者時的反應，就是一個例子。一開始，安對於丈夫欺騙她表示憤怒，然後逐漸變成缺乏安全感、無助感和自責。事實上，有一次她為了丈夫比較喜歡男人而責怪自己。她的規則似乎是：「如果丈夫寧可要別的男人，不要妻子，那一定是妻子的錯。」所以，這條規則加上她丈夫是同性戀的報導，讓她推論出自責。

我猜她心目中的這個缺憾啃蝕著她的女性自尊，因為還有一條規則：「如果丈夫喜歡別的男人更甚於你，那你身為女人，一定是失敗的。」可是為什麼是妻子的錯呢？

我以前也聽過別的女性個案這麼說。她們似乎假設女人的功能就是滿足男人的性欲。以這種想法而言，無法滿足男人會深深動搖**身為**女性的意義。這些女人似乎都有這一條規則：

● 如果一個女人不能滿足她的男人的性欲，那她就是一個完全失敗的女人。

這條規則試圖在說，身為女人的**意義**就是經由自己的性表現滿足她的男人，並持續得到肯定，以此來定義自己。我猜這條規則在安的自我懷疑中扮演了很大的角色。這是某種形式的「責怪自己」，常在像安這種被社會化成為自願奴隸的女人身上看到。

五〇年代早期，女性主義哲學家西蒙・波娃（Simone de Beauvior）認為，男性和女性接受的社會化有雙重標準。根據波娃的觀察，女人一定要和男人在一起，這是**身為**女人的核心價值，甚至是身為一個人的核心價值。波娃指出，沒有男人，女人根本不存在；沒有男人，她只是「散落的花束」。另一方面，對於男人而言，所愛的女人只是數個價值中的一項而已。他們想要將她融入自己的人生，卻不願意完全只有她（註八）。他可以脫離她獨立存在，仍是一個自主的人，但是她卻不能。

滿足男人的性欲**真的**是身為女人的部分意義嗎？身為女人，**必須**要有（並一直抓住）一個男人嗎？像安這樣被教導奴化的女人，會說「是的」或至少會**想**說「是的」！

這是多麼瘋狂的想法。想一想這個問題：「沒有結婚是單身的**意義**之一嗎？」當然是。你根本無法想像何謂**結了婚**的單身者。這是自相矛盾的概念，就像同時要尿尿又不要尿尿一樣的荒謬。但你**可以**想像一個女人不擅長床事，或是無法滿足男人的性欲，或是根本沒有男人，但都無損於她身為女人的事實。不像單身者，一旦結婚就失去單身的身分了。當某件事情屬於某個字眼的涵意之內，否定它就是在自相矛盾。你不能說這是三角形，然後又說它沒有三個邊。但是你當然**可以**想像女人有個欲求不滿的丈夫，或是單身的女人。定義上而言，女人就是女性的成年人類。世界上有很多女性成年人保持單身、沒有男朋友，她們仍然是女人，而且還可以是快樂的女人！

像「所有的三角形都有三個邊」、「所有的單身者都沒結婚」以及「所有成年女性人類都是女人」之類的句子，是不證自明的，因為你只需要理解其文字涵意，就知道這句話是正確的。只要想到這些句子，你便能證實它。這些句子無需任何證據，因為它們**本身**就是證據。你不需要找到單身者，確定他們都沒有結婚。你只要知道**單身者**這個詞的意義是什麼，就會知道他們**必須**沒有結婚（註九）。

相反的，像「地球是圓的」這樣的句子**並非**不證自明的。光是瞭解字面意義無法發現是否為真。你需要航行地球一周才能發現這句話為真。同樣的，關於因果的句子從來不會不證自明。你必須經由經驗證實它。例如，為了發現火是否會燒傷你，你或別人必須被燒傷過。無論你怎麼分析**火**的涵意，都無法代替實際的經驗。

很不幸的，我們一不小心就可能將需要證據的句子（甚至還可能違反事實）和真正不證自明的句子弄混了。如果你假定自小就接受的規則，例如女人必須滿足丈夫的性欲，在定義上為真，因此無需查驗，就可能發生這種情形。

如果你認為女人必須滿足丈夫的性欲是不證自明的，你根本不會質疑這個信念。我經常聽到別人如此描述自己社會化了的規則：「事情就是這樣啊！」他們不會停下來質疑規則，因為他們認為這些規則是不證自明的。但這是騙局，可能很危險。如果你不質疑自己不假思考就接受的信念，遲早你會受傷。

如果你在尋找深刻的真相，你就必須深深挖掘。深刻的真相很少是不證自明的。不證自明的真理很少是深刻的。嘿，你知道活躍的青蛙很活躍，牛都是牛，綠蘋果都是綠色的嗎？無聊！不證自明就是這種東西。不證自明的句子通常若非定義本來就如此，例如「三角形有三個邊」，就是空洞的事實，例如「所有的樹都是樹」。

你會問：「那麼，難道就沒有一些不證自明的深刻真相嗎？」或許有，但是一旦你試著說出它們真正的意思，你就必須不斷的提供解釋，對抗質疑。美國獨立宣言說：「我們認為這些真理不證自明……所有的人生而平等……」這不是比「所有的三角形都有三個邊」和「所有活躍的青蛙都很活躍」來得更深刻嗎？

是的，可是它到底是什麼意思呢？如果從字面上看，這句話似乎是錯的。所有的人（那麼女人呢？）都是同樣的身高體型，都一樣聰明嗎？或許它真正的意思是所有的人生而有生命權、自由權和追求幸福的權利。這聽來更像是承諾而非詮釋，但是請注意，一旦你試圖將此意涵付諸實際面，你就必須不斷提出限定性條件，不斷辯論了。

胎兒是否和成人有完全一樣的權利？我們應該承認並保護連續殺人犯的生命權嗎？如果你得了無法治癒的疾病，是否有權請人協助你自殺？你在家中是否有權吸大麻？同性戀者是否有權收養孩子？只要你喜歡，就應該有權不綁安全帶開車或不戴安全帽騎摩托車嗎？如果你追求幸福時妨礙到了別人的幸福，那該怎麼辦？這些有爭議性的問題，答案絕不會不證自明。然而這些答案在討論到生命、自由跟追求幸福時，能給予實際的意義。我們的法庭辯論歷史顯示，這種問題的答案來自思想開放、敏感、理性的辯論，而不是來自帶著成見的、絕對的、不證自明的固有規則。

所以，重要解藥來了。不要假定某件事情是不證自明的。如果它很重要，對你的人生會造成影響，那麼，它大概不會是不證自明的，因此需要辯護。要質疑你從小接受的觀念，不要就這樣接受了，好像它們不證自明似的。

你應該問自己：「為什麼我沒有丈夫或男朋友，就不算女人了？為什麼我**非得**有個男人才能快樂？為什麼我**非得**滿足丈夫的性欲，才算是個真正的女人？『女人』的定義是**成年女性人類**，無論有或**沒有**男人，我都可以是**真正**的女人。這完全不矛盾。我**可以**是一個女人。邏輯或語言都無法否認這個事實！」

無論是單身或已婚，幸福生活的動力和彼此滿意的性關係是很複雜的議題，無法光是靠討論文字涵意而解決。關於這些事情，說自己擁有不證自明真理的人，大概都是騙子。所以，請小心！如果你毫不質疑地接受行動或情緒規則，那你就犯了我說的**不證自明的謬誤**。這個謬誤假定你不必細看就可以跳進去，因為你的信念無需檢驗。這是個壞想法。大部分值得一看的信念都不能逃避檢驗。來自定義的真理（「所有的單身者都未婚」）和空洞的真理（「所有的單身者都是單身者」）確實無需檢驗，但也無法給你任何指引。另一方面，情緒和行動的規則不能逃避仔細的質疑。事實上，我要特別強調，只要某條規則給你實際的指導（無論好壞），它就**永遠不是**不證自明的。這意味著它們**總是需開放接受**檢驗，永遠不能豁免。

再舉一個不證自明謬誤的例子。幾年前，我在一個社區大學的女性課程中教實踐推理的課程。班上學生都是無業的家庭主婦——新近離婚或守寡的女人，孩子都大了。我挑戰她們檢查一些從小到大都相信，並且如同宗教般奉行的情緒和行動規則。其中許多人，即便成年了，仍然接受以下這條思維：

規則：如果我為自己做任何事情，而不是為丈夫或孩子，那麼我就是自私的，而我不應該自私。

報導：上大學或找工作都是為了自己，而不是為了丈夫或孩子。

行動：我不上大學或找工作。

我鼓勵她們探索這條規則，但是遇到極大的阻力。這些女人的反應，好像我在要求她們為「母親是女性家長」或「女兒是女性子嗣」辯護一樣的荒謬。她們甚至不覺得有需要為自己的規則提供證據，因為她們假定這條規則是不證自明的。這個假定讓我們無法反駁這條規則。因為她們認為根本無法質疑這條規則，她們**從來沒想過**要質疑它！

我請她們告訴我「自私」（selfish）的涵意。她們一致回答：「為我自己做些事情。」這個定義顯然讓她們的規則部分為真。如果我為自己做些什麼，我確實就是為自己做了什麼！這顯然是不證自明的，而且不重要。問題是，她們的定義有瑕疵。

以下是為什麼。當你睡覺或吃東西，你就是在為自己做些什麼，但這算是自私嗎？當然不算！我指出自私和**關心自己**（self-interested）的差別，我們都同意你可以關心自己卻不自私。吃東西、睡覺甚至呼吸，都是關心自己的活動，做這些活動並不表示你是自私的。接下來我們討論，做了什麼才算是不只關心自己，而且是自私的。最後，我們同意如果你**沒有適度尊重別人（的權利）**而為自己做了些什麼，就是自私。

如果這些女人回到學校上課或找個工作，會妨礙任何人的權利嗎？不會！追求這些顯然沒有妨礙到成年孩子的權利。但是這些女人從來沒有想過質疑這條規則，現在沒有，以前還保有已婚身分或養育孩子的時候也沒有。對於她們而言，這個問題根本不存在，因為只要她們為自己做**任何事情**，是的，任何事情，她們就一定是自私的。

即便她們看到了自己思想中的謬誤，情緒上，這條非理性規則仍然有其影響。她們還是為了追求家庭之外的人生覺得自責和羞恥，她們還是**覺得**自己哪裡做錯了，因此，調整自己適應新的生活形態的過程異常困難。

到了這個階段的認知失調（有些女人還有其他相關形式的問題，例如哀悼），她們需要意志力來掙脫壓抑她們的社會化枷鎖。這條枷鎖奴化她們，使她們成為別人幸福的工具。在內心，她們**覺得**自己是過時的機器，已經沒有用了。「重新用新的生活計畫來定位自己」的想法讓她們恐懼——這違反了熟悉的身體感覺和感官印象。她們需要莫大的勇氣跨越這片不熟悉的廣大地區，而某些女人還需要家人的鼓勵支持。對於大部分的人而言，我很懷疑這些舊的感覺真的完全消失了。但是現在，這些女人對壓抑她們的社會化所殘留的情緒擁有解藥。

如果你發現自己必須遵守老舊的、熟悉的行為規則或情緒規則，從未質疑它，因為你從未想過它們**需要**任何證據，那你可能和我剛剛提到的女人們一樣。怎麼辦？注意文字的意義。「為自己做些什麼」真的和「自私」**意義**相同嗎？身為女人的意義就是滿足丈夫的性欲嗎？身為女人的意義就是有一個男人嗎？身為男人的**意義**真的就是不可以哭嗎？身為男人的**意義**就是能夠勃起嗎？如果你假定這些問題的答案是什麼，而沒有先探索其意義，你就是在欺騙自己。男人哭泣或無法勃起的時候，生殖器不會掉下來；如果丈夫提出離婚，或是一直沒找到合適的對象，女人也不會因此就不是女人（或擁有自己天生權利的人）。這些事情並不互相矛盾，不像三角形沒有三個邊，或已婚的單身者，或不是狗的狗。你從小接受的指引行為和情緒的規則，不是不證自明的，你可以挑戰它們而不至於產生矛盾。你正**應該**挑戰它們，試著反駁它們！你可能發現某些規則合理有效，你也可能發現某些規則其實是自我挫敗地、壓抑地、狡詐地阻礙了你的幸福。

順從社會常規

不去挑戰並反駁社會化規則而導致的嚴重後果，可以在巴伯的例子裡得到清楚說明。巴伯不像安或其他無業的家庭主婦，他的規則被封閉在理性思考之外，因而個人自由與自主性的進步非常少。

巴伯的個人歷史包括某種受害現象，我猜，這在他的成年生活裡扮演了很重要的角色。我之前已經說過，巴伯生長在非常嚴格的宗教家庭，要求他對聖經教導奉行不渝，包括同性戀是罪惡的觀念。

有一次和巴伯單獨會談時，他回憶到小時候被一個男人雞姦了好幾次，那個男人還對他做了各種其他的性行為。巴伯告訴我說那其實沒那麼糟，他還挺喜歡的。

我不打算進入心理學的荊棘議題，討論巴伯的同性戀行為是習得的回應或是先天的性傾向，或是二者兼有。比較重要的是，巴伯小時候是無力反擊的受害者。身為一個孩子，巴伯沒有能力也不夠成熟到可以同意發生性行為。因為無助和脆弱，他完全無法控制。同時，因為父母態度和他自己的宗教信仰都認為同性戀是有罪的，他也無法跟別人說。他的同性戀經驗必須是一個被緊緊鎖住的祕密。

心理學者伯恩（Eric Berne）用「人生劇本」（life script）描述從童年帶入成年人生的決定。根據伯恩的理論，這些決定會以類似遊戲的方式演出，往往可以摧毀自主生活的可能（註十）。我認為巴伯將童年時，為回應極端的狀況所做出的決定，深深銘刻在心。我相信巴伯認為自己是已經受損的商品。從他在情趣書店後面房間不道德的一夜情，到他注定失敗的兩次婚姻，他不斷害自己受苦和自責。他是令人厭惡的罪人，加諸在他身上的社會化壓抑，蔓生出不切實際的行為和情緒規則，充滿了他的人生。他越是玩這個遊戲，在自己眼中就越令人厭惡，他就對自己的自我否定越**覺得**自在。因此，他更有理由繼續推論出自己的不幸：

規則：所有的同性戀者都有罪，必須受到詛咒。

事件報導：我就是這種罪人。

情緒：羞恥（認為自己活該下地獄受苦）。

恐懼同性戀的社會不斷灌輸這個觀念，讓他接受了這個規則。在社會的支持下，巴伯繼續玩他的遊戲。

但是，我也相信另外有一條尋求肯定的思路，引導巴伯做出社會期待的事情：

規則：我必須得到別人的肯定。

事件報導：跟隨社會期待會得到別人的肯定。

行動：我遵從社會的期待。

巴伯在牆上貼滿裸女圖片，並再度找到第三個不知情的女人，形成一夫一妻的異性戀關係，似乎像是一套有系統的努力，他的目標就是跟從社會規則。很不幸的，巴伯越努力，在他自己的眼裡只會更加「該死」。

巴伯（如他所認知的）順應他人意願的規則最終導致他的自我否定和謊言，形成惡性循環。社會為了他的罪惡譴責他，他也譴責自己；社會期待他過著一夫一妻的異性戀生活，他便這麼去做。他的病癥就是盲目爭取「他認為別人要的東西」。他在**人云亦云跟隨流行！**他放棄了個人自由和發展獨立真實自我的機會。

我不是說所有的社會常規都是病態的或是謬誤的。亞里斯多德說過，人類是「社會的動物」。我們住在同一個社會裡，不可能沒有社會常規。例如，我們需要規定不可殺人和搶劫。但是能夠讓我們共同快樂生活所需的社會一致性，往往被社會規則壓過去。很明顯的，社會給予同性戀者的污名就是社會管太多的例子。因為社會成見，如果一個人公開出櫃，他就必須準備好面對一個有偏見的社會系統所給予的否定、譏笑和迫害。一個人需要勇氣和很強的個性才願意付出這個代價。

當然，這不應該是巴伯做錯事的藉口。正如沙特提醒我們的，人們正因為自己的行動把自己塑造成懦夫（或英雄）(註十二)。被社會放逐或排斥的身體感覺和感官印象冒出來的時候，你需要用意志力對抗退縮或躲起來的衝動。巴伯的困境就是個好例子，如果你逃避，不用意志力對抗，這就會是發生在你身上的情形。躲在社會接受的規則與期待的後面，得到安全跟保護，但是巴伯卻付出了迷失自己的代價。

心態僵化（mind-sets）與刻板印象

我們也可以由巴伯用**刻板印象**評斷別人的強烈傾向，看出他如何盲目接受社會規則。有一次，他告訴我安有「上會心態」。我問他這是什麼意思，他說無論她做什麼都期待得到報酬。又有一次，他用地域刻板印象描述安。巴伯說：「我妻子有新英格蘭（New England，譯註：美國東北區域）心態。」

我問：「她來自新英格蘭嗎？」

他說：「是的。」

我問：「你說的新英格蘭心態是什麼意思？」

巴伯用防衛的口氣反擊：「新英格蘭的人很殘忍；他們想到什麼說什麼，不會先想一想。」

他的說法等於是一竿子打翻**所有的**新英格蘭人。我開始好奇他的採樣到底有多少代表性。我問：「你認識很多新英格蘭的人嗎？」

他說：「不。但是我認識的那幾個都是這樣。」

他的證據多麼薄弱！我不禁倒吸一口冷氣。我困惑的問：「如果你只認識幾個新英格蘭人，你怎麼能說**所有的**新英格蘭人都是那樣？」

他的口氣更加防衛、更加堅定，宣稱：「好啦，或許不是所有的人都像那樣；不過安**是**像那樣的幾個人之一！」

你可以看到，我試圖反駁巴伯的以偏概全（所有的新英格蘭人都很殘忍），試圖讓他看到這個結論是從有限的取樣推論出來的，但是巴伯頑固地堅持他的刻板印象。我說他不認識很多新英格蘭人，他並未讓步，反而宣稱：「我認識的都那樣。」當我繼續逼問，他則宣稱：「安**是**像那樣的幾個人之一。」

巴伯緊抓著刻板印象不放，讓反駁變得非常困難。這並不少見。如果你心中有某種刻板印象，你大概也會試著抓緊它，即使相反的證據就在眼前。為什麼會這樣呢？

我在第七章談到刻板印象時，提到立普曼認為我們「先定義，然後才看」。巴伯的例子正如立普曼說的，他從未仔細檢驗過他對新英格蘭人的刻板印象。刻板印象式的思考通常如此。我敢說巴伯是從別人學來的，可能是從父母。刻板印象的傳遞通常不是經由直接經驗，而是經由教導。對於刻板印象，雖然巴伯在用詞上已經和緩許多，但還是充滿**情緒**。身體的感覺和感官印象包圍著刻板印象，批准它的存在；即便從理性的角度看毫無根據，也**覺得**對。

即使缺乏證據，卻仍然固守以偏概全的觀念，你就是有某種**心態僵化**（mind-set）了。心態僵化的特徵是抗拒證據，無論有何反證，你就是會堅持運用以偏概全的觀念，從而做出同樣的結論，好像它完全沒有被反駁撼動。一個偏執的白人遇見一個不同於他心中刻板印象的黑人，於是說：「喔，他是例外，不像其他黑人！」

我們很難放棄僵化的心態。要察覺自己的僵化心態，你首先就不能**有**僵化心態。我能提供給你的最佳解藥就是：你應該養成習慣，根據手邊的證據調整你的信念。告訴自己，你**有責任**（對自己、對別人）根據證據選擇相信什麼。這個責任來自「根據證據選擇相信什麼」可以提升人類（你的和別人的）福祉的事實。例如，如果你認為異性都只想要一樣東西——性，或你的錢，或其他東西——那麼你永遠不會和任何異性形成友誼或親密關係。

如果你培養了根據證據才形成信念的習慣，固有的僵化心態就會在你所有的信念中顯得很突兀。如果你無法捍衛你的以偏概全，或是發現自己急著拋棄證據，那麼，這些跡象顯示你出現缺乏邏輯基礎的情緒連結。這就是你的意志力應該進場的時候了！

以巴伯為例，我試著跟他一起努力培養出對證據有更強的覺察力。我解釋給他聽，如果他視安為「有新英格蘭心態」的「新英格蘭人」，就很難看到安**這個人**。

我強調巴伯和安都需要努力看到彼此是獨立存在的個體，而不是某個族群裡的一員。在沙特雋永的文字中，他說每個人都必須明白，對人類而言，「存在先於本質」。這句奇怪的話在講什麼呢？

讓沙特自己說吧：「首先，人要先存在，展現自己，之後才定義自己。」〔註十二〕這是立普曼說的刻板印象——「先定義，然後看到」——的相反過程。如果你根據刻板印象先定義一個人的話，你很可能錯失認識這個人獨特「存在」（做為獨特個體）的機會。

我鼓勵安和巴伯視對方為獨特個體，一個方法是請雙方列出喜歡和不喜歡彼此哪一點的兩張清單。他們必須各自分別列清單，然後我單獨和兩人個別會談討論。

兩人都準備了很長的清單。安的重點放在她眼中巴伯的缺點上，例如他的脾氣、情緒起伏、輕蔑反諷、不尊重她的東西。但是她也列出一些**她心目中的優點**，例如聰明、英俊、愛的製造者、道德、願意努力工作、有生意頭腦。這些清單協助個案視彼此為獨特個體，而不是某種固定的「本質」或刻板印象（例如「新英格蘭人」或「工會心態」），也協助個案不要將缺點毫無根據地推論到**整個人**身上。

沙特的建議也是有用的解藥，可以對抗巨大的情緒規則：責怪。他的建議就是：不要假設一個人的「本質」在「存在」之前就有了，而是要採納哲學角度，認為人不是製作出來的商品（例如剪刀或迴紋針），其本質（本性、目的、功能）早已經設計好了。迴紋針做它被設計出來要做的事，就是把紙夾在一起。人類不像迴紋針，人類會**設計自己**。這包括新英格蘭人、中東人、歐洲人、非洲人、白人、黑人、女人、男人、青少年、老人等等。將人們視為個體，而不是固定的、沒有彈性的族群之一員而已。努力克服情緒慣性，不要躲避你對他有刻板印象的人，逼自己進一步認識他們。

覺得自由和真正自由

我在生活和工作中經常想到巴伯的困境。當你的思考和行為都與你的感官印象和身體感覺共鳴時，你很容易覺得自己是自由的。很微妙的，我們靠著感覺和想像，可以度過充滿挫折的一生。雖然不知道為什麼如此，這個循環持續存在，挾帶同樣的自我挫敗的推理帶領著我們的反應，同時，感覺和感官印象讓我們**覺得**我們的前提是對的。我們一路往前，像陀螺似的旋轉，不知道為什麼我們的人生如此混亂。

我們可以從安和巴伯的身上看到，在惡性循環中當自願奴隸的悲劇後果，這個後果標識出「**思考自己的思考**」的重要性和急迫性：我們必須脫離某些有身體傾向的前提和結論。對你的非理性規則與報導，你可以用「揭露、反駁、尋找解藥」的方法，評估充斥在自我毀滅的行為和情緒惡性循環中的錯誤推理。這時我們需要運用自由意志，否則就會變成自願的共犯，永遠陷在痛苦與挫折的惡性循環中。

我相信，克服決定論（determinism）的力量一直存在於安和巴伯的體內，大部分沒有被用到，但仍是他們生命天賦的一部分。當你在不同的行為路線之間（回想一下，上次你在販賣機前面選擇零食的時候）猶豫不決，當你為了最普通的決定掙扎不已，未來尚未發生，還有不同的選擇時，告訴你自己，你可以做出改變。身為哲學家，我無法說我們可以證明自由的感覺是某種意志，不完全受到環境、遺傳或生物狀況決定。但是身為人類，經常在做決定時掙扎不已，我無法不**覺得**我是自由的。

或許這個感覺是演化出來的，就是為了激勵我們採取有利於生存的行為策略。否則，試著決定行為（我應該做這個呢，還是做那個？）會感覺像徒勞無功之舉。如果不**覺得**自由，你的**行為**不會表現得好像你真的是自由的。如果我們認為這個主觀的「自由的感覺」就是意志力，可以影響行為和情緒真正的改變，我們可能會受到誤導。巴伯根據社會價值採取行動和產生情緒時，可能也覺得自己是自由的，卻陷在自我挫敗的痛苦與挫折的惡性循環中。

真相是，巴伯從未擁有我所謂的自由。他比較像設定好的電腦。程式（前提）設計好了，藏起來不讓他檢查，執行驅動他過著失能的人生。真正的自由意味著檢查程式，編輯有瑕疵的程式語言，執行修改過的程式。以人類而言，這表示有勇氣和意志力面對並改變系統裡妨礙幸福的前提、結論、感覺、感官印象和行為。

安和巴伯的案例顯示，我們可能沒有察覺到自己無法控制自己的人生。安和巴伯都知道自己不快樂。但是不知道為什麼。他們不覺得自己不自由，因為他們根本不知道自己是不自由的。當安直直地看著我說：「不再當自願的奴隸！」時，她一直是奴隸的事實才剛剛被揭露。巴伯的悲劇則是他似乎一直沒有意識到他被枷鎖綑綁住了。

我不是說你應該修理沒有破損的東西。如果規則對你有用，你就無需運用意志力重新調整破損的思考。然而，我常常發現自己需要站在我的人生規則之上，檢視它們，拋棄它們。

年輕時的我跟妻子訂婚時，對於她說她想要保留自己的姓氏，或至少用來當她的中間名字，非常不高興（事實上是憤怒）。我覺得她不願意跟我的姓氏，表示她對我不夠忠誠。之後我常常想到當時的我有多麼不理性。我的社會規則說妻子要從夫姓，但是我一直沒有想過為什麼。現在我看清楚了，這條受到情緒支持的規則是社會系統將女人視為財產的一環。這個社會常規也造成了安的不快樂。我的思考謬誤就是某種人云亦云跟隨流行，稱為「訴諸傳統」（Appeal of Tradition）〔註十三〕，也就是**盲目**地遵守傳統，無論延續傳統的行為是否有根據。

我的判斷是否正確並非重點（雖然我現在認為這個傳統已經破產了）。重點是，我當時**認為**我是在自由地維護我的姓氏，其實，我只是既定的社會機器中的一個齒輪而已。我現在很後悔當初我這個齒輪引起的不快樂。

你不應該低估了抗拒和克服非理性社會規則所需要用到的意志力。這些規則和感覺與感官印象一致，多年來都在引導你。你必須從內在「推動」自己去改變你的人生。這個挑戰一點也不簡單。正如安和巴伯的困境所顯示的，對於幸福而言這個重擔是值得的。

註：

1. *Etnics*, book 3, ch. 5。
2. John Stuart Mill, "*The Subjection of Women*,"in *Philosophers at Work: Issues and Practice of Philosophy*, ed. Elliot

D. Cohen (Belmont, Calif.: Wadsworth, 1999)。

3. Ibid., p. 148。

4. Johm Hick, *Philosophy of Religion*, 2d ed. (Upper Saddle River, N.J.: Prentice-Hall, 1965)。

5. 比較正式的說法，這個解藥思考如下：

規則：比較擅長做決定的人應該做決定。

報導：我比巴伯更擅長做房地產和經濟決定。

行為：我做（所有）經濟和房地產的決定。

請注意，這個解藥式推理的結論和需要解藥的非理性推理互相矛盾。她受到兩個方向的拉扯，因此需要運用意志力和解藥，克服非理性推理。

6. Jean-Paul Sartre, *Existentialism and Human Emotions* (New York: Philosophical Library, 1985), p. 32。

7. Janice K. Wilkerson, "The Philosopher as Social Worker," in *Philosophers at Work*, pp.155-65。

8. Simone de Beauvoir, "Women in Love," in *Philosophers at Work*, p. 138。

9. 這裡的**必須**是正當的。哲學家稱之為「邏輯上的必要性」。如果否定一句話會造成矛盾的話，就被視為邏輯上有必要性。你不應該將這種**必須**和非理性、自我毀滅的規則思考中的**必須**混為一談。規則中的**必須**不是邏輯上的必要。它們是麥考伊（McCoy，譯註：星艦奇航裡的角色）的模仿者！

10. Eric Berne, *Games People Play* (New York: Ballantine, 1964)。

11. Sartre, *Existentialism and Human Emotions*, p. 34。

12. Ibid., p. 15。

13. Elliot D. Cohen, *Caution: Faulty Thinking Can Be Harmful to Your Happiness* (Ft. Pierce, Fla.: Trace-Wilco, Ine., 1992), p. 58。

第四部

讓令人困擾的情緒歸零

走過哀傷的過程以非理性開始，以理性為終點。我以為自己可以跳過非理性的階段，直接走到終點。可是不是這樣子的。你需要給自己機會發出憤怒與哀傷。這不是為憤怒而憤怒，而是為了掌握自己。

#【第十二章】如何控制你的憤怒

憤怒似乎會在某個程度上聽從以理性得來的論證，但卻會聽錯，就像匆忙的僕人話沒聽完就跑了出去，然後搞錯了主人的命令，或是像狗一聽到有人敲門，也不看看門外是不是朋友就叫了起來一樣。因為憤怒的本性是熱切和急迫的，雖然聽到了，卻還沒聽完就跳起來進行復仇了。當論證和想像告訴我們，我們被侮辱了或被怠慢了，憤怒會覺得必須反抗任何這類的事情，於是立刻發火。

——亞里斯多德〔註一〕

正如亞里斯多德敏銳的觀察，「**必須**反抗任何這類的事情」是非理性規則，會帶領一個人「立刻發火」來「復仇」。在非理性憤怒的背後，有一條要求某個人表現完美的規則，又有一個說這人沒有表現完美的報導。在你眼中的現實和你認為**必須**如此的現實之間「斷裂」（不一致），其結果就是小至悶著不吭聲的憤怒，到大至毀滅性的突發暴力。

你的憤怒可能包括其他謬誤，例如報復，正如前面亞里斯多德說的「復仇」；也可以加入責怪，結果就是在言語或肢體上惡意攻擊別人。憤怒可能結合報復和攻擊，甚至更多行動。大部分的人遇到失控的憤怒時，最終都會（至少是到了最後）嚴重後悔。所以，你要如何控制憤怒，幫自己省下麻煩呢？

火焰中的愛：彼得與法蘭的故事

你可以更仔細地慢慢「傾聽論證」，而不是一下子跳起來，毀了你最珍貴的事物。以彼得和法蘭為例。他們在大學舞會上認識，當時他念大二，她念大一。第一次約會之後，彼得就知道法蘭是他的「真命天女」。法蘭也覺得，這是她遇見過第一個能夠和她有這麼多共同觀點的男孩。

從第一次約會開始，兩人就形影不離。兩人都很喜愛藝術，可以花幾小時討論名畫。兩人週末一起去餐廳吃飯、看電影、去劇場看表演、參觀美術館、去海灘曬太陽、念書。下一學期，他們開始修一樣的課。天生佳偶，除了一件事情。

他們常常激烈爭吵，一點小事就能吵。有時候只是因為對於某項社會議題有不同意見就吵起來了。例如，有一次他們為了「性」對「愛」是否必要而吵起來。法蘭認為可以愛一個人卻沒有性關係，彼得便生氣起來。常常，他們的爭吵來自批評彼此的父母。一個爭吵接著一個爭吵，幾乎每天都吵架。通常，吵到最後，他們會威脅著要分手，然後掉頭走開。幾小時內，彼得會打電話給法蘭，或去她家「和好」。

一個寒冷的冬夜，彼得在法蘭家，兩人又開始吵架了。彼得抗議著離開她家，坐在停在她家門前的車子裡，等了好幾個小時，希望法蘭找他回到溫暖的屋裡。但是，她拉上了窗簾。最後，他只好回自己家。

他們在一起兩年，然後結婚了。事實上，新婚前一晚，兩人吵到彼此不說話。當主婚人說「你可以親吻新娘了」，兩個人還在熱戰之中！他們去巴哈馬度蜜月。蜜月驟然結束，因為彼得說他想提早回家，準備歷史考試。法蘭變得歇斯底里。她哭著告訴他說，她要申請婚姻無效。

不過兩人還是「和好」了，繼續在一起。婚後，吵架出現了新的狀況。不像之前的吵架，他現在無法「回家」去「冷卻下來」。因此，吵架變得更為激烈，偶爾從言語升高到肢體衝突，雙方敵意出現了新模式。有時吵得不可開交之際，彼得會跑到另一個房間，鎖上門，躲開法蘭的盛怒。而法蘭往往會跟過去，站在門口，用力敲門，想把門破開。為了避免法蘭把門給毀了，他會開門，試圖抓住她，結果就是導致更多的肢體衝突。他們最後總是對彼此用盡全力地大聲吼叫，罵髒話，撂狠話，就是要「惹火對方」。

他們的性關係也是使狀況加劇的原因之一。雖然性生活本身令人滿意，但是他們常常在做愛之後吵架。法蘭認為彼得做愛之後變得「冷漠」、「不友善」。她直接跟他提起這件事時，他會生氣，導致更多的互相攻擊。她開始避免和他做愛。彼得開始說她是「性冷感」，於是又導致更多爭吵。

雖然如此，雙方仍然彼此感情濃厚。一個人生病了，另一個人會照顧他。一個人擔心著什麼時，另一個人會試著傾聽，表現關懷。但是只要這個擔心以某種負面方式牽涉到另一個人，例如法蘭不高興彼得說了什麼話或做了什麼事，關懷就會變成敵意。當他們有共同問題時，通常會先吵架，大吼大叫，最後才能理性討論如何解決問題。他們最終總能解決問題，但一定得先大吵一架。有時吵過架之後，他們會「親吻和好」，重申彼此的愛。即使在幸福的時刻，他們的生活也充滿緊繃的張力。

彼得成為金融家，升到公司副總裁的位置。法蘭則成為電視晚間新聞主播，很受同事尊敬，也極受觀眾歡迎。外界看起來，他們就是「天作之合」。

法蘭和彼得來找我的時候都三十出頭。他們不明白為什麼他們的個人生活會這麼混亂。雙方都承認深愛對方，但是不明白為什麼他們如此輕易就破壞了自己口中的愛。雖然他們之前同意不生孩子，現在正在重新考慮這個決定，因為法蘭的生理時鐘滴答滴答倒數著。他們不知道這是否是個好主意，覺得用哲學角度看看可能有所幫助。

我有時分別會談兩人，有時一起。有一次，法蘭告訴我，她對彼得比對任何人都來得更容易生氣。

她說：「其他人犯一樣的錯，我不會這麼氣。但若是他，我會非常火大。」

我說：「舉個例子吧。」我在尋找具體的事情著手。

「上個週六，我們有張我最喜歡的搖滾樂團演出門票。門票買了有一個月了。他在銀行的一位朋友約我們週六晚上去他家作客，剛好跟演唱會同一時間。他跟朋友說我們會去赴宴。他根本沒有問過我，而且等到星期六早上才告訴我。他說他忘記有演唱會了。可是我不確定。我好想把他的頭敲掉。如果是別人這樣對我，我想我不會那麼生氣。我不知道為什麼對他就會這樣！」

我問：「你不相信他？」

「不，我覺得他其實不想去演唱會，所以就順水推舟忘記了。」

「你說『順水推舟忘記了』是什麼意思？」

「我認為他不想去，也不想陪我去。他甚至沒有那個風度先問問我，再答應他的朋友。你能想像嗎？」

「你是說他刻意沒有事先問你就答應朋友邀約以逃避演唱會；他刻意這樣做，就為了不去聽演唱會嗎？」

她停頓一會兒，然後說：「我不是真的認為他刻意忘記。」她的口氣有些沉思：「我想他實在是很不體貼。他根本不夠在乎我，所以才會不記得，甚至不先問問我就幫我答應別人的邀約。這太不體貼了！」

「所以你認為他如果真的在乎你，就不會忘記，不會這麼不體貼了？」

她不耐煩的說：「對。」

「嗯，我想我知道你的前提了。你的規則是如果彼得真的在乎你，他就絕對不可以對你不體貼。而你認為他做的事情很不體貼。我說得對嗎？」

她承認：「對。」

「好的。假設他真的做了這些『如果他在乎你就絕對不可以做』的事。這是壞事嗎？」

她很激動的說：「對，這是壞事！像丈夫這麼親近的人，本來應該比任何人都更關心你的，結果這樣對待你，真是糟糕透了！」

我說：「我知道了，但是如果他不是你的丈夫，這件事情有那麼糟糕嗎？」

「不！」

「為什麼你丈夫做這件事情比別人——例如朋友——做這件事情更糟糕呢？你認為這是某種背叛嗎？」

「正是如此。他背叛了我！」

「所以我猜這就是為什麼你對他，比對別人更生氣的原因了。你把他放在比別人更高的標準上。既然他是你的丈夫，他必須比世界上任何人都更關懷你，所以必須**永遠不可以**對你不體貼。如果他不體貼你，就很糟糕，因為他等於是背叛了你。而如果他真的背叛了你，那我猜這就是為什麼你想把他的頭敲掉了。我們**確實**會把叛國者處以絞刑！你覺得他應該被判死刑嗎？」

她笑了：「不，我還是愛他。但是我會想報復他，因為他對我做了這麼糟糕的事情！」

「你想對他做什麼呢？」

她微笑了，會意地說：「我要凌虐他，直到他崩潰哭泣。我想那樣對他這個混蛋算是公平的。」

「你覺得他是一個混蛋？」

她停頓一下，說：「呃，一開始我確實是這麼認為。但是他有時候也很窩心。我不覺得他一直都是混蛋，只是有時候是。」〔註二〕

報復症候群

你可以看到，法蘭的思考包括好幾個不切實際的規則，一個堆疊在另一個上面，因而形成憤怒。以下是對症候群大略的描述：

- **強求完美：**我的丈夫必須永遠比世界上所有其他人都更關懷我，他必須永遠不背叛我。
- **將事情嚴重化：**我丈夫必須永遠不背叛我，而他**已經**背叛了我（不體貼我），因此他對我做的事情很糟糕。
- **責怪別人：**因為丈夫對我做了糟糕的事，所以他是混蛋。
- **報復：**因為我丈夫是混蛋，所以我必須報復回去（讓他崩潰）。

行動：我報復（讓他崩潰）。

看看這些規則如何跟著明確的邏輯順序。因為我的丈夫用**永遠不應該**那樣對待我的方式對待我（強求完美），因此他對我所做的事情很**糟糕**（將事情嚴重化），這表示他是**混蛋**（責怪別人），所以我必須**報復他**（報復）。這就是我說的謬誤症候群。我在第八章提過，兩個或更多的謬誤依照某種邏輯順序，一個謬誤幫另一個謬誤搭好舞台。

請注意法蘭第一條前提的要求完美（彼得必須永遠不背叛她），和第二個前提裡關於現實的事件報導（彼得**已經**背叛了她），兩前提間的「斷裂」或不一致。法蘭要求彼得永遠不背叛她，加上她將他的不體貼視為背叛，觸發了憤怒症候群。法蘭根據這些前提推論出症候群裡面所有其他的謬誤——將事情嚴重化、責怪、報復。你認為必須如此的，和你認為**實際如此**的，兩者之間出現的認知衝突，似乎便是所有憤怒症候群的主要原因。以上的一系列謬誤是很典型的憤怒症候群：報復症候群〔註三〕。

你可以看到，謬誤確實成群出現。一個謬誤為另一個謬誤搭好舞台，以此類推。下次你又火大的時候，趁著火大，檢查一下你的思考，你很可能發現自己順隨這些惡意的規則而行動。

一個解藥式邏輯就是攻擊非理性憤怒的根源。怎麼做呢？只要法蘭堅持要求彼得完美的對待她，就很可能開始將事情嚴重化，然後責怪對方，然後尋求報復。但如果她將絕對的**必須**改成比較喜歡，跟自己說：「喔，算了，如果彼得不要這樣不體貼的對待我，我會比較喜歡，但是我有什麼辦法呢？他畢竟**是**人（譯註：意指人都會犯錯）。」然後，運用一些意志力，她可能就阻止了憤怒繼續發酵。

如果你非常容易出現強烈憤怒，克服憤怒傾向所需的努力會很可觀。認知失調很難克服，尤其是憤怒。強烈的憤怒感覺和身體衝動支持著非理性思考，同時也受到非理性思考的支持，一遇到你覺得受了侮辱或其他你不想要的對待，就會迅速爆發，即使你知道自己太過敏感。

正如我之前提過的，我們比較容易阻止**行動**，因為行動受到隨意肌（骨骼肌）控制，不像體內五臟六腑的翻攪跟感覺絕大部分是自動的。運用這項邏輯，我決定和法蘭一起想辦法反駁讓她想在情緒上凌虐丈夫的報復規則。

她說：「可是他活該！」我知道她的「將事情嚴重化」迴路還在跑。

「你認為在情緒上折磨你的丈夫，直到他崩潰哭泣，會改善你們的關係嗎？」

她想一想，說：「不，這一招從未有過幫助。通常只會傷了感情。彼得像我一樣。如果我做了一些他不喜歡的事，他會生氣，而且做些討人厭的事報復我。」

「這會破壞你真正的目標，對不對？如果你想改善兩人的關係——否則你也不會在這裡了——就要避免冤冤相報，對吧？」

她咯咯笑著說：「哲學家真是有邏輯。」

我說：「我希望你被說服了。」我內心不免有一些懷疑：「那麼我們來談談你可以用來對抗以眼還眼心態的解藥。」

她用少見的友善口氣說：「好。」

「如果你為了星期六的事情或未來他可能做的事情，很想報復他的時候，你認為你可以怎麼做？」

她笑著說：「我不知道，拿槍射殺他？」

我說：「不是那樣！記得你剛剛才說，報復彼得會傷感情嗎？」

她帶著些高傲回嘴：「我又不是老糊塗。」

「好的，你的解藥就是：停下來，考慮一下後果。用你的一般常識！問問自己，最終是否值得。然後用你的意志力。你相信自由意志，對吧？」

她自我防衛地說：「是的，我相信自由意志。」

我說：「那麼，證明它！讓自己不要做出會後悔的事情。好嗎？」

我還記得她明亮的笑容照亮了整個房間。她似乎很喜歡能夠控制自己人生的感覺。我想，她還誇獎了我呢！

她說：「好的！我以前以為哲學家都是怪人，就像《格列佛遊記》（*Gulliver's Travels*）裡的那些人，對事只會高談闊論，卻視而不見他們妻子身體力行的作為。謝謝！」

她的正向反應鼓勵了我，於是我建議了其他可能有用的解藥：

「跟彼得談談，不要譴責他或讓他覺得丟臉。你們是兩個理性、自由的個體，不需要那樣彼此對待。跟他解釋你有多失望、覺得被辜負。然後聽聽他有什麼話要說。或許你們可以達到某種互相諒解，決定他可以怎麼補償你。或許他可以買另一場音樂會的票，或計畫一頓浪漫的兩人晚餐。如果你保持理性，是可以把局勢變成正向的〔註四〕。」

法蘭對我的提議表示可以接受。結果有用！彼得買了週六晚上海瑟姊妹（Sister Hazel）音樂會的票，還在豪華飯店訂了晚餐和房間。兩個人享受了一個浪漫的夜晚——沒有吵架。呃，幾乎沒有吵架，只是為了花太多時間找車位而小小地爭論了一下。

法蘭和彼得的例子讓我們看到，一旦你對於事情的關聯性採取非理性的模式，就會一直累積動能，繼續這樣看待事情的關聯性。亞里斯多德強調，你越是用某種方式採取行動，這個習慣就會越來越強。另一方面，如果你用理性的態度看待事情的關聯性，也能累積這種模式的動能。所以，你應該運用意志力，讓自己保持理性。你保持得越久，就會越穩定。這倒不是說你必須做到完美（只要是人，就會偶爾犯錯），但你應該盡力讓好習慣繼續保持下去。過一陣子，你會**覺得**舊有的習慣讓你不那麼自在了。

怨恨症候群

讓憤怒繼續燃燒的一個常見方式，是心懷**怨恨**。彼得和法蘭都是這樣，雖然彼得看起來有時候更易懷恨一些。有時候，餘燼會燜燒好幾天，然後才再度燃燒起來。兩個人吵架、和好，幾天後彼得會再度生氣。彼得這樣描述：

「我們和好的時候，會暫時感覺好些，可是我再多想想她說的話，就覺得與她疏遠了。」

表面上看，他好像是對新的事情生氣，可是仔細看就會看得出來，這其實是沒有完全撲滅的森林之火，燜燒之後再度燃起。新的事件只是火上加油而已。例如，有一次法蘭下班時順道去買菜，忘記買彼得要的甜點了。

法蘭向他道歉：「對不起，我心裡事情很多，只想回家，就忘記買了。」

彼得咆哮著：「你願意的話，就記得住！」

法蘭試著安撫他的挫折：「如果你要的話，我再回去買就是了！好嗎？」

彼得冷冷地說：「不用，算了！你第一次沒做對，就不用了。」

法蘭憤憤不平地說：「你幹嘛為了這點小事生氣？說得好像你沒有吃到大理石乳酪蛋糕就會死似的！」

隨著對話逐漸升級為互相吼叫，主題已經離開大理石乳酪蛋糕了。彼得大吼：「如果有任何人是自負的混蛋，那就是你！」他說的是三天前法蘭罵他的話。

法蘭說：「你就是沒辦法放過任何事，是吧？或許我一直都是對的！」她攻擊回去，尋求報復。

你可以看到，雙方都用「自負的混蛋」當做策略性的武器攻擊對方。以彼得而言，報復之前會有一段悄無聲息的醞釀期。在這段時期裡，雙方表面上還是朋友，願意讓過去的事情就過去了。但那只是表面上而已。在薄薄的表層之下，火還在燜燒，不需要加多少油就可以重新燃起。繼續戰爭的傾向一直都在。

如果你發現自己重燃戰火，可能舊傷尚未完全痊癒。為什麼會這樣呢？

常常，我們這些非理性的人類會一再重返犯罪現場，不讓自己往前邁進。我們心懷怨恨。怨恨症候群的步驟如下：首先，你對另一個人強求完美；第二，你不得所願時就將事情嚴重化；第三，自尋煩惱──你告訴自己，因為別人對你做了這麼糟糕的事情，你有道德責任不放手。你必須，我是說**必須**（有義務）喔，保持怨恨的情緒。放手不再想它的話，等於是在對這無法形容的恐怖事件投降。以目前這個例子而言，你認為此人**必須**非常尊重你，卻被他藐視，於是你跟自己說：「不，我不能讓這種事情發生。」

所以你反覆思考，直到有某件事情發生了，將壓力釋放出來。

以彼得而言，他頑固地拒絕接受法蘭認為他不好的指責。一個這麼愛他的人怎麼可以認為他是自負的混蛋。這**絕對**不可以發生，但是它卻**發生**了。不可以發生的事情發生了，這是多麼恐怖糟糕的事情。他怎麼可以就這樣忘記了？憤怒占據大理石乳酪蛋糕遺忘事件時，彼得的心裡正是這樣想的。

但是一般常識給我們的建議**就是**遺忘。忘記。忘記。忘記危害兩人關係的毒液。如果你愛你的伴侶，就運用意志力去愛，也允許自己被愛。忘記自我挫敗的、頑固的道德責任幽靈。這個幽靈只會帶給你痛苦和挫折，卻沒有救贖。

你可能會抗議：「忍耐壓抑也不好啊。」是不好，但是你壓抑下來的「東西」並沒有實體。它只是面對事實時不切實際的誇張反應；這事實是無論別人對你有多麼重要，他們永遠無法完美對待你。其實，你可能永遠無法同意何謂完美對待。

好，那要如何忘記呢？放棄強求完美的規則。不要說「她永遠不可以說我是自負的混蛋」，而是接受「我比較喜歡她不要再這樣說我」。如果你情緒上還是覺得她這樣做實在是糟糕透了，那就想一想更糟糕的情況。例如說，因為非理性的強求完美，並且非理性的扭曲了「她不完美」的嚴重性，本來可以好好相處的寶貴時間變成充滿壓力的時刻，這是多麼浪費。承認吧，她不完美。你也不完美。

暴怒的案例

彼得和法蘭經常有所謂的「狂野的憤怒」。他們先是吵架，有時演變成打架，但是他們很少對彼此突然暴怒。他們的憤怒是逐漸加強的。他們「你來我往」的攻擊通常到達聲嘶力竭的地步，但是很少突然爆發。我看過最嚴重、最棘手的暴怒案例是珍妮佛，一個二十歲的大學女生。

當別人說了什麼她不苟同的話或做了什麼她不苟同的事，或是讓她感到挫折時，珍妮佛往往一下子就突然暴怒起來。結果就是珍妮佛和朋友及雙親的關係都很痛苦，她也發現自己很難找到不被開除的工作。

我問她這件事，她說：「我就是這樣，如果別人跟我胡扯，我就會回嘴。這就是我的個性。」

首先，我對她口中的「胡扯」產生了興趣，我問：「你說的『胡扯』是什麼意思？」

珍妮佛翻翻白眼，看我的眼神好像我是火星人。她很不耐煩的回答：「說些垃圾的話啊，而且想胡搞你。」

我說：「喔。」心裡想，那她剛剛說的話算不算垃圾呢？

的確不需要多大的事情就能惹火珍妮佛。最明顯的就是她和父母的關係了。有一次，母親要求她付電話帳單，其中有幾通講了很久的長途電話是她打的。珍妮佛立刻發火。

她用尖銳的聲音吼起來：「幹，你這隻母狗！我又不是唯一一個打電話的人！」接著她便滔滔不絕數落起她媽媽來，說她是個失敗的人，連走路都彎著腰，像是殘廢的人，說她很小氣、長得很醜，說她最恨像媽媽這種人，還讓她想到以前某個她很討厭的朋友……等等。

事情過去後，珍妮佛覺得很抱歉，但是一如往常，她很快的又被惹火，又大發脾氣。這個模式似乎永無止盡。大爆發之間隱藏著燜燒的火苗，幾乎每隔四天就會為了各種理由大爆發一次。

我問珍妮佛，她認為母親要求她付電話帳單時，她為何會這麼生氣。這個問題本身便惹火了她。她提高音量說：「因為不公平！又不是我一個人用電話，我媽也用啊！她還敢叫我付帳單！」

我說：「好的。所以你覺得她要求你付整個帳單是不公平的。你可能是對的。但是你為什麼那麼生氣？」

珍妮佛震驚地看著我，用高傲的口氣說：「喝，因為母親不應該對女兒不公平？」

我繼續問：「除了母親，這是否也適用在別人身上呢？」

「是的，但是尤其是父母。他們應該照顧孩子的，而不是想著偷孩子的錢。」

「所以你覺得母親要求你付電話帳單，就是在偷你的錢？」

她大叫：「對！如果我不是唯一用電話的人，為什麼我要付整個帳單？」

「聽起來很合理。如果你不是唯一用電話的人，確實應該大家分攤。我們可以假設，媽媽對你不公平，占了你的便宜。」

她衝口而出：「簡直噁心！你想想看，一個母親試著偷她女兒的錢。噁！」

「所以你是說，母親永遠不可以占女兒的便宜，如果她想占便宜，就非常糟糕？」

她毫不遲疑的同意：「對。」

「嗯，那你為什麼不就拒絕付帳，而且告訴她原因就好了？」

「我有啊！」

「可是，你媽媽說，你對她吼叫，還羞辱她。是不是這樣呢？」

「對，我承認，也道歉過了。但我就是忍不住。」

「你**就是**忍不住？」

「或許我可以忍得住，但是沒有。我無法忍受被那樣對待，好像她可以隨便欺負我，只因為她付我的大學學費什麼的。她根本不尊重我。」

「我想我理解你的思考。你覺得母親不應該對你不公平，或做出任何不尊重你的行為，如果她這樣做了，就糟糕到你無法忍受。不但如此，你似乎在告訴自己——至少是還在氣頭上的那時候——你實在無法管住自己的憤怒。你覺得是母親做的事情讓你生氣。所以，你其實沒有為自己的憤怒負起責任。你認為憤怒就這樣發生在你身上。有人錯待你，你就爆發了，就好像你擦火柴，然後出現火焰一樣。發生的事跟你完全沒有牽扯，所以你就像火柴一樣無能為力。」

「真的**不是**我的錯！是我媽先開始惹我的！」

你可以看得出來，珍妮佛非常抗拒為自己的情緒負起責任。這是她暴怒最重要的原因。事實上，她告訴自己她反正無法控制，於是允許自己暴怒。結果就是她覺得嚴重失控。她越是想控制自己的人生，就越容易暴怒，於是越感覺失去掌握。這是惡性循環。只有當她明白自己的謬誤思考症候群，才有希望打破循環，努力克服。

短保險絲症候群

你可從我們的討論猜測到，在珍妮佛的思考中，她假定了好幾條不切實際的情緒規則，一條堆疊在另一條上面。你知道是哪些規則嗎？

我試著描述她的症候群如下：

- **強求完美：**我媽絕對不可以對我不公平或不尊重。

- **將事情嚴重化**：因為我媽絕對不可以對我不公平或不尊重，當她這麼做的時候，實在很糟糕。
- **無力承受**：因為她對待我太糟糕了，我無法承受。
- **無可奈何**：因為我無法承受她如此對待我，我沒辦法，只能發脾氣，而且根本不想試著控制我的脾氣。

情緒：暴怒（認為對自己的情緒無能為力）。

這就是**短保險絲**：首先，你因為**強求完美**而引燃保險絲。然後你因為事情並不如願而**將事情嚴重化**。然後你告訴自己你**無法承受**如此糟糕的事情。然後你讓保險絲燒完，告訴自己，反正拿自己的情緒**無可奈何**，然後大發雷霆。

我協助珍妮佛面對這個複雜的症候群時，最成功的部分是協助她處理脾氣爆發之前的最後這條規則——無可奈何。我告訴她可以用以下三個解藥：

- 將「無可奈何」改成帶有強調意味的「**是的，我可以**」。
- 抗拒情緒，對自己**證明**你是自由的。
- 避免使用逃避情緒責任的字眼，以承擔責任的字眼來取代。

我建議她一旦感覺怒氣開始上升時，就試試這些解藥。她是游泳選手，對自己的運動能力和絕佳的體能深感驕傲。我告訴她，就像她的身體肌肉一樣，她的意志力也需要運動鍛鍊，才會變強壯。身為運動員，珍妮佛很瞭解自己必須循序漸進。所以我建議她，先專注於較小的挫折所引發的反應，練習自我控制，然後進步到練習比較大的挑戰。

當珍妮佛的朋友說了她不喜歡聽的話時，她通常會做出敵意、嘲弄的回應。不過，她認為朋友得罪她時，她的反應比對父母的反應溫和而且沒那麼惡毒。所以我建議她先專心練習面對朋友小小得罪她時的自我控制，然後才慢慢升級到重量級的情況，例如和她的父母之間主要的衝突。但是這麼做之前，她必須承認自己有能力控制憤怒。所以我鼓勵她將「無可奈何」改成帶有強調意味的「**是的，我可以**」。

要這樣做，她必須在她感覺到身體的衝動升起時，跟自己說不同的話。不要說：「既然**你**惹火了我，我**沒辦法**不生氣。」她要說：「既然是**我**在惹火自己，我就**可以**阻止自己發火。」**可以**這個字眼本身就給人力量。告訴自己你**可以**抗拒身體的感覺和衝動是非常非常重要的。當你說「可以」的時候，你便**給了**自己自由。你否認自己是被動的物件，並且確認了自己內在的自我控制力量。這個確認本身便是一種解放，因為它令人**覺得**得到解放。這是對抗拒和改變的鼓舞。當你真的抗拒了，你就對自己**證明**了這個自由的感覺是**真正的**自由。

對珍妮佛而言，這是很有效的藥物。面對日常生活跟朋友之間的小挫折時，她越能控制自己，就開始覺得越自由。當她對自由的信心逐漸增強時，她真正的自由也增強了，於是她變得較能容忍朋友和家人。

如果我們說珍妮佛**只需要**這樣做就能快樂起來，便是過度簡化了。她還需要努力面對其他點燃保險絲的非理性規則，尤其是強求完美，這一條規則讓她的自我控制變得負擔異常沉重。然而情況看來，光是告訴自己她有辦法控制脾氣——當她被不公平對待時，不**需要**馬上發火暴怒——其他非理性規則對她脾氣的影響力似乎就已經減弱了。

光是讓她看到，她畢竟是**可以**管理自己的感覺，就讓她得以反駁其他據以形成憤怒的規則了。有個比喻可能有助於讓你瞭解她的狀況。如果痲疹意味著皮膚上會出現紅斑，那麼，如果你沒有紅斑，你就可以說你沒有痲疹。憤怒就是讓短保險絲症候群洩露形跡的紅斑。如果你能證明你可以控制自己的憤怒，那就表示你沒有短保險絲症候群。如果你沒有短保險絲症候群，那就表示你沒有短保險絲症候群中的所有謬誤。例如，你可能在告訴自己，某人對你做的事情其實沒那麼天大的糟糕，你不至於無法承受。這是個健康的信號。短保險絲症候群的主要徵兆就是暴怒。不暴怒，就不是短保險絲！

理性的憤怒

你也看到了，控制憤怒可以對你和你最在乎的人的幸福做出重要貢獻。然而我倒不是說永遠都不可以生氣，因為並非所有的憤怒都是非理性的。確實，被動接受別人的不當對待也不是幸福之道。我在第十一章強調過，自願的奴隸並不會幸福快樂。

亞里斯多德所提出的追求中庸之道、避免極端的想法，就很適用。溫順聽話便是一個極端——缺乏憤怒。火爆易怒是另一個極端——過多的憤怒。二者皆應避免。但是如果你必須較為偏向某一端的話，亞里斯多德會建議你傾向於缺乏憤怒的那一端。這位哲學家說：

對正確的事情、對正確的人感到憤怒，而且是應該憤怒的時候才憤怒的人，會受到讚美。這是脾氣好的人，因為好脾氣會得到讚美。脾氣好的人比較鎮定，不會被熱情帶領著走，但還是能根據適當憤怒的規則憤怒，其態度、事件對象、時間長短都照著規則；但這樣的人會被認為太過沒有脾氣，因為脾氣好的人不喜歡報復，而是盡量容忍。〔註五〕

亞里斯多德的建議就是，在生活中能夠做出合理的容忍和讓步，會對你和他人快樂相處有很大貢獻。對人**抱持保留態度**，尤其是對生命中的重要人士，而不是馬上生氣，是一種健康的容忍。

正如你在本章看到的例子（在你自己的生活中一定也看過），激怒人們的事情往往是根本不值得生氣的小事。不讓自己為小事困擾，可以在生活中造成很大的差別。

註：

1. *Ethics*, book 7, ch. 5。
2. 當你感覺到某種情緒時，情緒的**焦點**似乎便是腦子裡最強而有力的思緒。當法蘭的焦點是彼得的行為時，她在想：「多糟糕！」焦點在彼得本人時，她會想：「真是混蛋！」焦點在報復的時候，她在想：「凌虐這個混蛋！」
3. 你也可以有這個症候群，卻沒有走到「責怪他人」的階段。記得嗎？當法蘭不再認為彼得是個混蛋時，她還在想著報復。這個較為不複雜的變化形式會依照**強求完美**、**將事情嚴重化**、**報復**的順序走。
4. 這些是第十章提供的解藥的簡化版。完整版請參考第十章的「情緒謬誤：反駁與解藥」那一段。
5. *Ethics*, book 7, ch. 5。

#【第十三章】如何處理你的焦慮

人們定義恐懼為對惡的預感。我們害怕所有的惡，例如丟臉、貧困、疾病、沒有朋友、死亡……我們可能害怕得多些、少些，也可能恐懼其實沒那麼可怕的事物。關於恐懼的錯誤就是：恐懼個人不該恐懼的，恐懼我們不該恐懼的，以及我們不該恐懼的時候恐懼。

——亞里斯多德〔註一〕

焦慮就是對於未來會發生或可能發生的事情產生某種情緒緊張的狀態。有些對未來的情緒緊張可以協助你保持警覺，避免危險。如果你正在通過交通繁忙的路口，或是大卡車迎面而來，那你最好夠警覺！人類對察覺到的或可能的危險會神經緊張，似乎是演化出來的保護機制的一部分。

很不幸的，你所體驗到的焦慮很多是不切實際或無效的。從非理性前提而形成的焦慮可以真的讓人很困擾！本章中，我將討論某些人類關切的常見議題，這些議題時常引起非理性的、自我挫敗的焦慮。

其中之一就是人類必然死亡。以實際面而言，未來的某個時候，你和你所愛的人都將死亡。

你如何面對這個事實，對於你如何生活和如何感覺有重大意義。讓我先從薇姬開始說起。

追尋意義：面對生命有限的案例

薇姬是一個漂亮的二十九歲女性，和她的傑克羅素梗犬住在一房的小小公寓裡。她沒結過婚，擁有哥倫比亞大學美術史的學位，在一家健康保險公司當索賠處理員。薇姬跟父母住在同一個城鎮，常常探視父母，向他們吐露私事。她有活躍的社交生活，和許多男性約會過，但從未和任何人發展出親密關係。當男人試圖和她認真交往時，她就不再和他約會了。

薇姬聰明、甜美、個子嬌小、活潑，她的微笑可以照亮整個房間。雖然她在基督教信仰的環境下長大，但是她並不虔信，而是一個不可知論者。她不相信耶穌神聖無垢降生，也不相信耶穌為了世人的罪惡而死。

她對於自己的人生將往何處去、從何處而來、死後會如何，都毫無概念。她來見我時，是一個迷失的靈魂，焦慮地等待著未來，但是這個未來對她毫無意義。

「如果將來必然一死的話，人生到底有何意義？如果你死了，你做的任何事情還有何意義呢？」從小，這個問題就啃噬著她的心靈。晚上躺在床上睡不著，盯著黑暗、空無一物的天花板，她開始意識到自己的存在如何的脆弱蒼白。夜晚的寂靜以及黑暗的空無讓她覺得空虛。她和她父母終將如螻蟻般死去的怪誕影像在夜裡折磨著她：「人生毫無意義。我們誕生，我們死亡。沒有意義，沒有目的。我們只是活著，然後不再活著。」在寂靜的夜裡，這個念頭不斷出現，她躺在那裡睡不著，有時一躺就是好幾小時。有時，白天清醒的時候也會想到。

死亡是她最恐懼的事情。她無法不想到死亡，無法反駁，無法調適，一直感到挫折，無法快樂起來。她避免以死亡為主題的電影，喜歡浪漫喜劇。當別人談到「恐怖的事情」時，她會覺得不舒服。無論她如何努力逃開，死亡的陰影無時無刻不在。她越努力，越覺得挫折。

定義自己的人生意義

似乎，薇姬為了要找到人生意義，她首先要求人生不是徒勞的**保證**，人生有某種終極的宇宙意義和美善。如果生命只是以死亡作結，那麼生命無從得到慰藉。她說：「或許如果我能夠相信上帝存在，祂會照顧我和我所愛的人，我就會找到人生慰藉了。可是我不知道是否真的有這樣一個上帝存在。我有時試著告訴自己有，但是我真的不知道。」

薇姬的人生觀讓我想到一位大學教授上課時說的一番話。他認為廚師的工作很沒有意義，因為一切食物反正都將化為糞土。我總覺得這種看法過於悲觀。

我整理了一下思緒才說：「好的。假如上帝真的不存在，而你吐出最後一口氣之後就死了，任何其他人同樣也死了。這就表示你的人生和別人的人生沒有意義了嗎？」

「是的。我認為如此。如果生命只是這樣的話，活著還有什麼意義！」

我看著這個困住自己的美麗年輕女性的雙眼，心裡想著：為什麼她會有如此非同一般的悲劇性想法。然後我說：「哲學家尼采曾說『上帝已死』，但他從來沒有說人生沒有意義。人生的意義反而是由你來賦予的。你不需要得到上帝存在的保證才能出去做自己的事。即使上帝真的存在，一切也沒有什麼不同，你還是需要自己走出去，好好活著，給自己的人生帶來意義。」

在第十一章，我談到沙特的觀念：「存在先於本質」，這也是在說人類經由自己的人生（「存在」）定義自己的目的（「本質」）。沙特說，你所有的行動加起來就是你。你不是被你的夢想和期待定義。不，你用你做的事情定義自己（註二）。對於那些認為人生原本就沒有意義的人，這是個好的建議。

但是，薇姬抗拒沙特的解藥。我認為她的抗拒大部分來自強求完美。她一直如此。她要求必須先有既定的、宇宙的人生意義，然後她才能擁有自己的人生意義。她要求絕對確定上帝存在，然後才能找到活著的慰藉。她要求她和她愛的人永生，而邪惡的事情最好不要發生。她焦慮地等待著未知，被自己的完美要求和期待阻撓，她感覺不到人生意義地活著。

她有一次要求我保密，然後說：「我的美術史學位從來沒有派上用場。我覺得我浪費了我受的教育。雖然我唸的是常春藤聯盟的學校。」

我問：「你喜歡藝術嗎？」

她說：「我很少看什麼藝術品。我以前有在畫畫，而且還畫得很好，但是大學畢業之後還沒動筆過。」

沙特的建議對這位淒涼孤獨的個案來說，最清楚不過了：做**對你而言**有意義的事情。有些人做他認為別人要他們做的事。他們成為醫生或律師或接管家族事業，因為他們認為別人**期待**他們這樣做。有些人則是經由自己的孩子而活。渴望但從未成為專業球員的父親，現在訓練兒子從事他自己從未擁有的生涯。無聊的家庭主婦曾經渴望成為明星，現在坐在家裡看著電視上的明星。根據他們為自己設定的標準，這些人的人生並不真誠，他們負面看待自己，將自己定義為落空的夢想和期待。

哲學家寫過很多書，宣稱人生**真正的**意義**是**什麼。但事實上，除了真正**對你**有意義的人生意義，沒有其他的人生意義值得你去活。我試著將這個解藥告訴這個不快樂的女人。

我不著痕跡地說：「你為何不再度開始畫畫呢？」

「我想我是可以，但是很難開始。我那麼久沒畫，可能畫得沒那麼好了。」

我叫了起來：「又來了，你希望在做一件事情之前，先得到保證！你為何不去做就是了！」

她遲疑地說：「好啦，我會試試看。」

下次我再見到薇姬，她美麗的微笑勝過千言萬語，如同她給我看的畫。那是一幅海洋的畫。海浪寧靜地拍打著海岸，襯著灰色的天空。廣闊的灰色海水隱約融入天空，幾乎看不見地平線了。這幅畫很壓抑，我無法忽視隱藏其中的力量和狂暴。我在想，這是否正是她的人生寫照。海天之間模糊的邊界讓人覺得人生的冒險面對的是迷茫的未來，卻沒有精確無誤的指南針引導你走過灰色的廣闊風景。然而，壓抑、順從的海洋雖然無法和灰暗的天空完全清楚分開，卻仍然擁有深不可測的各種可能。灰色終將變成藍色，而海水將會閃耀著它的美麗。雖然現在還看不出來，但海浪終將狂暴的擊打岸邊。這個海洋擁有生命，只是暫時被壓抑住了。灰暗的天空好像預言了風暴將臨，但海水仍然平靜。畫裡的寧靜有種哀傷的味道，遮掩住了生命活力。我認為她表達了她自己寧靜卻壓抑活力的生活特質。現在是時候了，她應該釋放無窮的可能性。

我的讚美激勵了薇姬。內心點燃的微小火花隨著她微笑的光輝開始閃耀發亮，我們開始探索無窮的可能性。

她最終想要找到分享人生的對象，還是保持單身？想要孩子嗎？目前的工作讓她滿意嗎？她希望將藝術當做職業嗎？這些以及其他藏在人生大海中的可能性，開始隨著我們的討論一一浮現。

我問：「你想結婚生孩子嗎？」

「想。我其實很羨慕我的朋友們。他們大部分都結婚生子了。」

「那你認為你為什麼還沒找到對象呢？」

她想了一會兒，說：「我不知道。我和很多人約會過。有些想跟我認真交往。」

「他們想認真交往時，發生什麼事了？」

「我跟他們分手。」

「為什麼？」

她停頓一會兒才承認說：「我想我害怕吧。」

我問：「怕什麼？」

「我會開始想，他們可能不是對的那個人。然後我會有好像一切都會不一樣的可怕感覺。」

我問：「一切？」

她皺眉說：「很多事情！」

我問：「像是什麼？」

「我不知道。就是很可怕。」

薇姬似乎害怕改變。她在自己的小天地裡覺得安全。那畢竟是她熟悉的，而且已經習慣了。她非常倚賴父母的安慰，從中得到親切、溫暖的安全感，就像待在母親懷裡的小寶寶一樣。探索人生之海有其危險，待在岸上比較安全。

這讓我想到了哲學家多瑪斯・阿奎納（Thomas Aquinas）的話。他說，如果船長希望安全，就會讓船待在港灣裡。但是當然，身為船長不能這麼做。船長若是待在岸上就沒有意義了。薇姬也是如此，她為了安全，寧可讓自己的目標破滅。因此，她讓自己無法體驗她想過的人生。再次地，希望人生沒有風險的要求，讓她對自己能否遇到「對」的對象一直感到焦慮。

我在想，薇姬的「好對象」會是怎樣的人。所以我問她，如果好對象出現，她怎麼知道。

她充滿自信堅決的說：「一切都會覺得對勁。一切都會一拍即合。」

我不知道她認為是什麼使男人與她「一拍即合」。我問：「你在男人身上尋找些什麼條件呢？」她毫不猶豫的回答：「我要善良的人、喜歡跳舞、喜歡藝術、和我看法相近，尤其是政治立場。我絕不和共和黨員結婚。他一定要高大、強壯、帥氣，而且還要很聰明。」

「如果他政治立場和你不同呢？」

「我們會合不來。一定沒法相處。」

哎呀，又一條非理性規則讓這個女人無法創造有意義的人生：

●別人（尤其是生命中重要的人）必須永遠同意我，永遠不可以有不同意見，因此，好對象

必須總是和我意見相同，必須永遠不會和我意見相左。

你可以看到，這是**世界以我為中心**的一種版本：你要求用你的喜好為別人定義現實為何。

我跟她說，和意見總是相同的人一起生活會很無聊。我也指出，其實，人們的世界觀一直在演化，角度不同的夥伴可以協助彼此成長。她承認好對象可能會跟她意見不同，但還是堅持這個男人需要在「重要議題」上同意她。我逼問她這是什麼意思，結果發現「重要議題」就是「我有強烈感覺的任何事情」。

我問：「你覺得你最終會遇到符合條件的男人嗎？」

她回答：「我不知道，我到目前還沒遇到過。」

我試著跟她說，如果她沒有成功，那麼這是她自找的。畢竟，所謂的好對象是由她決定的，是她設定好對象的標準。這些標準是她選擇的，不是客觀現實。我很懷疑她真的理解在訂定標準時有多麼大的自由（和責任）。

這時我想到柏拉圖提到的，關於尋找靈魂伴侶的古老神話。很久以前，因為人類不遵從神祇的旨意，所以神祇處罰人類，把人分成兩半，分散在地球四處。尋找「另一半」真的就是字面的意思（註三）！很不幸的，世界上只有一個人是為你存在的這種想法，已經變成不為自己的決定負起責任的藉口。如果你坐等另一半出現，你可能一輩子也等不到（註四）。在某個時刻，你必須告訴自己，這個人適合我，因為我已決定此刻就該如此。

我相信薇姬對於永生的絕對要求，讓她害怕投入關係。好幾次，她告訴我她不覺得自己內在像個「成人」，說她「覺得自己像個孩子」，還說她「不想當成人」。我認為，她對死亡的非理性恐懼讓她緊緊抓住童年不放。對她而言，人們**必須**永生，因此死亡是可怕、恐怖、糟糕的事情。由於這條非理性規則，難怪她對年齡增長感到強烈焦慮。活在永遠長不大的世界比較安全，但是代價就是大部分未曾實踐的人生。

薇姬的挑戰就是：她情緒依戀一個安全卻令人遺憾的存在狀態，她必須克服才行。她需要運用意志力做出改變，即使長大成人以及探索人生之海的未知領域充滿了不確定性。

我最後一次見到薇姬時，她還在和這個挑戰搏鬥。她遇到一個男人向她求婚，而她認真考慮要接受。她還是為了人生如此脆弱，以及自己的必將死亡而感到強烈焦慮。終究，她的幸福要看她是否願意跳進充滿無限可能的人生意義之海，並且付諸行動，即便還是有非理性要求的情緒負擔存在。

性生活的中年危機：渴望年輕女性

薇姬的人生危機在某一方面很像中年危機。所謂中年危機，推理的前提之一正是自己的生命必將死亡。讓我告訴你戴爾的例子。他是四十五歲的珠寶推銷員，因為中年危機來找我。他年紀漸長，自己也很清楚這一點。這個事實完全占據了他的腦海。一方面，他知道自己無力反轉生理時鐘，另一方面，他在情緒上無法接受自己不再年輕的事實。想到自己年老令他非常痛苦。戴爾結婚十八年了，有三個青春期的孩子。他的日常生活十分單調，和妻子的性生活令他不滿意。戴爾的身材保持得宜，一頭淺褐色（染的）頭髮，而他的妻子有點胖，還任由自己的頭髮花白。妻子很忙，三個孩子加上半職的接待工作，還在教會當志工，她似乎並不在意自己大嬸婆般的外貌，但是戴爾在乎，他和她出門時，常常覺得丟臉。他常常盯著年輕女性看，然後，自慰時想著和她們性交。事實上，和別的、較年輕的女人在一起的欲望越來越強。他開始認真思考，想和辦公室一個二十二歲的同事發生外遇。兩人互相說些曖昧挑逗的話，之後女人給了他電話號碼，要他打電話給她。他把她的電話號碼藏在皮夾子裡，常常拿出來看，再放回去。

他老實說：「我寧死也不要當個老頭子。」

我問：「你最不喜歡變老的哪個部分？」

「你會看起來一團糟。唯一覺得你有吸引力的女人都過了更年期，胸部下垂，全是皺紋。」

戴爾描述的老化（包括他對老年女性嚴厲的刻板印象）讓我看清楚了，他為什麼對老化有這麼多的焦慮。

「聽起來，你最不喜歡變老的原因是，你覺得你會失去對年輕女性的吸引力。是嗎？」

他回答：「老了也會覺得一團糟。我這裡痛那裡痛的，以前都沒有。我的勃起也不像以前那麼持久了。但是你說得對，失去性吸引力大概是最糟糕的一點。」

在我看來，戴爾認為自己身為人的個人價值建立在主流社會的看法上。戴爾看待老化的態度源自偏好年輕的社會。在西方世界不難看到，時尚、電視、電影和廣告都是為年輕人量身訂做的。事實上，我敢說大家看待老年好像疾病似的，而不是人生成熟的階段。

這讓我想到一位醫生跟我說的話。出於家人請託，我跟這位醫生詢問一位年長病患的狀況。

這位女士已經九十八歲，得了肺炎。她入院時是用雙腿自己走進來。一住進醫院，醫生叮囑她停止服用心臟科藥物（這藥似乎和她的肺炎一點關係也沒有）。住院幾天之後，她變得十分虛弱，無法站起來，也無法下床，沒多久她開始失去意識。我詢問她的狀況時，醫生回答：「你能期待什麼？她已經九十八歲了！」我在問她的病況，醫生卻告訴我她的年紀，好像這是同一回事！

在醫學界，把老化當做末期疾病並非少見。一般而言，如果你不到六十五歲，在醫院可以得到比超過六十五歲的人更好的照護。為什麼？因為大家認為年輕人比較有價值。為什麼要投資在即將過世的人身上？為什麼要為即將報廢的機器花錢？錢可以花在壽命比較長的機器上面啊。老人就像破舊的鞋子似的，被放在衣櫃的黑暗角落，或者乾脆丟棄。怪不得戴爾看輕老化，追求青春。社會就是這樣！

以我的理解，戴爾的思考如下：

規則：如果年輕女性被我吸引，我就有價值，否則我還不如死了的好。

報導：如果我老了，年輕女性就不會被我吸引。

情緒：焦慮自己老化（覺得老年顯得無望，令人沮喪）。

很明顯的，是這個推理讓戴爾把那位年輕女性的電話號碼好好收在皮夾裡，認真考慮是否和她發生性關係。他很重視這個祕密。像渴望榮譽勳章似的，他渴望這個電話號碼。擁有它，讓他感到有目標和價值。只要她認為他有性吸引力，他做為一個人的事實就得到證明。但是生理時鐘不斷滴答，他的自我責怪決定了他的命運。或遲或早，他都將變成一堆沒價值的皺皮囊。對他來講，老化是一種疾病，遲早會吞沒了他。

但是，真正的疾病是他的自我責怪，所以我和他一起努力反駁這個具殺傷力的想法。我說：「關於生與死的議題，似乎基礎很脆弱。年輕女人想鑽進你的褲子裡的時候，你就有價值，她們不理你的時候，你就準備進垃圾場了。」我又說：「你怎麼會覺得所有的偉大人物都有年輕女性作伴呢？林肯呢？他可不是女友一堆的人，但是他是個偉大的人。」

戴爾咯咯笑了。他似乎看出了他自己的規則有多可笑。

他需要的是一個更穩定的哲學基礎來接受自己是個有價值的人。我們花很多時間討論是什麼使得人類這個物種有價值，戴爾似乎喜歡亞里斯多德認為人類是理性動物的定義。對於戴爾，他**有能力**做理性思考這個事實，似乎是自我尊重的好理由。其他動物，即使是昆蟲（我想到了情蟲！）顯然都有進行性行為的能力。但是人類有獨特的價值和尊嚴，和昆蟲不同：**人類可以理性思考！**戴爾似乎很滿意這個論點。

我們越談，他越明白，他和妻子多年來形成的連結，是一種只有兩個理性生物才可能有的人類聯盟關係，其價值遠比和年輕美麗的女性發生關係更高。理解到這一點之後，他對妻子的性滿意度似乎也升高了。我最後一次和戴爾會談時，他告訴我，他和妻子的性關係大幅改善。

據我所知，戴爾始終未能完全超越他的老化焦慮。年輕漂亮女性走過時，他還是會回頭看。他還是一直在意自己是否看起來老了，年輕女性是否還覺得他有吸引力。偶爾一個微笑或冷淡的一瞥，還是會讓他想「她在想些什麼？」。情緒上，他還是倚賴年輕女性的表情來證明自己的存在，但是他不像以前那麼受折磨了。

扔掉刀子的女人：強迫症案例

你可以看到，薇姬和戴爾面對人終將一死的現實時都感到無助。這種無助的感覺在強迫症患者身上最明顯了。這些患者的無助感結合極端的絕望，使得這些情緒經驗變成惡夢地獄。在這裡，他們感知到的敵人其實不是某個客觀的外在事實，例如人必將死，相反的，那敵人就是**自己**。讓我舉一個絕望的靈魂薇樂莉所經歷的地獄為例。

薇樂莉三十五歲，已婚，有兩個孩子（八歲和十二歲），是個兼職的會計師。她是個安靜嚴肅的女人。常常有「可怕」的想法一再自動「冒出來」，占據她的腦海，讓她覺得無助。她越困擾，這些想法就越強烈的控制住她。

這些想法變化多端，但是常常出現的一個就是拿著刀子殺了自己的丈夫。這個想法十分強而有力，她感覺得到一股衝動，想打開放刀子的櫥櫃，拿出一把刀，刺入丈夫的心臟。因此，她把所有的刀子都扔掉了。丈夫問起刀子去哪的時候，她說那些刀子不好用了，所以都丟掉了。丈夫對她的行為感到無奈，要求買一套新的。薇樂莉變得很生氣，說他們其實不需要在屋裡放這麼銳利的工具，何況孩子們可能拿到了，不小心割傷自己。因此，他們家裡沒有刀子。

薇樂莉也會有在孩子們的食物裡下毒的念頭。她會在腦子裡看到自己把老鼠藥放進孩子們的盤子裡，然後他們窒息死去。這些影像感覺非常「真實」、「有強制力」。她越是想擺脫，這些想法就越強烈、越令人痛苦。因為這些想法不斷重複冒出來，她開始拒絕幫家人準備三餐，堅持要他們自己煮。她也拒絕在家裡放任何殺蟲劑或一般常見的有毒家庭用品。她會固定不斷詢問孩子身體覺得怎樣。有時，她會半夜叫醒他們，看看他們是否還活著，而且會整夜不睡地察看他們。

我問：「當你有這些想法的時候，你跟自己說什麼？」

「有時候，甚至是我在工作的時候，這些恐怖的想法就冒出來了，好像我真的就在一邊微笑著一邊刺死我丈夫。然後我就想，什麼樣的怪物才會有這種念頭！而且我開始覺得自己很邪惡，根本不配活在世上。

「有時候，丈夫和孩子跟我說話的時候，或是他們在另一個房間的時候，我感覺好像我真的要這麼做了。有時候，我害怕自己其實已經做了，只是自己不知道而已。所以我會試著探詢他們是否沒事。我有一次打電話到丈夫的辦公室，看看他是不是真的沒有死。我沒辦法跟丈夫說這些，因為他就是不明白我在說些什麼。我試過，但他就只是笑笑，覺得很有趣。他根本不懂是怎麼一回事。」

我問：「你真的做過這些事嗎？」

「沒有。喔，天啊，沒有！」

「但是你常常覺得你真的做了。」

「對。」

「雖然你覺得自己做了，但是你仍然沒有做。你在那裡，刀子就在手邊，丈夫站在你身旁，你還是沒有做任何事情。」

「對。」

「你有這些想法和感覺，好像你做了這些事，但也僅止於此了。你害怕有一天你會真的做出來，但是這個預測根本不切合實際。你的問題不是你真的會去做這些事，而是你有自己可能會這樣做的**想法**和**感覺**。你同意嗎？」

她沉思的點頭說：「是的。」

我繼續說：「我認為你是這樣推理的。首先，你想像自己刺殺丈夫，甚至覺得自己真的想這麼做；然後你告訴自己，如果你真的做了，會是多麼可怕、恐怖、糟糕的事情，你將無法承受。我稱之為滑坡症候群（註五）。你將壞事發生的可能性放大了，然後告訴自己會多麼恐怖，你將無法承受。」

她用煩惱的口氣說：「可是感覺起來那麼真實，就像我真的會去做！」

我看到她確實需要哲學啟發。「真實」這個字眼多麼狡猾！

我說：「這些感覺和想法是真的，但只有在你有這些感覺和想法的情況時，才是真的。但如果說到它們是否符合這世上任何實際發生或即將發生的事情時，就不是真的了。就像你夢到即將跨上馬背騎著，作夢的時候感覺滿真實的，但是你其實是躺在床上睡覺，沒有要騎上馬背。你對丈夫和孩子的想法和感覺的真實程度就像夢一樣。它們是惡夢沒錯，但是你該醒來了。你需要實際一些，這才是最好的解藥。」

滑坡症候群

以下是薇樂莉強烈焦慮背後的症候群：

- **滑坡：**一旦我有刺殺丈夫的想法和感覺，我便會真的拿刀子，舉起來，刺進他的身體。
- **將事情嚴重化：**既然我會這樣做，所以我會做出很糟糕的事。
- **無力承受：**既然我會做出很糟糕的事，所以我無法承受。

情緒：對於可能刺殺丈夫感到焦慮（腦中有「用刀刺進他的胸膛」的痛苦想法和影像）。

你可以看到，是第一條前提的滑坡事件報導——她將刺殺丈夫——讓她滑到「將事情嚴重化」，接著滑到「無力承受」。一旦開始滑，就一路滑到最底下排山倒海的焦慮了。切合實際意味著揭露這個症候群嘈雜不休的真面目。你可以跟自己說：「又來了，荒唐的想法，哎！」你可以想像謀殺你最愛的人嗎？那真的很慘。這正是為什麼薇樂莉會有此想像。事實上，薇樂莉太愛她的丈夫和孩子了，想像自己殺掉他們簡直就是駭人到了極點。念頭越是糟糕，傷害就越大——如果你讓它們傷害你的話。你的害怕賦予了它們力量，如果你不怕它們，你就不會受傷！

責怪自我懷疑

薇樂莉的思考中還有一條不切實際的規則：

● 如果我有壞的想法，我本身就是壞人。

當薇樂莉告訴自己，因為她有這些可怕的想法，她一定是個邪惡的人，這時她就是在用這條規則。許多強迫症思考的背後都有某種自我責怪的規則。這條規則指出，只要你有壞的**想法**，無需真正**做**什麼壞事，你就是壞人了。這會造成焦慮，因為只要接受這條規則，你就會害怕有壞的想法。當你害怕有壞的想法時，這些想法就擁有了控制你的力量。

我給薇樂莉的解藥就是：「放自己一馬！」我跟她解釋，有壞的想法並不表示你就是壞人。否則我們每個人都是壞人了。

有誰「心裡沒有罪惡」，可以第一個跳出來丟石頭懲罰別人？我猜根本不會有任何人符合資格，可見得「因為有壞的想法而自責」是多麼荒謬了。人類有各種各樣的想法，有些是「壞」的想法，那又怎樣呢？不要再躲避壞的想法了，不要試著逃避人性。不可能的！

你可以看到，薇樂莉腦子裡冒出來的壞想法，讓她**做出**某些非理性的行為，以便保護她所愛的人，例如，她把刀子都丟掉了，她打電話查證丈夫是否還活著，她把殺蟲劑和其他有毒的家庭用品都丟掉，她拒絕準備餐點，她整夜不斷檢查孩子是否中毒。這就是所謂的強迫症行為。她要如何處理這些從非理性思考而來的強迫行為呢？

其實只有一個合乎實際的答案。薇樂莉必須運用意志力阻止自己的行為。她想深夜察看孩子的時候，必須強迫自己待在床上。她想打電話給丈夫時，必須約束自己不打電話。當她覺得想阻止丈夫把刀子放進購物車的時候，她必須克制自己不阻擋。諸如此類。

我很高興，薇樂莉進步非常多（沒有服藥）。她現在很少有強迫行為了，壞的想法只偶爾出現，通常是壓力太大的時候。但是她已經可以反擊了，她會跟自己說：「又是那個荒唐的想法，好吧！」

恐懼黑暗：畏懼症個案

強迫症的情緒中，焦慮的對象往往是**自己**。請注意，薇樂莉害怕**自己**可能對丈夫和孩子做出壞事。她把刀子丟掉、察看孩子，都是在保護他們不受到她自己的傷害。

相反的，你如果有畏懼症（phobia），你害怕的是某人或某個事物，**而不是**自己。讓我舉害怕黑暗的安妮塔為例。

三十歲的安妮塔是餐廳女侍。我第一次見到她時，她剛新婚六個星期。她和丈夫在牙買加度蜜月時本來一切都很好，然後，可怕的事情發生了。他們正在旅館睡覺，小夜燈亮著。忽然停電了，房間完全一片漆黑。安妮塔跳起來，開始用最大的音量尖叫：「救命啊！」她丈夫睡得正熟，緊張地醒來。他對安妮塔喊：「怎麼了？」在漆黑中，他摸索著尋找安妮塔。安妮塔嬌小的身體無法控制地劇烈扭曲顫抖。他抓住她，試圖安慰她，但是她因為黑暗而狂怒起來，不肯停止尖叫。過了一會兒，電力恢復，小夜燈又亮了。她立刻停止尖叫，恐慌逐漸止息。

安妮塔跟我解釋說她從七歲開始怕黑。那時候她跟朋友玩躲貓貓，被困在公寓大樓的洗衣間裡，那時她以為自己會死掉，她縮成一團坐在地板上好幾小時，等著別人來找她，這個經驗讓她感覺無能為力。最後是一個經過的陌生人聽到她的哭聲，把她救了出來。這次的創傷經驗一直跟著她，直到成年都揮之不去。

我問：「如果你待在漆黑的房間裡會怎樣？」

她憤慨地說：「我會看不見，好像瞎了一樣。」

我說：「好的。如果你瞎了，什麼都看不見會怎樣？」

她看起來很苦惱。「我會無法控制任何事情。我會完全無助！」她的聲音聽起來很緊張。

「如果你真的無法控制任何事情，完全無助的話，會怎樣呢？」

安妮塔的表情更加苦惱，聲音提高的說：「那太恐怖了，我會瘋掉！」

我安撫她說：「好，我懂了。」

讓她怕黑的情緒症候群終於明朗了。以下是我的想法。

失控的恐慌症候群

- **強求控制**（某種強求完美）**：**我必須總是能（完全）控制狀況，我永遠不可以處在無助的狀況中，不可以無法控制自己的狀況。
- **將事情嚴重化：**因為我**永遠不可以**處在無助的狀況中，不可以無法控制自己的狀況，而漆黑的環境**讓**我無助，所以很恐怖。
- **無力承受：**因為很恐怖，我無法承受。

情緒：因為處在黑暗中而恐慌（帶著無助和無力的痛苦想法和印象）。

你可以看到，安妮塔的強求控制處在一連串非理性規則的最上層。在牙買加陷入黑暗時，是讓她覺得無助和絕望的基本規則。在漆黑的夜裡，她體驗到的盲目，只有在她給自己的事件報導中——這個報導確認了她真的「失控」了——才有重要性可言。這個事件報導加上她強求控制，就造成了她的恐慌。

這就是我說的失控恐慌症候群（Out-of-Control Panic syndrome）：我**必須**總是能夠控制（強求控制），不能控制時就很糟糕（將事情嚴重化），因此，我無法承受（無力承受）。

怎麼辦？一個很有效的方法就是直接對源頭下藥，也就是強求控制。我告訴安妮塔：「如果你總是必須要有完全的控制，那你就無法開車、搭飛機，甚至無法過馬路了。」

安妮塔不怕飛航或開車，所以她並不難看到自己的雙重標準。當你搭飛機時，你將自己的生命交給了飛行員和儀器。飛機升空的時候，你幾乎不能加以任何控制。可是，如果你可以合理相信飛行員和儀器都是安全的，那麼，搭飛機就是合理的行為。所以，你應該關心的是**合理的**控制，也就是做出理性決定時你所展現的控制權限。我給安妮塔強求控制的解藥是：

- 你應該接受自己所能控制的範圍有合理的限制。

為了實踐這個一般知識，我建議她短暫待在黑暗房間中，藉此逐漸加強意志力，直到她能較長時間待在黑暗房間中。安妮塔進步很多，但她還是使用夜燈，床邊還放著手電筒。

你會像安妮塔一樣，有任何畏懼症嗎？你是否拚命試圖保持你對人生狀況的完全控制？如果如此，你就像安妮塔，可能有失控恐慌症候群了。

如果你的恐懼比較沒那麼令人不安，例如怕蛇，而且你不太可能遇到蛇的話，你可能寧可不理會你的恐懼，繼續照樣過日子。另一方面，如果你像安妮塔一樣，你的恐懼嚴重影響到生活，那你就可能需要處理一下，包括用行為克服情緒依附在非理性規則——尤其是強求絕對控制——之上的慣性。你可能需要非常努力，最後也可能無法完全克服這些恐懼的感覺。但是，經由努力，你很有可能可以大幅改善生活品質！

緊張的護理師：職業焦慮的個案

以安妮塔的例子而言，她的焦慮來自非理性的強求控制。有些焦慮症患者的控制問題其實只是症狀，真正的問題還被埋在下面。馬丁就是一例。

馬丁是三十五歲的精神科護理師，正在攻讀精神健康諮商碩士。他對哲學非常有興趣，來看我是因為他對工作有強烈的焦慮感，而他認為哲學諮商可能對他有所幫助。他也覺得學習哲學諮商可以協助他幫助自己的病患，解決**他們的**情緒問題。

馬丁是個非常有憐憫心跟愛心的人。他很在乎病患的福祉。他已婚，有個兩歲的兒子，是個負責任的丈夫與父親。不幸的是，因為他對別人這麼投入奉獻，當他要為自己做些甚麼時，很難不感到極度焦慮和罪惡感。他很喜歡週末時打理他的船，或是一個人在沙灘上散步，但他很少做這些，因為他妻子總是為他安排別的計畫。他很少為自己購買任何東西。某個耶誕節，他給自己買了一本書，藉口是兒子送的耶誕禮物。

他曾經想要一條上面印了熱帶風景的領帶。你知道的，就是有些椰子樹、紅鶴、深藍海岸等圖樣的。他和妻子一起逛街時，總是會盯著這些領帶看，想像自己戴上會是什麼樣子。但是他不敢買，怕同事說閒話。

每天晚上馬丁淋浴的時候，會充滿焦慮。一個重複出現的焦慮主題是：如果他對病患犯了錯誤會怎樣。另一個主題是為了工作和上級吵架。還有個進一步的焦慮，是對於可能被男性病患排斥；男病患有時會說：「我們不要男護理師，我們要真正的護理師——女的。」有時候，有些病患會拒絕他的服務，因為他們認為他是同性戀者。

他告訴我：「我的工作很重要。這些病患的生命倚賴我。我會擔心做錯了什麼，而讓病患可能受傷或死掉。」

我問：「你覺得自己永遠不可以出錯嗎？」

他很堅持：「對。沒有出錯的餘地。我不能有任何錯誤。」

表面上看，這狀況非常明顯。馬丁其實就是在**取得控制**這件事上強求完美。他堅決地說：「我必須永遠掌握情況，以避免任何錯誤。」接著我便開始反駁他絕對的要求控制。

我說：「這意味著你必須完美！你必須什麼都知道，像上帝一樣。這對人類而言根本不可能！」

但是，繼續詰問之後，我發現他對自己還有更基本的絕對要求。他開始談到如果他犯了錯，別人會如何看待他。

用控制獲得肯定的症候群

驅動他的焦慮的，似乎是「要求得到**他人肯定**」的規則：

- **強求別人的肯定：**我必須一直得到他人肯定（尤其是我的同業），我在工作上必須永遠不犯錯。
- **強求控制：**因為我在工作上必須永遠不犯錯，所以我必須永遠能夠完全控制。
- **將事情嚴重化：**因為我必須永遠能夠（完全的）控制，如果我無法控制某件事情，就很糟糕。
- **無力承受：**因為很糟糕，所以我無法承受。

情緒：對於保持完全控制感到焦慮（帶著工作上犯錯而失去同業肯定的痛苦想法和印象）。

你可以看到，在用控制獲得肯定的症候群裡，強求控制只是強求肯定的症狀罷了。為了得到肯定，馬丁無法犯錯。因為無法犯錯，於是永遠都必須維持控制。這形成一層層的強求心態，而強求肯定的心態便位在最上層。一旦明白了這一點，我專注在協助他克服強求肯定的規則，藉此解決他「控制」的議題。

正如我已經提過的，馬丁對於做些讓自己高興的事情有困難，尤其是別人可能會不贊成的時候。無論是獨自在沙灘上散步、打理船隻、買一本書、繫花俏的領帶，他都會停下來，考慮別人贊成的機率如何，才能正正當當去做這件事。

有解藥嗎？我的答案是：

- 將絕對的、不切實際的**必須得到肯定**變成「比較喜歡」。

我建議他：「能得到別人的肯定可能令人**比較喜歡**，但你不必真的得擁有別人的肯定。」我給了他一些功課：

- 去買那條花俏領帶，繫著去上班！
- 告訴妻子這個週末要享受一點個人時間。

過了好幾個星期，馬丁才真的買了那條領帶，繫著去上班。結果出乎他的意料，好幾個同事誇獎他的領帶，連上司都這麼說。真想不到！但即使他們不喜歡，也沒關係。只要你的行為沒有造成別人的痛苦，就去做吧！

那個週末，馬丁也成功地告訴妻子他想擁有一些個人時間。週六那天，他花了幾個小時獨自在沙灘散步，整理自己的思緒，還撿了幾個貝殼。

有趣的是，馬丁越是反抗自己渴望別人肯定的強烈情緒傾向，他就越不需要控制。我的假說是對的！如果你覺得你「必須控制一切」，那你可能就有用控制獲得肯定的症候群。想要控制一切的企圖可能是「絕對要求肯定」的症狀，這會讓你的生活充滿焦慮。果真如此，就像馬丁一樣，你可能也需要處理自己強求肯定的心態。將這個需求變成「比較喜歡」，運用意志力做自己。

我最後一次見到馬丁時，他告訴我他會很想念我。那是很溫暖的一刻。我們兩個都覺得成功完成了一趟旅程，並祝福彼此。

註：

1. *Ethics*, book 3, ch. 5。
2. Jean-Paul Sartre, *Existentialism and Human Emotions* (New York: Philosophical Library, Inc., 1985), pp. 32-33。
3. Plato, *Symposium*, in *Plato: The Collected Dialogs*, ed. Edith Hamilton and Huntington Cairns (Princeton, N.J.: Princeton University Press, 1973), pp. 542-44。
4. 熟悉搖滾樂團平克佛洛依德（Pink Floyd）的人會想到他們經典名曲〈時間（Time）〉裡的歌詞。
5. 請參考第八章。

【第十四章】克服憂鬱

人們說一個人應該對最好的朋友付出最多關愛，而一個人最好的朋友會為了他的福祉，祝福他得其所願，即便沒有人知道；這些特質最能夠從一個人對自己的態度上看出來……他是他自己最好的朋友，因此應該最愛自己。

——亞里斯多德〔註一〕

你曾經早上根本不想下床嗎？好像就算被卡車撞了也無所謂；好像人生再也沒有什麼可以期待的了；好像世界是一個冰冷荒涼的大海，而你淹沒在其中；好像你是個沒有希望的失敗者？

大部分的人一生中都曾經這麼想過。這種常見的人類情緒，叫做憂鬱，它幾乎總是因你對人生的非理性思考所致。我之前提過，如果是腦部生理異常，導致無法理性思考，有時候需要用百憂解這類藥物來克服憂鬱。是否需要服藥，則要由精神科醫生或一般醫生來評估。精神健康專業人士，例如心理醫生、有執照的臨床社工、精神健康諮商師，都可以協助你決定是否要接受藥物評估。

但是，藥物無法為你思考。抗憂鬱藥物可以消除理性思考的生理障礙，但你還是需要自己思考。如果你正在經歷人生危機，例如家人死亡或離婚，藥物並不足以提供理性解藥協助你度過危機。最終，你還是需要**自己**度過危機。

敬愛的父親過世了：八年之後，我仍在哀傷

對任何人而言，包括敝人在下我在內，遇到人生困難都是一個挑戰。讓我說說自己的故事吧。我很瞭解失去摯愛的人所造成的影響有多久遠。經過八年的情緒幽谷，我才能接受我父親在極度不尋常的狀況下，超乎預料的提早死亡。在這個高科技的時代，使用普通電話早已被視為稀鬆平常的事。我們拿起電話，聽到熟悉的撥號聲，電話就打出去了。就像時下許多人一樣，我帶著手機，期待隨時隨地都可以使用通話服務。

現在距離我父親過世已經二十多年了。那時候，電話一般是掛在牆上或放在桌上，而不是放你的口袋裡，但對於通話服務的期待則和今天一樣。你拿起電話，期待聽到撥號聲。很不幸的，我父親心臟病發時，我母親拿起電話打九一一，卻沒有響起熟悉的撥號聲，取而代之的是冰冷的死寂。我母親花了幾分鐘跑去隔壁借用電話。急救人員抵達的時候，我父親已經死了。

這是個殘酷的事實。我父親死了。他很有才華，而且堅毅剛忍。他這麼有活力，卻已經死了。一具電話隔開這個賦予我生命跟榮耀的人的生與死。我從電話公司得知，故障原因是某條電纜壞了，因為有一輛車子撞到電線桿。這世界是多麼不確定。某些看不見的事件所造成的影響，

與你的生命之間只憑藉一條纜線來聯繫，卻可以永遠改變你的人生。我父親以六十歲之齡在機緣湊巧下提早死亡，從我得知的那一刻起，我就進入了一條情感停滯的黑暗隧道中。

在這之前十年，我父親經歷了第一次心臟病發作，造成心臟嚴重受損。所以，接下來的十年裡我都活在必須面對他可能死亡的恐懼之中，不知道他什麼時候會再發作。現在這個時刻終於到來，我再也不需要接受未知的折磨。都過去了。一開始，我感到一種陰沉的輕鬆感，好像這個悲劇帶走了我肩膀上的重擔，我告訴自己，我可以繼續過我的人生了。就那樣，沒問題的。但是現在回想起來，我知道那只是我生命中一段漫長的情感荒漠的開始。

我沒有時間哀悼我的父親。我剛從佛羅里達大學拿到一份小小的經費，為行為研究所發展一套有關實際做決策時衡量價值的教材。而且，我正在幫一份哲學期刊寫一篇文章。我全神貫注投入工作，不再回顧。

在這段困難的時期，我還是奮力完成許多學術工作，但是內在卻遲鈍死寂。我不再是那個富有同情心，帶著孩子氣幽默的人。我是一個空虛的人。我妻子愛的那個人從她生活中消失了，只剩下軀殼。那對我們的關係而言是艱困的八年。幸運的是，黑暗時期終於隨著復甦而結束。那個縮到殼裡的人開始探出頭來，好像多年生的花朵經歷了一個嚴寒貧瘠的冬天之後，終於春天來臨了。

我能夠從情感煉獄走出來，是因為我終於允許自己哀悼父親。我對電話、對人生、對世界都感到憤怒。我覺得壓力好大，劇烈的痛苦開始在我體內膨脹。我認為如果那個該死的電話沒有壞掉，事情會多麼不同！太不公平了；這麼可怕、恐怖、糟糕的事情絕對不應該發生在我身上。我被命運害慘了。我無法承受這一切。我充滿了非理性思考。但這是摯愛的父親過世後，我首次產生情感的跡象。

這就是所謂的經歷所愛的人死亡的過程。也就是把所有的情緒規則和報導都攤在桌上，查驗它們，用解藥一一面對。我花了很不快樂的八年才走過哀悼，因為我一直不給自己機會把哀痛傾洩出來。我沒有怎麼哭；我一直沒發現自己將問題嚴重化或是懊悔過去。我從來沒說：「我又來了，我在強求世界完美，期待壞事情永遠不會發生。」相反的，我吸入這些非理性思考的氣息，深深的壓抑在心底。我一直不吐氣，不讓它們出來。我也一直沒有運用解藥。我怎麼可能用呢？我根本不知道要用哪種解藥啊！

走過哀傷的過程以非理性開始，以理性為終點。我以為自己可以跳過非理性的階段，直接走到終點。可是不是這樣子的。你需要給自己機會發出憤怒與哀傷。這不是為憤怒而憤怒，而是為了掌握自己。否則的話，這些非理性想法會繼續暗中作祟，耗盡你的幸福。哀悼沒有捷徑。允許自己嚎啕吧。過一陣子，你終將開始傾聽自己的嚎啕，然後反駁它，找到解藥。這正是我經過了漫長八年行屍走肉般的消沉之後所做的事。

我的非理性表達階段持續了幾個月。在這個階段，我的情緒很不穩定。我哭，我踢。我越是這樣，越能看到黑暗隧道的盡頭。我開始看到我產生的某些想法是如何的不理性。我開始明白，期待壞事情不會發生在我身上是不切實際的想法；雖然這樣的悲劇發生了，我還是有我深愛的妻子和兩個健康的孩子，我的未來還是可以很幸福。我開始想到，我父親經由我、經由我的孩子繼續的活著，世界不會因為一件悲劇就那麼糟糕。我明白父親心臟病發時電話剛好故障，不是什麼宇宙精心的計畫要破壞我的幸福。哲學上來說，我清楚知道這些想法是非理性的，但是當它們在**情緒上**左右了我的人生，**在我身上**降臨時，卻是另一回事。

這些非理性想法似乎有損我的尊嚴，這對身為一個理性人類跟哲學家的我而言，像是個侮辱。我一直堅持我不會這麼非理性，我等於在對自己要求完美。回想起來，我之所以拒絕處理我的非理性想法，背後的原因一開始可能就是這點。我覺得，如果我承認自己受到非理性想法困擾（我告訴自己**絕對**不可以有這些非理性想法），身為哲學家，或是身為一個人，我將一點價值也沒有了。所以，我沒有面對問題，而是將問題**活埋**在心靈深處。

或許我也害怕，如果我花時間處理個人議題，可能妨礙了我的工作，拖累自己，讓自己分心，更加證明了自己沒有價值。或許，我認為父親的死和當時的狀況太可怕、太糟糕了，讓人無法面對，無法談論，所以把它深深活埋在心裡。結果，我只是延長了自己的憂鬱而已。

我現在看得出來，這樣試圖把自己從自己身邊救出來，只是自我挫敗的行為，直接面對、和這些想法扭鬥才會讓我更強壯，並且成為更好的哲學家。結束行屍走肉的八年生活之後，我學到的兩個解藥是：

- 不要以為自己理性到不會有非理性想法。不要要求自己保持完美的理性。
- 不要自欺，不要否認非理性想法或將它深埋在心裡。要面對、處理它們——承認、表達、面對、辨認、反駁、找到解藥——即使過程很痛苦。

如果你不理會這些話，你可能會打擊到自己原本的目標。我從個人經驗知道確實如此。

辨認自己試圖隱藏的非理性想法很困難，因為你**正是想要**隱藏它們。這就好像抓著自己的靴子想把自己提起來一樣。你需要抓著某樣東西，以及穩定的基礎，好讓你站穩。「試圖否認自己的非理性」的典型症狀就是，如果有人說你不理性，比如說強求完美，你會覺得「有一根神經被扯了一下」：別人一說你不理性，你就會生氣，開始自我防衛。如果你發現自己正在這樣做，就可以利用這個時機當做使力的憑藉，好逮住自己的非理性。然後你需要運用意志力，感受一下這個不舒服的感覺，也就是，你的非理性。

如果你從一開始就接受自己和其他任何人一樣可能有非理性的前提，事情會容易得多了。一旦你積攢足夠的力量去細想自己的不可靠，就可以學到很多。你會發現自己的情緒規則和根據這些規則所做的事件報導，以及因此而形成的困擾。我就是這樣做來面對父親的過世，雖然晚了八年。

失去所愛的人，其痛苦並不會因為解藥而消失。走過哀傷並不表示你想起所愛之人時不再感覺到心裡的空洞；即使摯愛之人過世多年後，你仍然會在他的生日落淚；或者，偶爾在寂靜的夜裡，躺在床上醒著，再次感受到所愛之人無法倖免一死的麻木無力感。走過哀傷不表示你會遺忘。

但是，非理性的絕望會破壞你維持作息的能力，讓你無法繼續向前。這和因解藥而得到的正式緩減還是有差別。偶爾落淚，想念所愛的人是合理的，但是告訴自己無法繼續生活下去，你的人生已經完蛋了，世界是個可怕的地方，壞事根本不應該發生等等，就是非理性了。這些是阻礙機能的想法，因為它們會暗中破壞你的幸福，也會影響愛你的親人的幸福。他們愛你的程度不亞於你愛你失去的親人。我仍然哀悼父親的過世，但我現在更強壯了，我不再非理性地試圖隱藏自己的非理性。我坦誠面對會犯錯的自己。你也應該這麼做。

盡責的悼念者

哀悼親人過世時，你可能會發現，如果你放棄非理性想法，感覺上好像是背叛了過世的親人。你可能覺得像是拋棄了你的愛，好讓自己再度感到快樂。以我為例，我試著否認、埋藏我的非理性思考，我盡責的拒絕停止我的思念。亞里斯多德會提醒你，我們需要避免兩個極端。以下是盡責的悼念者規則，它可能讓你一直保持在哀傷的階段：

- 如果失去了摯愛的人，我有道德責任證明我對他持續的愛，所以我必須一直因此而難過；如果我不繼續為我的失落難過，我就是可怕的人，表示我從未真的愛過這個人。〔註二〕

根據這條規則，無論你做什麼，你都有理由難過。如果你服從讓自己難過的責任，那麼你必須一直保持哀傷的狀態。另一方面，如果你不難過了，那麼你就是一個從未愛過他、糟糕的人。所以，無論如何，你都要讓自己痛苦。

現實中，你沒有道德責任為了自己失去某人而剝奪自己或別人未來的快樂。宗教傳統通常會有關於哀悼的標準和規定，但是這些標準不能，也不應該，期待你放棄未來的幸福快樂。這是雙重標準，因為如果你真的愛一個人，例如你的孩子，你不會希望他們為了你的過世而放棄未來的幸福。這是為什麼父母總是會留遺產給孩子，將孩子列為保險受益人，就是因為父母希望這些作法可以保障孩子未來的幸福快樂。

針對盡責的哀悼者，有一個有用的解藥：允許自己快樂，你有快樂的道德權利；運用意志力繼續你的人生，做讓自己快樂的事情。這不是否認你對過世者的愛，也不會讓你成為一個糟糕的人！這是任何一個有愛心的人都會對他們所愛的人使用的一貫標準。

我還是深愛我的父親，我知道他會希望我快樂。你哀悼的人會希望你為了他們過世而毀掉你的人生嗎？你可以為了他們而不再折磨自己了，你也應該為了自己如此做。照顧自己！

有自殺傾向、曾被性侵的女人

如果你曾經有過「結束這一切」的想法，那麼你可以加入名為「人性」的俱樂部。有時候，人們就是會覺得再也受不了了，對人生失望透頂，或是對死活都不在乎了。遇到人生重大危機時，例如離婚、和伴侶吵架、失業、金錢損失、愛的人過世、失敗、別人的排斥，這些想法和感覺就可能冒出來。幾乎不例外的，自殺意念的底下可能有推理謬誤。往往，生活挑戰的壓力伴隨著傾向否定自我的念頭，會把你導向這種自我毀滅的心態。所以，如果你發現自己有這種危險的意念和感覺時，在你讓自己一發不可收拾之前，停下來，仔細檢視自己的思考。

讓我舉艾絲特為例，看看這種作法如何協助她改善生活。艾絲特三十歲了，挺過性侵的遭遇，有三個孩子。她出身貧苦，被母親養大。她從來不知道自己父親是誰。在她的生命中，最強壯的男性是席格舅舅，也就是從她四歲到十八歲離開家之前，持續猥褻她的人。

艾絲特和男人私奔，一年後結婚。她和這人生了兩個女兒，但九年之後離婚。她一個人，急欲尋找生命中可以倚靠的男人，也想為孩子找個爸爸，於是她嫁給了史坦，一個念過大學的失業酒鬼。他們又生了一個女兒。

艾絲特高中沒有畢業，在工廠有個穩定的全職工作，設法賺到足以支撐家計的錢。艾絲特付帳單、買菜、煮飯、照顧三個孩子。而史坦很少工作，一旦幸運找到工作，常常很快便遭到解雇。另一方面，艾絲特常常倚賴史坦「受過教育的看法」來解決孩子或家務事的問題。以艾絲特看來，他是家裡的「首腦」。

一個晚上，艾絲特經過樓上的浴室，看到半關的門裡面，大女兒正為史坦口交。她震驚地呆站在那裡一會兒，然後安靜地下樓，動也不動地站在樓梯口。很快的，她的丈夫下樓來，站在她前面，挑釁地看著她，生氣地說：「你為什麼這樣子站在這裡？」

艾絲特質問他她所看到的。史坦卻指責她腦筋「骯髒」，生氣地否認，說她瘋了，那是她的幻想。在他充滿敵意的強力反駁下，艾絲特開始懷疑自己：「我以為我看到的是那樣，但是我可能看錯了。」

三年後的一個晚上，艾絲特看了一個討論性侵的電視談話節目。看完節目之後，她問女兒史坦有沒有碰過她。大女兒現在十四歲了，坦承口交已經升級為性交。當她拒絕合作的時候，史坦會打她，強暴她。艾絲特狂亂地詢問十三歲的二女兒，得到的答案也一樣。

她含著眼淚再度質問史坦。他喝了酒，當下立刻暴怒。他逼著艾絲特和三個女兒上車，在高速公路上飆速，威脅著說要殺死全家。警車跟了上來，開始高速追逐。警方終於逼史坦停下車，並拘捕了他。他也被控以性侵繼女的罪名，並判刑確定。

這時，艾絲特尋求諮商。她又是單身一個人了，身邊沒有男人，她很懷疑自己是否能夠獨自把三個孩子好好養大。她被自己所認為的重擔嚇壞了，也被自己的不安全感不斷折磨，她想，或許孩子們沒有她還會更好。她開始想要「結束這一切」。

她說：「我到底有什麼用呢？我很笨，我丈夫很聰明。」

她為兩個孩子被繼父性侵而自責：「如果我早一點做些什麼的話，就不會弄得這麼失控了。」

她懷疑自己的女性吸引力：「如果我在床上表現得更好一點，他就不會這樣對我的寶貝們了。」

在我看來，十分明顯的，她在企圖建構自殺的論證。我問她是否想自殺，她說她沒有。她也不覺得自己的論證正確。我猜，她真正想要的是一個有力的反駁。這個女人很愛她的孩子，她不想貿然做出任何會更加傷害她們的事情。於是我們開始檢查她的前提。

我問：「你為什麼覺得自己很笨？」

「我丈夫大學畢業。他主修英文，懂得文學。我哪懂這些事情啊？我甚至連高中都沒畢業！」

她的推理清楚易懂：

規則：如果你大學畢業，那麼你很聰明。

報導：我甚至連高中都沒畢業。

情緒：以「甚至」連高中都沒畢業為恥。

這有點像說所有的蘋果都是水果，既然橘子不是蘋果，那麼橘子就不是水果一樣。很明顯的，除了蘋果以外，還有很多種水果。同樣的，在正統教育系統所學到的智識之外，還有別種智識。她也假定了相關的錯誤推理：

規則：我不是聰明，就是笨。

報導：我不聰明（因為我沒有高中畢業，更別說大學了）。

情緒：憂鬱（覺得自己很笨或無能而自責）。

以上的規則包括非黑即白的思考，將現實切割為互不相容的兩半。不聰明並不表示**愚笨**。你可以是「普通一般」！

請注意，當我們用「聰明」和「笨」這樣非黑即白的字眼描述**整個人**的時候，就危險地過度簡化了現實。你可以在某方面很聰明，在某方面很一般，在某些方面又很笨拙。你可能很會修理東西，閱讀能力一般，畫畫卻很糟糕。艾絲特說自己笨，全面性的責怪自己，卻沒有考慮自己的各項能力。

如果你覺得憂鬱，請留意非黑即白的思考，這在憂鬱症裡極為普遍。「我要你，否則我誰都不要」；「除非我成功，否則我就一無是處」；「要不一切照我想的做，要不一切都不對勁」；「要不世界是完美的，要不一切都是鬼扯」。你看得出來嗎？這種非黑即白的思考會導致對世界、對自己、對未來的悲觀態度。世界並不完美，但也不是一切都糟糕透了！

我跟艾絲特溝通這些差別。我們談得越多，她越明白自己擁有許多能力，例如與工作相關的能力，以及做家務事、烹飪、紀錄的能力。她有同理心、有愛心、關懷別人。她甚至很有唱歌的才華，可惜她丈夫根本不懂得欣賞。

但她還是堅持為了孩子被性侵而責怪自己，她覺得自己不值得活在世上。「我應該做些什麼去阻止他，可是我放任了他。」

罪惡感症候群

艾絲特懊悔過去的想法助長了**強烈的罪惡感**。畢竟，一個母親有道德義務保護孩子。她的孩子倚靠她維護她們的幸福，但是她卻讓她們失望了。違背道德責任的想法折磨她的良心，她無法原諒自己。在她心裡，這牽涉到身為母親的核心價值。什麼樣的母親會這樣對待自己的孩子？她的答案是「一無是處、沒用的母親」。她責怪**自己整個人**。她為自己選擇的懲罰就是在心中不斷想著自己所認為的違背道德責任的行為，以自己犯下惡行的想法一再折磨自己。她讓自己陷在罪惡感之中。這個症候群的非理性規則如下：

● **懊悔過去：**我能夠也應該阻止我丈夫，不讓他性侵我的孩子，但是我什麼都沒有做，沒有阻止他，我犯了最無法原諒的罪行。

● **自責：**因為我犯了如此惡劣的罪行，我是一個糟糕的人，應該在地獄受火刑。

● **自尋煩惱：**因為我是一個糟糕的人，應該為了我的罪行在地獄受火刑，因此我有道德責任繼續折磨自己，永遠不原諒自己。

情緒：為了沒有預防孩子受到性侵而感到憂鬱（有自殺意念）。

根據這個症候群，當艾絲特把自己推入罪惡感的深淵，她告訴自己，她**早就應該**做些什麼阻止性侵；因此，她**犯了**最糟糕的**罪行**；因此，她是一個**糟糕的人**；因此，出於絕對的、無條件的道德責任，她**必須**繼續折磨自己，不斷想著自己的錯誤。結果就是極度痛苦的苟活著。這就是這個可憐的女人令人難過的處境！

我說：「懊悔過去無濟於事，重要的是你**現在**做了什麼。不管過去有過什麼錯誤判斷，你現在正在好好照顧孩子。即使你犯了錯，不表示你就是個糟糕的人。畢竟你是人。人都會犯錯！」

她經常強調她的錯誤有多麼嚴重，她無法就這樣原諒自己。我指出，她的**無法**其實只是**不願意**，是她**選擇**陷溺其中的。我強調，不斷折磨自己的道德責任其實是自我挫敗的行為，因為這會讓她**現在**無法做任何補救。我加強語氣告訴她必須拿出意志力擊退讓她感到無能為力的罪惡感。

我也指出，說自己是個糟糕的人，等於是不讓自己為孩子未來的福祉採取任何建設性的行動。我要求她重新思考她的自責：「如果你真的是一個糟糕的人，你怎麼會想要幫助你的孩子呢？」

至於她對自己女性吸引力的懷疑，我跟她解釋，她的丈夫患有戀童症，和她的性技巧毫無關係。毫無**證據**顯示如果她在床上表現更好一點，她丈夫就不會侵犯她女兒。我強調這些對過去的懊悔都沒有根據，也毫無意義。

你可能還記得，艾絲特自己也是性侵的受害者。很驚人的是，很多性侵受害者會找到其他的加害者一起生活。艾絲特的例子，如同許多其他受害案例，是自責規則導致的後果，並因此決定了她的人生：

規則：如果我已經是受損的物品，我就活該被如此對待（被忽視、受虐、不受尊重等等）。

報導：我已經是受損物品了。

行動：我讓自己陷入被視為受損物品一樣對待的情境。

循著這種推理路線，我們很容易看到為什麼自殺會成為艾絲特的一個選項。這只是對待受損物品的方法之一：丟掉！

我猜，艾絲特對過往的懊悔在形塑她的負面自我概念時，扮演了重要角色。性侵受害者常常會告訴自己，一定是自己做了什麼才會招來性侵行為；如果她們更乖一點，少惹些麻煩，多幫忙一些，就不會受到這樣惡劣的對待了。這讓她們將責備從加害者轉向自己，覺得自己活該。罪惡感讓她們更可能選擇施暴者做為伴侶，使虐待繼續支配她們，因此也助長了她們的受害者心態。就像磁鐵一樣，她們會受到這種視她們如糞土的人吸引。

你會受到不尊重你或是虐待你的人吸引嗎？如果這聽起來很熟悉，那你也該檢查一下你的前提。很可能你在運用類似以上所說的自責規則。這很容易反駁。人不是物品，不應該像舊鞋似的被「丟掉」。哲學家康德這樣建議過：把自己當做理性的、自決的人，而不是可以被操弄的物品！〔註三〕

如果你小時候被性侵，現在心裡還為了加害者對你做的事情而懷著罪惡感，你應該允許自己憤怒。你身為人的身份被侵犯了，你有權利憤怒！當你放下罪惡感，你可能感覺到心裡充滿憤怒，你會告訴自己，受到這樣對待有多麼可惡；加害者是多麼可怕的人；你可能會想報復。把這些感覺攤開來，你可以一次處理掉；這是正常的。然後你才會開始看到其中的非理性。

你心裡的罪惡感可能是為了防衛自己不去面對這些信念。自責比譴責加害者可能還更容易一些。尤其如果這個人跟你關係很近，例如是你父親的話。有多少孩子會願意說，他們的父親是可怕的怪物？現實是：所有的父親都是人，不是怪物，而有些父親有嚴重的問題。用理性面對你的非理性想法，揭露出糾纏你心靈多年的謬誤並提出反駁，藉此你可以超越罪惡感和憤怒。

你如果記得我之前為責怪提出的解藥〔註四〕，也會很有幫助。首先，你的評斷應該對事不對人。不要怪自己！無條件地接受自己，而不是根據你的成功、失敗、別人對你的肯定或否定。

然後，為自己的自我價值選擇一個你覺得自在的哲學基礎（例如：上帝之子；人性存有；理性存有；自主、自由、自決的存有；有生命權、自由權和追求幸福權的存有；有意識、有感覺、能自我覺察的存有）。無論你如何定義自己，你都是一個有價值的人。不管你是否把事情搞砸了，你都是有價值的存有。從錯誤中學習，下決心以後要做得更好。但是，要原諒自己！

這些就是我推薦給艾絲特的解藥。雖然她揹負的情緒很沉重，她還是拿出了意志力，重新振作。她帶孩子去做諮商，處理她們被性侵的創傷，她自己也參加了性侵受害者的團體，協助處理自己的議題。她開始和男人約會，特別挑選那些尊重她的男人，而不是有施虐傾向的酒鬼。這些行為顯示了某種自我價值和自我尊重的意義。以康德的說法，她將自己當做理性、自決的人，而不是舊鞋子，不是受害者。我最後一次聽到她的消息是，她活得很好，感覺也更好了！

有自殺傾向的漸凍人

你已經看到了，艾絲特考慮用自殺來解決人生問題是貶低自己且不理性的。那麼，有任何自殺案例是**理性的**選擇嗎？你不是把自己當成舊鞋，而是想要有尊嚴的走完最後一程，自己決定如何死亡？

我曾有一個三十五歲的學生凱莉，她罹患了肌萎性脊髓側索硬化症（Lou Gehrig's Disease，編案：俗稱漸凍人）。這個神經肌肉疾病會讓人殘廢、致死。凱莉是我諮商倫理課的學生。有一次，我們討論到諮商自殺病患的倫理時，凱莉向我以及班上同學吐露，她在考慮自殺。

凱莉已婚，有兩個孩子。她很聰明，在班上表現極佳。然而疾病所造成的嚴重破壞開始明顯起來，她的言語變得模糊不清，無法控制自己的手寫字，若非戴著腿部支架和拐杖，幾乎無法走動。她知道疾病正逐漸擴展，她最後會完全失去身體控制，包括呼吸的能力。

凱莉非常勇敢而且心性高尚，她考慮自殺並非出自懦弱。她希望藉著結束自己生命來保有自己的尊嚴。不像艾絲特，她不認為自己是受損的物品，而是一個自主、自決的人，希望運用這種自主的能力來控制自己死亡的方式。我對她的困境感到哀憫與同理，但我還是鼓勵她活下去，班上同學也都鼓勵她。

康德也說過，如果你出於自愛而自殺，這個行為本身就是自我牴觸。他說，這就好像用摧毀生活來改善生活一樣的無稽〔註五〕。我認為，反對出於自愛和自我尊重而自殺是個相當有力的論點。我跟凱莉提起這個論點，她似乎也同意。

凱莉還有其他原因值得活下去。她的丈夫和孩子都很愛她，她也愛他們。她還有愛與被愛的機會，未來的人生和人際關係還有意義。

最後，凱莉決定不自殺。在我們的討論之後幾年，我在購物中心遇到她。她坐在輪椅上，孩子們陪著她。雖然她的狀況嚴重惡化，但還擁有彼此關愛的關係。

凱莉的例子顯示，當生命懸而未決時，理性思考變得無比重要。因為生命可貴，不應為了虛假的前提而犧牲。凱莉對自己還能夠有多少有意義的人生，做了不正確的估計。她低估了自己的生命對愛她的人有多麼重要，她沒看到自殺的決定可能牴觸了心中對孩子與家庭的珍重。根據不正確的假設、忽略了重要考量而做出自殺的決定，是錯誤的。很幸運的，凱莉及時醒悟。然而我提出的問題仍然存在。有**任何**自殺案例是出於正確的選擇嗎？萬一，與事實相反的，凱莉對自殺的推理並沒有錯誤呢？

是否有理性的自殺這回事，是一個很有爭議性且複雜的議題。有些人，例如康德，認為自殺**永遠不可能**是理性的。不過，是否理性和你是否贊成是兩回事。大部分的宗教完全禁止自殺，但是你不同意並不表示你就是不理性的。自殺的合理性指的是你的邏輯，而不是你的價值觀或宗教信仰。價值觀可以不同，我不會告訴你你應該有什麼樣的價值觀。那是你的事！

根據定義，理性的決定自殺必須具有健全的推理基礎，也就是在得出結論時不可以有任何謬誤。你必須徹底檢驗自己的前提，確定它們都是完整、正確、切合實際的。理性的決定不會是別人施加壓力或脅迫的結果；不會違反你的意願、個人價值和目標。凱莉的推理不是根據完整、正確和切乎實際的前提，也不符合她對孩子與家庭所持有的個人評價，所以沒通過檢驗（註六）。

請仔細讀這句話：你**不**應該自己決定自殺是否理性。這會像走鋼索卻不用安全網。如果你搞錯了，後果將會無法彌補。沒有檢驗跟確認這決定是否正確，就已經是非理性的行為了。如果你得了不治之症，例如肌萎性脊髓側索硬化症、多發性硬化症、末期癌症或愛滋病，正在考慮自殺的話，你應該找一位能夠勝任的心理醫生、臨床社工、精神健康諮商師或哲學諮商師。不要輕易急著結束生命。切記尋求協助！

大海裡不只一條魚：正在辦離婚的女人

你知道「四月得意，五月失意」的感覺嗎？你知道，對不對？發現你的未婚夫和你最要好的朋友在床上，感覺就像被閃電擊中。聽到你發誓要與他共度餘生的人說「我要離開你了」，好像心臟被擊中一槍。但是到了六月，你便恢復常態了，再度「春風得意」。運氣是會轉變，但你還是可以經由如何看待改變以及如何做出回應，而好好控制你的人生。讓我告訴你戴安的故事。

戴安二十七歲，結婚兩年時，三十二歲的丈夫蒙帝宣布，為了另一個女人而要離開她了。他和一個工作上遇到的女人有了外遇。戴安被蒙在鼓裡兩個月。她對丈夫的忠誠極具信心，因此丈夫的告白讓她吃驚不已。他說她已經不是婚前的她了。他說，他們以前幾乎「隨時隨地」在做愛，現在她「難得有此情緒」。他說，他們以前會討論事情，她對他的工作很有興趣，現在當他提起時，她只會轉移話題。這些話像刀子一樣的刺進她的身體。

她一面哭，一面對我說：「沒有他，我整個人生都完了。」

我問：「你的**整個**人生？」

「對。什麼都無所謂了。我乾脆死了算了。」

我問：「**什麼**都無所謂嗎？」

她確定的說：「對，都無所謂。」

你看得出來，戴安用以偏概全的角度看待沒有蒙帝的日子，讓自己陷入憂鬱。確實，蒙帝是她生活的**一部分**，但不是**全部**。其他部分之中還包括：她有朋友和愛她的母親，她正在上社區大學課程，希望成為有執照的護士。

她當然知道人生除了蒙帝還有其他，但是情緒上，其他一切都**覺得**不重要了。這個損失如此巨大，其他一切都顯得微不足道，像是污染河流裡的腐爛小魚似的。在她心裡，沒有什麼能夠彌補這個巨大的損失。

我問：「你不是想當護理師嗎？那不值得期盼嗎？」

她嚴肅地說：「我的心思現在不在那上面了。我以為我們正在一起建築人生，當護理師是其中的一部分。我全搞錯了！」

我說：「那你何不找個別人就好了！」

她一面說，一面流淚：「你不明白，我還是愛他。我們在一起多美好。我永遠找不到像他一樣好的男人了。我也不想跟別人出去約會。」

蒙帝的頭上頂著光環。在她心裡，他從欺騙她的男人變成了無可取代的無價之寶。他那麼棒，失去他是那麼糟糕的事情。「過度美化」變成「將事情嚴重化」，曾經渴望且重視的珍寶消失了。原本明亮之處，現在只有黑暗；原本有的希望，現在成為生命缺乏意義的強烈感覺。

好像她僥倖在核彈爆炸中存活了下來，地球已是一片死寂，大氣充滿污染，一片灰濛。問她是否要重新開始，從曾經充滿生命的廢墟中重新建立新生活，她的答案是很清楚的「不」。以她的悲觀角度來看，你能怪她嗎？順著滑坡通往滅絕的情況是如此徹底，沒有任何事情能夠有**任何**意義了。丈夫出走的時候，一切都消失在烈焰中了。這是她的感覺，但是現實如何呢？

光環症候群

戴安似乎得了我所謂的光環症候群，這是面對失落時常見的症候群。症候群背後的規則如下：

● **過度美化／將事情嚴重化：**我的丈夫如此的棒，現在我失去他了，我整個人生都完了，其他都無所謂了。

●**無力承受：**如此糟糕的事情發生了，我無法忍受繼續活下去。

情緒：為了失去丈夫而憂鬱（帶著「沒有他，活著也沒有意義」的想法）。

如果你有光環症候群，你會先過度美化你失去的一切，然後將損失加以嚴重化。然後你告訴自己，沒有他就活不下去了。

這個症候群利用「失去的東西越有價值，損失就會越慘重」的假設，所以，失去完美的東西等於是發生了最慘的事情。問題是，當這個規則運用到人的身上時就是謬誤了。

我堅定地說：「如果蒙帝是完美的，他就不會欺騙你。真相是：人從來不是完美的。蒙帝也不完美。」

戴安沉默了一會兒，思考著如何反駁。最後，她開口了：「我知道他不完美，可是我們在一起真的很棒。」

我問：「你到底喜歡他什麼，以致你一直希望他回心轉意呢？」

她再度停頓，然後才承認：「我其實也不知道。老實說，我現在什麼也想不到。」然後，她微笑了。戴安最後想到，她認為他很英俊、聰明，但她也承認自己認識其他和她丈夫一樣英俊、聰明的男人。

我建議戴安不要將人們理想化，而要將人們視為兼具優點與缺點的人。她承認，蒙帝會喝酒過多，睡覺會打鼾，害她晚上睡不好。他「脾氣急」，但是朋友和鄰居有困難的時候，很願意伸出援手。

戴安的丈夫離開她一個月了。她停止護理師課程。她和幾個知交好友雖然保持連絡，但是通常會拒絕她們的午餐邀約，也拒絕她們幫她「搓合」男性朋友。

我鼓勵戴安多出門，並且下學期重新回去上課。我鼓勵她和朋友共進午餐，接受一些約會。一開始，她不同意我的建議。她仍然**覺得**和別的男人出去約會是錯的，雖然她也同意這在道德上沒有什麼不對，因為她丈夫已經開始申請離婚了。

畢竟，蒙帝是她多年來僅有的男人，跟別的男人約會感覺很像背叛，雖然這個想法不切實際。支持舊想法的感覺會是難以改變的強大傷害，但是用足夠的意志力就可以做到！抗拒它以重獲人生的控制權，就像逆流而上一樣吃力，但如果你保持理性，長遠看來，努力是值得的。戴安終於用意志力重新建構了她的人生。她重新開始上課，也開始約會了。最後她遇到了喬，與他發展出親密關係。

蒙帝聽說喬這個人的時候，打電話約戴安一起吃午飯。他們在露天咖啡館面對面坐在圓桌邊吃飯。蒙帝告訴戴安他很想她，他還愛她，想再試一次，希望能夠復合。戴安看著蒙帝，微笑著，甜甜地說：「現在我知道為什麼當初會受你吸引了，你的眼睛多美。」

蒙帝對她微笑，握住她的手。戴安又說了：「我現在有男朋友了，我想還是不要這樣的好。」

蒙帝很快的把手抽回，大吼：「好吧，如果你要這樣的話！」他猛力站起身，快速離開，把帳單留給了戴安。完美先生也把光環留下忘了帶走了！

註：

1. *Ethics*, book 9, ch. 7。
2. 你可能認出來了，這是某種形式的自尋煩惱，我在第五章討論過。
3. Immanuel Kant, *Groundwork of the Metaphysics of Morals* (New York: Harper & Row, 1964), p. 96。
4. 請參考第十章。
5. Kant, *Groundwork of the Metaphysics of Morals*, p. 89。
6. 我真的相信，有些嚴重疾病引起藥物無法解除的痛苦煎熬，在很嚴格的條件下，自殺是理性的選擇。請參考我的文章："Permitted Suicide: Model Rules for Mental Health Counseling," *Journal of Mental Health Counseling* 23, no. 4 (2001); "Permitting Suicide in Philosophical Counseling," *International Journal of Philosophical Practice* 1, no. 1, (2001), available on-line at: www.ijpp.net; "Permitting Suicide of Competent Clients in Counseling: Legal and Moral Considerations," *International Journal of Applied Philosophy* 14, no. 2 (2000)。

【第十五章】為幸福而努力

一隻燕子或一個熱天不表示夏天就來了；所以，一天或一段短時間也不會讓一個人就從此幸福。

——亞里斯多德〔註一〕

我希望你現在明白了，你內在天生的思考能力可以協助你適應日常生活的困惑。我在書中建議的五個步驟，經過練習後應該成為你的第二天性。你可以在面對思考謬誤時變得很「專業」。持續努力！

注意錯誤思考

如果你發現自己常常為了日常生活問題感到困擾，你的推理中可能有一些固著的非理性前提——規則和報導——你從其中推導出你的困擾。生活中你可以運用天生的思考能力，帶給自己更大的幸福快樂。

非理性思考可能破壞幸福，而你甚至沒有覺察。你可能非理性地認為你有值得擔心或困擾的事情，其實，「擔心」本身才是你最大的問題。你可能心中充滿了自我毀滅的精神苦痛，卻完全看不出造成困擾的非理性推理。所以，小心了！

小小的事情也可能塞滿你的腦海，占據過多的空間。頑固地遵循「應該為事困擾」的道德責任，可能讓你和親人陷在徒勞無益的折磨中。命令你報復或威脅你所愛的人的非理性規則，可能摧毀你原本試圖維護的情感。你已經看到了，人類有各種方法可以搞砸自己和親人的生活。

惡意的錯誤思考會阻斷通往幸福之路，在與之對抗的奮戰中，你並不孤單。這是**人類**的掙扎。就讓沒有任何謬誤的人「先投石問罪」吧！

奮戰意味著運用意志力，讓自己能夠保持理性思考，控制自己不至於暴怒、陷入憂鬱的黑暗深淵、覺得人生無望、活在讓人衰弱的罪惡感中。奮戰意味著堅定地站在亞里斯多德的這一邊，駕乘著理性的戰車。

對付人生不幸福的古老解藥就像埋在地球深處的天然礦石，能夠被挖出來運用。它可能在你的靈魂中冬眠，被閒置著。但它也可能提供無法計測的力量。幸福人生最重要的處方就是根據理性生活。但是如果你不知道如何運用自己的力量，這些話也只是空談罷了。

辨認阻礙幸福的謬誤，是讓理性思考開始發揮的重要步驟。反駁謬誤、尋找解藥也是重要步驟。經由反駁，你可以揭露膨脹、誇張的以偏概全；發現懊悔過去只是空無實證的猜測；發現世界以自己為中心的雙重標準；將結夥合力削弱你幸福的謬誤症候群廢去武功。經由解藥式推理，你可以引導自己根據別人的行為評斷他們；對別人的喜好更有容忍力；和別人相處愉快，而不是尋求報復；接受自己是一個理性自決的人，而不是讓自己陷在自我否定的罪惡感裡。你可以不再強求完美，允許自己做一個會犯錯的人。你可以做以上這些事情，以及更多其他事情，讓自己更幸福。

當然，坐在那裡，任由非理性傾向帶著你走是比較容易的。但是這樣有何意義呢？

亞里斯多德說，錯誤的路很多，正確的路相對而言很少——「錯失目標很容易，正中目標很難」〔註二〕。想一想，你能夠失誤的方式有多少！如果你閉著眼瞄準，幾乎註定會失誤。為了改善射中目標的機率，最好的方式就是打開雙眼。理性能讓你打開雙眼。請打開雙眼吧！

理性的自我對話沒有不良副作用，而且免費！在這個健康管理和健康保險費都很貴的時代，這是個划算的方法。而且，只要你運用意志力，這些內在藥方全天候陪伴著你。只要問自己：「如果是亞里斯多德，他會怎麼做？」

亞里斯多德的解藥

以下是一首詩，你可以帶在身邊隨時查看，能背起來更好。這首詩告訴你如何經由理性的力量獲得自我控制。每次需要面對現實的時候，你可以唸這首詩給自己聽：

如果你充滿挫折，
辨認你的苦惱，做出你的**報導，找出你的規則**，
試著**反駁**它們。
無論你反駁任何前提，
小心留意它的缺陷，
然後用**解藥**療癒，
拿出**意志力**，盡情用力
讓自己採取理性的行為。

這就是亞里斯多德會做的！

註：

1. *Ethics*, book 1, ch. 7。2. *Ethics*, book 2, ch. 6。

Holistic 086

亞里斯多德會怎麼做？：透過理性力量療癒自我

What Would Aristotle Do? Self-Control through the Power of Reason

作者—伊利特・科恩（Elliot D. Cohen）
譯者—丁凡
審閱—鄭玉英

出版者—心靈工坊文化事業股份有限公司
發行人—王浩威　總編輯—王桂花　責任編輯—黃心宜
特約編輯—鄭秀娟　內文排版—李宜芝
通訊地址—10684台北市大安區信義路四段53巷8號2樓
郵政劃撥—19546215　戶名—心靈工坊文化事業股份有限公司
電話—02）2702-9186　傳真—02）2702-9286
Email—service@psygarden.com.tw
網址—www.psygarden.com.tw
製版・印刷—漾格科技股份有限公司
總經銷—大和書報圖書股份有限公司
電話—02）8990-2588　傳真—02）2990-1658
通訊地址—248台北縣五股工業區五工五路二號
初版一刷—2013年9月　ISBN—978-986-6112-84-3　定價—400元

版權所有・翻印必究。如有缺頁、破損或裝訂錯誤，請寄回更換。

※感謝台大醫院精神醫學部蔡文哲醫師協助相關醫學名詞校正。

國家圖書館出版品預行編目資料

亞里斯多德會怎麼做？：透過理性力量療癒自我
伊利特・科恩（Elliot D. Cohen）作；丁凡譯. —初版— 臺北市 ：心靈工坊文化, 2013.09 面 ； 公分
譯自：What Would Aristotle Do?：Self-Control through the Power of Reason

ISBN: 978-986-6112-84-3

1. 人生哲學　2.修身

191.9　　102017492